DEUXIÈME ET TROISIÈME ...

COURS
DE
COMPTABILITÉ
INDUSTRIELLE ET COMMERCIALE

CONTENANT DE NOMBREUX EXERCICES

... SUR LES CHEMINS DE FER, LES BANQUES ET SOCIÉTÉS DE CRÉDIT,
LES DOCKS, LES CHÈQUES, LE BUDGET, LES RENTES,
LA BOURSE, LES CHANGES,
LA CAISSE DE RETRAITE POUR LA VIEILLESSE, LES ASSURANCES SUR LA VIE,
LES FONDS ÉTRANGERS, LES ARBITRAGES, ETC.

Par M. BERMALE
PROFESSEUR DE COMPTABILITÉ

TROISIÈME ÉDITION REVUE ET AUGMENTÉE

Ouvrage approuvé par le Conseil supérieur de perfectionnement
de l'enseignement secondaire spécial.

PARIS
LIBRAIRIE CLASSIQUE D'EUGÈNE BELIN
RUE DE VAUGIRARD, N° 52

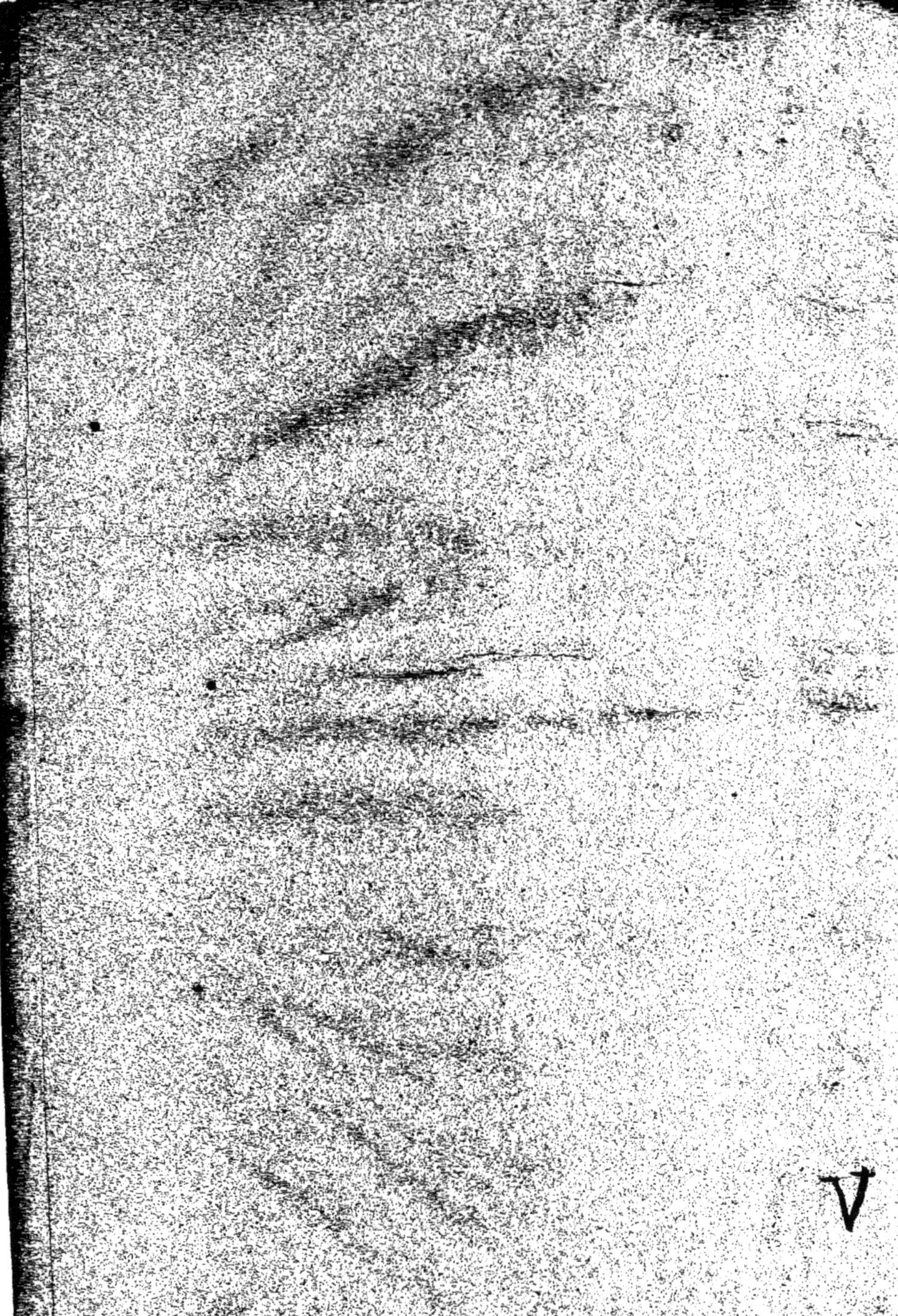

COURS

DE

COMPTABILITÉ.

COURS D'ÉTUDES

A L'USAGE DES ÉLÈVES

DE L'ENSEIGNEMENT SECONDAIRE SPÉCIAL

RÉDIGÉ CONFORMÉMENT AU PROGRAMME OFFICIEL.

Grammaire française à l'usage des élèves de l'enseignement secondaire spécial ; par M. H. Jonette, agrégé des lettres, proviseur du lycée de Napoléon-Vendée. 1 vol. in-12, cart. 1 fr. 40 c.

Géographie de la France. — Étude du département, etc. ; par M. H. Pigeonneau, professeur d'histoire au lycée Louis-le-Grand, et de géographie commerciale à l'Ecole supérieure du commerce, etc., membre de la Société de géographie. (Année préparatoire). 1 vol. in-12, cart. 60 c.

Géographie des cinq parties du monde. — Étude détaillée de l'Europe ; par le même. (Cours de première année.) 1 vol. in-12, cart. 90 c.

Géographie commerciale, agricole, industrielle et administrative de la France et de ses colonies ; par le même. (Cours de seconde année.) 1 vol. in-12, cart. 1 fr. 50 c.

Abrégé de la géographie commerciale, agricole, industrielle et administrative de la France et de ses colonies, nouvelle édition ; par le même. (Cours de seconde année, abrégé du précédent.) 1 vol. in-12, cart. 80 c.

Géographie commerciale des cinq parties du monde : *La France considérée dans ses relations avec l'étranger* ; par le même. (Cours de troisième année.) 1 vol. in-12, cart. 3 fr.

Abrégé de la géographie commerciale des cinq parties du monde : *La France considérée dans ses relations avec l'étranger* ; par le même. (Cours de troisième année, abrégé du précédent.) 1 vol. in-12, cart. 1 fr. 80 c.

Le Cours de Géographie commerciale de M. Pigeonneau est approuvé par le Conseil supérieur de perfectionnement de l'enseignement secondaire spécial.

Histoire de France. — *Simples récits ;* par le même. (Année préparatoire.) 1 vol. in-12. » »

Les grandes époques de l'histoire ancienne, grecque, romaine, et de l'histoire générale du moyen âge jusqu'en 1453 ; par le même. (Cours de première année.) 1 vol. in-12, cart. 1 fr. 80 c.

Histoire de France depuis l'origine jusqu'à la Révolution française et grands faits de l'Histoire moderne de 1453 à 1789 ; par M. Simonet, professeur d'histoire à l'Ecole supérieure du commerce, membre de la Société philotechnique. (Cours de seconde année). 1 vol. in-12, cart. 2 fr. 50 c.

Atlas d'histoire et de géographie ; par MM. Drioux et Leroy. (Année préparatoire.) 1 vol. petit in-4°, contenant 12 cart. coloriées. 1 fr. 80 c.

Atlas d'histoire et de géographie ; par les mêmes. (Première année.) 1 vol. petit in-4°, contenant 24 cartes coloriées, cart. 2 fr. 80 c.

Cours théorique et pratique de législation usuelle, civile, commerciale et d'économie industrielle et rurale, contenant des notions historiques sur les principales questions, l'explication du mécanisme des pouvoirs politiques et des grands services publics, administration, justice, impôts, etc., suivi d'un *Appendice* qui le rend entièrement conforme au programme de 1866 ; par M. L.-A. Bloquet, avocat, professeur de législation usuelle, de droit commercial et d'économie politique à l'Ecole supérieure du commerce et à l'Ecole professionnelle de Mulhouse, ancien professeur d'histoire et de philosophie. 1 très-fort vol. in-12, br. 4 fr.

Cours (Abrégé du) théorique et pratique de législation usuelle ; par le même. 1 vol. in-12, br. 1 fr. 80 c.

Ouvrages approuvés par le Conseil supérieur de l'enseignement secondaire spécial.

Nouveau choix de narrations françaises, précédé d'une introduction rapide résumant les règles essentielles et les qualités principales de la narration, gravées en caractères ineffaçables par Cicéron, Quintilien, Boileau, Fénelon, Buffon, Marmontel, et sanctionnées par la critique moderne, renfermant les morceaux les plus célèbres de J.-J. Rousseau, Schiller, Chateaubriand, Lamartine, Thiers, Mérimée, Alfred de Vigny, de Barante, Michelet, D. Nisard, Amédée Thierry, O. Feuillet, de nos meilleurs nouvellistes, historiens, etc., suivi d'un appendice comprenant cent matières à développer, avec indication des sources ; par M. E.-R. Dumas, agrégé de l'Université, professeur au lycée de Montpellier. 1 vol. in-12, br. 2 fr. 50 c.

DEUXIÈME ET TROISIÈME ANNÉE

COURS

DE

COMPTABILITÉ

INDUSTRIELLE ET COMMERCIALE

CONTENANT DE NOMBREUX EXERCICES

SUIVI DE NOTIONS SUR LES CHEMINS DE FER, LES BANQUES ET SOCIÉTÉS DE CRÉDIT,
LES DOCKS, LES CHÈQUES, LE BUDGET, LES RENTES,
LA BOURSE, LES CHANGES,
LA CAISSE DE RETRAITE POUR LA VIEILLESSE, LES ASSURANCES SUR LA VIE,
LES FONDS ÉTRANGERS, LES ARBITRAGES, ETC.

Par M. BEPMALE

PROFESSEUR DE COMPTABILITÉ.

TROISIÈME ÉDITION REVUE ET AUGMENTÉE

**Ouvrage approuvé par le Conseil supérieur de perfectionnement
de l'enseignement secondaire spécial.**

PARIS

LIBRAIRIE CLASSIQUE D'EUGÈNE BELIN

RUE DE VAUGIRARD, N° 52

1867

Tout exemplaire de cet ouvrage non revêtu de ma griffe sera réputé contrefait.

A mes Confrères.

Permettez-moi, Messieurs, de placer ces leçons sous votre patronage. Elles sont le fruit de quelque pratique des affaires et d'une assez longue expérience de l'enseignement.

Le nombre des traités sur la Tenue des Livres, publiés jusqu'à ce jour, est si considérable, qu'il y a presque de la témérité à publier mon travail; mais, j'ai acquis la conviction qu'il reste encore quelque chose d'utile à dire sur cette partie de l'enseignement professionnel.

On a souvent reproché à l'enseignement commercial et professionnel d'être trop théorique, et de former des élèves qui, au sortir du collége, sont, pour la plupart, incapables de tenir une comptabilité. Ce reproche, il faut en convenir, est presque toujours fondé. Admettons que les élèves puissent *passer* écriture d'une opération au *Journal* et au *Grand-Livre*, dresser même un *Compte courant*, est-ce que cela suffit? N'exige-t-on d'un comptable que l'inscription d'une affaire sur le Journal et sur le Grand-Livre? Tout ce qui concerne la Caisse, le Magasinier, le Carnet des Échéances, etc., etc., est essentiellement du ressort de la comptabilité.

Je me suis donc demandé si, tout en conservant à l'enseignement son caractère théorique, on ne pouvait pas le rendre *pratique*, et faire des élèves, sur les bancs mêmes de l'école, de vrais teneurs de livres. La solution du problème me paraît être tout entière dans la méthode. Je soumets celle que j'ai adoptée à votre bienveillante appréciation, et vous serai sincèrement reconnaissant de me signaler les améliorations dont mon livre vous paraîtrait susceptible.

Je place l'élève en face de l'opération quelle qu'elle soit, et je lui demande de m'indiquer le travail qu'elle comporte pour le comptable. S'il s'agit, par exemple, d'une vente *à terme*, il dira qu'indépendamment de l'inscription au Journal et au Grand-Livre, il faut *faire une Facture;* inscrire cette vente sur le *Magasinier* et sur le *Carnet des Échéances;* faire une *Lettre de voiture* et une *Lettre d'avis* si la marchandise doit être expédiée; *garder copie* de la lettre d'avis.

S'il s'agit d'un achat que l'on aura payé au moyen d'un *billet à ordre*, l'élève mentionnera l'inscription sur le *Magasinier* et sur le *Carnet des Échéances;* l'*Enregistrement* du billet; la *mise en liasse* de la Facture, la *vérification* de la marchandise *avant* le payement de la Lettre de voiture, *la cote* de la marchandise. Que fait-on de plus dans une maison de commerce? on *remue* de la marchandise et on *compte* des espèces.

Dans la rédaction, j'ai suivi le dernier programme ministériel, en y faisant quelques additions qui m'ont paru indispensables. Ainsi, j'ai donné quelques indications sommaires sur la manière *d'établir* une comptabilité industrielle, ou plutôt, de l'*encadrer* dans la comptabilité générale. J'ai choisi de préférence la fabrication des draps, à cause des *nombreuses* opérations qu'elle comporte. Mais, la marche à suivre est la même pour une industrie quelconque.

J'ai adopté pour le Journal une forme nouvelle qui me paraît réunir toutes les conditions désirables. Les balances qui terminent chaque page ont, en effet, ce double avantage d'établir : 1° que *tous* les totaux sont *sortis* à la dernière colonne ; 2° que les diverses sommes composant chaque article, ont été bien *totalisées*. Néanmoins, j'ai conservé la forme ordinaire dans la Comptabilité industrielle et dans les Comptes en participation. Les maîtres pourront ainsi juger par eux-mêmes laquelle des deux dispositions mérite d'être adoptée.

Les traités de commerce, les encouragements donnés à l'industrie, la transformation de notre système de crédit m'ont fait penser qu'il était indispensable pour les élèves d'avoir quelques notions précises sur les Chemins de fer, les Sociétés de Crédit, les opérations de Bourse, les Docks, les Chèques, les Changes, etc., etc. Ce travail constitue la deuxième partie de mon livre; elle est complétement indépendante de la Tenue des livres proprement dite. Il en est de même des quelques questions de Droit commercial qui terminent l'ouvrage, et que j'ai prises dans le Cours de législation pour les élèves de quatrième année. Ces questions se rapportant directement à la partie *pratique* du Commerce, il m'a semblé bon de les introduire dans mon Cours.

Les *comptes courants* et *d'intérêts* ont été l'objet d'un travail spécial. Les méthodes usitées, à cet effet, dans les Banques françaises ou étrangères sont exposées dans leur entier, comparées entre elles, et commentées par des exemples.

Enfin, dans les définitions ou explications qui intéressent le Commerce, j'ai marché constamment appuyé sur le Code, indiquant les articles spéciaux à chaque question, et n'avançant rien qui n'ait été contrôlé par des hommes dont la compétence en cette matière m'est parfaitement connue.

En publiant ces leçons, je ne me suis proposé qu'une chose : être utile aux élèves. Puissé-je avoir atteint mon but!

BEPMALE.

COURS DE COMPTABILITÉ.

CHAPITRE PREMIER.

§ 1er. — Notions sur les expressions les plus usitées dans le commerce.

Toute opération, vente, achat, échange, etc., ayant pour objet de donner un bénéfice, constitue un acte de commerce. La loi répute commerçants tous ceux qui font des actes de commerce leur *profession habituelle*.

Négociant. Ce mot, synonyme de commerçant, a néanmoins une signification différente; il suppose les affaires traitées sur une grande échelle, et ne se dit guère que des personnes faisant le commerce en gros. On dira, par exemple, les *négociants* français, et non les *commerçants* français, pour exprimer soit une opinion, soit une démarche ayant trait au commerce en général.

Le **fabricant** diffère du commerçant et du négociant en ce sens qu'il vend la matière première *après l'avoir transformée*.

Commissionnaire en marchandises. On désigne sous ce nom toute personne qui, moyennant une commission, s'occupe, pour *des tiers*, soit de la *vente*, soit de l'*achat* des marchandises.

Courtier en marchandises. C'est celui qui est chargé de la vente des marchandises soit dans les Docks, soit dans les Bourses de Commerce. Le Courtier est l'officier public, le notaire certificateur de la vente.

Commissionnaire de transport. On désigne sous ce nom les personnes qui se chargent de transporter ou de faire transporter les marchandises d'un lieu à un autre.

Agents de change. Ce sont ceux qui s'entremettent pour la négociation des lettres de change et autres billets à ordre ou au porteur, moyennant une remise qui leur est faite.

Échange proprement dit. Opération de commerce par laquelle on donne et on reçoit de la marchandise pour la même somme.

Marchandise. On appelle marchandise toute chose *mobilière* qu'un négociant achète dans le but de la revendre soit en nature, soit après l'avoir transformée.

Exemple : Pierre achète, pour les revendre, 100 hectolitres de blé; le *blé* est une marchandise.

Pierre achète du blé qu'il fait moudre et qu'il convertit en pain destiné à la vente; le *pain est une* marchandise. Mais ce pain ne serait pas une marchandise s'il était destiné à la consommation personnelle de Pierre.

Consignataire. Toute personne qui reçoit dans ses magasins des marchandises destinées à être vendues pour le compte de *tiers*.

Capitaine de navire. Celui qui commande le navire ; il se charge de remettre à leurs destinations les marchandises qu'il a reçues à bord. Il lui est alloué une commission de tant pour 0/0 désignée sous le nom de *chapeau*.

On entend par *courtiers maritimes* ceux qui s'entremettent pour le transport des marchandises par eau.

Un négociant :

Achète, vend, échange. .	des marchandises
Paie.	des marchandises, des billets
Encaisse	des billets
Règle	des factures, des comptes
Escompte, négocie . . .	des valeurs
Renouvelle.	des billets
Ouvre	des crédits
Fait des opérations . . .	pour son compte, à la commission, en participation.

La commission est une somme prise par un banquier, pour le recouvrement d'une valeur. Pierre donne à Paul, banquier, un mandat de 1,000 fr. sur Léon de Paris. Pour en opérer le recouvrement, Paul exigera de Pierre une commission de 1/8 0/0 par exemple, c'est-à-dire de 1 fr. 25 sur la somme entière.

On appelle encore commission le prix d'une opération faite pour le compte d'un tiers. M. Paul achète pour moi, moyennant une commission de 5 0/0, pour 1,000 fr. de marchandises. Je lui serai redevable d'une somme de 50 francs (5 0/0 sur 1,000). Cette somme de 50 francs est aussi une commission.

Le ducroire est un supplément de commission, au profit des commissionnaires, ordinairement 1 pour cent, sur les ventes qu'ils font pour le compte d'autrui, à la condition qu'ils en prennent la responsabilité : c'est-à-dire qu'ils en grantissent le paiement.

Courtage. C'est une remise faite à un courtier pour les achats qu'il fait.

Ce mot a plusieurs significations (voir aux jeux de Bourse).

L'escompte est une somme que l'on retient pour l'anticipation d'un payement. Ex. : Je paye le 1er janvier un billet de 1,000 fr. dont l'échéance est au 1er février seulement. Je retiens l'intérêt de cette somme à 6 0/0 pendant un mois, soit 5 francs. Ces cinq francs constituent l'escompte.

On appelle aussi escompte une remise faite par le vendeur sur une facture. (Voir facture n° 1.) L'escompte se retranche toujours du capital tandis que l'intérêt s'y ajoute.

Rabais. C'est une diminution consentie par un créancier sur une somme qui lui est due. — Pierre doit à Paul une somme de 37 fr. 25 c. Paul accepte pour solde 37 fr. ; il fait à Pierre un rabais de 25 c.

Bonification. C'est une expression employée principalement dans les achats de marchandise. — Bonification pour tare, pour emballage, pour cordes, signifie réduction de poids, pour tare, emballage, pour cordes, etc.

Réfaction. La réfaction est une diminution sur le prix d'une marchandise, lorsqu'elle est de qualité moindre. La réfaction consiste le plus souvent en une diminution sur *le poids* de la marchandise.

Dans les ventes publiques, les courtiers ont le soin d'indiquer que la marchandise est vendue sans réfaction.

Le **change** est une opération par laquelle une personne cède à une autre, à un prix convenu, les fonds dont elle dispose dans un lieu *autre que celui où se fait l'opération.*

L'Armateur est celui qui arme un navire pour son propre compte, qu'il en soit le propriétaire ou simplement le locataire.

Le **fret** est le prix de transport des marchandises par eau. Le fret s'établit, ordinairement, d'après le tonneau ou mètre cube (1,000 kil.)

L'avoir d'un commerçant est synonyme d'actif. Il signifie les valeurs que les comptes fournissent; on l'inscrit au *côté droit* du Grand Livre.

Le mot **crédit** a la même signification que le mot *avoir*. Passer une valeur au crédit d'un compte, c'est *l'inscrire à l'avoir* de ce compte. *Créditer* une personne, c'est *inscrire à l'avoir* de son compte. Dans une autre acception, le mot crédit exprime *la confiance* inspirée par le commerçant.

De même le **doit** est synonyme de passif. Il signifie toutes les sommes que les comptes reçoivent, et s'inscrit au *côté gauche* du Grand Livre.

Débit est synonyme de *doit*. Passer une valeur au débit d'un compte, — *débiter* quelqu'un, c'est *inscrire au doit* de son compte.

On appelle **bordereau** un état récapitulatif des diverses valeurs qui composent une *somme*. Un négociant aura vendu au comptant dans la semaine pour 22,500 fr. 50 c. de marchandises, par exemple ; il aura encaissé 4,500 fr. de valeurs ; il lui sera dû 7,250 fr. 25 c. S'il veut établir un bordereau des affaires pour une semaine, il procédera de la manière suivante :

Bordereau du 1er janvier au 8 janvier.

Marchandises au comptant	. .	22,500 f. 50	⎫
Marchandises à crédit	. . .	7,250 25	⎬ 34,250 f. 75
Encaissement de valeurs	. .	4,500	⎭

(Voir page 21 la manière de dresser un bordereau d'escompte.)

A découvert. Expression employée pour désigner une avance faite par un banquier à son client.

Pierre doit à Paul, banquier, une somme de 30,000 fr., Paul sera à découvert *avec Pierre* pour 30,000 fr.

Couvrir, Niveler, Balancer. Expressions qui signifient payer intégralement ce qu'on doit. La première se dit d'une personne, la deuxième et la troisième d'un compte.

Pour *vous* couvrir de votre facture, je, etc., etc.

Pour niveler *mon compte*, je, etc., etc.

Être couvert. Signifie être payé de tout ce qui vous est dû.

L'acquit est la reconnaissance *écrite* d'un payement effectué. — L'acquit est donné par celui qui reçoit l'argent.

Le **reçu** est un écrit par lequel on déclare que l'on a touché une certaine somme. L'acquit se met d'ordinaire sur le compte lui-même ou sur la facture, sur le billet (facture n° 2). Le reçu se fait ordinairement à part.

On appelle **créancier** celui à qui l'on doit. Pierre doit à Paul 500 fr.; Paul est *créancier*, et les 500 fr. qui lui sont dus forment sa *créance*.

Le **débiteur** est celui qui doit, et la *dette* est la somme qu'il doit. Dans l'exemple ci-dessus, Pierre est *débiteur*, et les 500 fr. qu'il doit constituent sa *dette*.

L'actif d'un commerçant est tout ce qu'il possède : il se compose de l'*argent* qui est en caisse, des *marchandises* qui sont en magasin ou en consignation, des *billets* en portefeuille, de toutes les *créances*, du *mobilier* et des *immeubles* qu'il possède.

Le **passif** est tout ce que le commerçant doit, à quelque titre que ce soit : il se compose des *billets en circulation*, des *factures à acquitter*, des sommes *dues* aux créanciers.

Actif brut. C'est tout ce que le négociant possède sans déduction aucune.

Le **capital** d'un commerçant se connaît par son inventaire annuel. Il est formé de *tout* ce que le commerçant possède, à quelque titre que ce soit, diminué de *tout* ce qu'il doit aussi, à quelque titre que ce soit. C'est donc la *différence* en plus de l'*actif* sur le *passif*. — On appelle *compte de capital* le livre sur lequel on inscrit cette différence.

Actif net. Tout ce que le commerçant possède à quelque titre que ce soit, déduction faite de ce qu'il doit.

Agio. Cette expression de banque a plusieurs significations : elle indique la différence entre la valeur *nominale* d'une monnaie et sa valeur réelle; la différence entre la valeur des espèces et les billets de Banque; la différence entre la valeur des monnaies d'un pays et celles des autres nations.

Les banquiers désignent quelquefois par ce mot l'intérêt d'un compte courant.

Pair. C'est une expression employée pour désigner qu'une valeur est recouvrée sans aucune commission.

Les Cambistes se servent de ce mot pour indiquer que le papier sur une place déterminée se négocie à sa valeur nominale, sans perte ni bénéfice.

Agiotage. Cette expression est presque toujours prise en mauvaise part. Elle signifie trafic sur les fonds publics, sur les valeurs industrielles, sur toutes opérations aléatoires.

L'agiotage est l'étude des moyens propres à produire les variations sur les valeurs industrielles et sur les fonds publics dans le but de s'emparer des dépouilles de ceux que l'on a trompés.

Appel de fonds. C'est une demande d'argent faite aux actionnaires ou aux souscripteurs d'emprunts sur les actions qu'ils ont souscrites et dont le versement n'a pas été effectué en entier. C'est lorsque le capital versé est absorbé ou reconnu insuffisant qu'on fait un *appel de fonds*.

Apurement des comptes. C'est une opération qui consiste à réviser et à vérifier les comptes de manière à dégager un comptable de toute responsabilité.

Les comptables des *deniers publics* sont justiciables de la Cour des Comptes, qui leur délivre un acte de libération désigné sous le nom de *Arrêt de quitus*.

Appoint. — Ce qui manque pour parfaire, compléter une somme, un paiement.

Arrhes, somme donnée par un acheteur ou par un locataire comme garantie d'un accord *verbal*. Les arrhes restent la propriété du vendeur ou du propriétaire, si l'acheteur ou le locataire renoncent à leur marché.

On appelle **balance** l'opération par laquelle on arrête et on solde, sur le Grand Livre, tous les comptes qui y figurent, sans distinction. — La *somme* que l'on *ajoute* pour rendre le doit et l'avoir *égaux* se nomme balance.

On appelle **solde** la somme nécessaire pour *compléter* un payement sur lequel on n'a donné que des *à-comptes*. **Solder** un compte c'est le payer en entier.

J'achète à Paul pour 800 fr. de vin, sur lesquels je lui remets 500 fr. Quelque temps après je lui paye les 300 fr. restants. Ces 300 fr. constituent le solde de mon achat. — Dans une autre acception, le mot solde exprime une vente en *bloc* et au *rabais* de marchandises restées longtemps en magasin.

Papier, Remises, Broches. — Le mot *papier* signifie effets de commerce. Le mot *remise* s'applique à des billets d'une certaine importance et *non souscrits par celui qui les remet*. Le mot *broche* désigne des effets de peu d'importance. A la Banque sont considérées comme *broches* des valeurs au-dessous de 500 fr.

Coupons d'actions. Bénéfice attribué à chaque action dans les sociétés par actions.

Les actions du Midi ont donné 40 francs en 1865, 40 francs est le coupon du Midi pour 1865.

Coupon d'intérêt. Intérêt attribué à chaque action, à chaque obligation ou à chaque titre de rente.

Le coupon d'intérêt semestriel des obligations de l'Est est de 7,50.
Le coupon trimestriel de la rente 3 0/0 est 0,75.

Disposition. Expression employée pour désigner que l'on *fournit*, que l'on *tire* sur une personne.

Les **effets de commerce,** dont il sera question plus loin, sont des billets que les négociants échangent entre eux : ces billets sont destinés à remplacer l'envoi des espèces.

Négocier, dans le langage commercial, signifie *échanger* une valeur *contre de l'argent*. J'ai un billet de 1,000 fr. qui ne sera à échéance que dans trois mois ; je le cède, je le vends à un banquier qui m'en compte le montant en espèces, moins l'intérêt pendant trois mois et une commission qui varie suivant la *place*, c'est-à-dire suivant le lieu où les effets sont payables. Dans cette opération, j'ai *négocié* le billet.

Valeur. Ordinairement, le mot **valeur** a la signification d'*effet*. Avoir une *valeur* sur Paris, c'est posséder un *effet* payable dans cette ville. Ce mot signifie encore l'époque à laquelle une facture, un billet, une somme quelconque doit être payée. J'achète à Pierre, *valeur au 1ᵉʳ mai*, pour 600 fr. de marchandises. Cela signifie que je payerai les 600 fr. le 1ᵉʳ mai ; et que, dans le cas où je ne les payerai pas, j'en *devrai* l'intérêt à partir de cette date.

Paiement. Opération de commerce qui consiste à donner en espèces, en valeurs ou de toute autre manière, une somme déterminée.

Encaissement. L'encaissement consiste à mettre dans la *Caisse* ou *coffre-fort* les sommes qu'on reçoit. Ce mot désigne le plus souvent le montant d'un billet que l'on avait en portefeuille.

Renouvellement. C'est une opération de commerce qui a pour effet d'ajourner le paiement d'une somme.

Pierre a souscrit à l'ordre de Paul un billet de 10,000 fr. payable à la fin du mois : à l'échéance il n'est pas en mesure de payer ; il souscrit un nouveau billet qui annule le premier, et payable fin du mois suivant. *Ce second billet est un renouvellement.*

Expliquer pourquoi les banquiers exigent que les effets de commerce soient rédigés sur papier timbré ; qu'ils portent deux signatures et qu'ils résultent d'opérations commerciales.

La Banque exigeant trois signatures pour les billets qui lui sont présentés, les banquiers, à leur tour, exigent *souvent deux signatures* afin qu'avec la leur, les effets qu'on leur remet soient escomptables à la Banque. Ils exigent en outre qu'ils soient sur papier timbré, afin de se mettre à couvert, en cas de non-payement, des amendes qui résultent de l'emploi de papier libre. Enfin, ils exigent que ces effets soient le résultat d'opérations commerciales, pour être justiciables des tribunaux de commerce.

Virement. Opération du teneur de livres qui consiste à porter une somme d'un compte à un autre compte.

Pierre, déjà crédité de 500 fr. pour un envoi qu'il a reçu, mande qu'il a cédé la marchandise à Paul.

Le teneur de livres portera cette somme au *débit* de ce dernier et au crédit de Pierre. Le compte Pierre se trouvera ainsi nivelé; et les 500 fr. figureront au compte de Paul. Cette opération constitue un *virement* (1).

Ouverture de crédit. Ce terme de banque signifie qu'un banquier autorise un négociant à disposer de lui pour les sommes dont il aura besoin.

Règlement. Opération qui consiste à rétablir le *net* d'une somme portée en compte.

Le mot règlement suppose que la somme qui est l'objet de l'opération comporte des calculs d'intérêt soit en faveur du négociant, soit en faveur de son client.

Prix courants des commissionnaires de transport. C'est un tableau indicatif des sommes à payer pour le transport par 100 kilos d'un lieu déterminé à un autre lieu,

Tarif de change de banquiers. C'est un tableau indicatif de la somme à payer au banquier pour le recouvrement d'un effet. Cette somme, d'ordinaire, est exprimée en tant de centimes pour chaque 100 francs. Elle varie suivant les lieux où les valeurs sont payables.

§ 2. — DU COMMERCE ET DES PRINCIPALES OPÉRATIONS QUI ACCOMPAGNENT LES ACTES DE COMMERCE.

Le **commerce** est l'ensemble des transactions ou échanges des produits du sol ou de l'industrie, contre des valeurs ou de l'argent, ou contre d'autres produits.

On entend par **actes de commerce** tout achat de marchandises, pour les revendre, soit en nature, soit après les avoir travaillées, soit pour en louer simplement l'usage.

La loi répute encore actes de commerce : toute entreprise de manufacture, de commission, de transport, etc. (*Code de commerce*, articles 632 et 633.)

Sont commerçants ceux qui exercent des actes de commerce et en font la profession habituelle. (*Code de commerce*, art. 1er.)

On **divise le commerce** en *haut* commerce ou commerce en gros, et en *petit* commerce ou commerce de détail.

Sous un autre point de vue, le commerce peut être divisé en : com-

(1) Voir page 19.

merce intérieur et commerce extérieur. Le commerce *intérieur* est celui qui se fait en deçà des frontières ; — le commerce *extérieur* est celui qui se fait en dehors des frontières.

Le commerce *extérieur* comprend l'exportation et l'importation.

L'exportation consiste dans l'envoi de nos produits à l'étranger ; et **l'importation** dans l'entrée, en France, des produits étrangers.

Les principales **obligations des commerçants** sont : 1° la contribution des patentes ; 2° la tenue de livres réguliers ; 3° la correspondance ; 4° le livre des inventaires ; 5° la publication de leurs contrats de mariage pour faire connaître leurs conventions matrimoniales.

Opérations du commerçant. — Le commerçant *achète, vend, expédie* des marchandises soit pour son propre compte, soit pour le compte d'un tiers ; il *paye, reçoit* le montant des factures, etc. ; il *souscrit, accepte, acquitte, fournit, négocie* des billets de commerce, mandats, lettres de change, billets à ordre, etc.

L'achat est un acte de commerce par lequel on *obtient, moyennant une somme convenue*, une certaine quantité de marchandises.

La vente est un acte de commerce par lequel, *moyennant un prix convenu*, on *cède* une certaine quantité de marchandises.

L'achat et la vente sont au *comptant*, lorsque le payement est fait *immédiatement ;* ils sont à *terme* lorsque le payement doit se faire à une *époque plus ou moins éloignée.*

Facture.

Une vente est toujours accompagnée d'une note détaillée, remise à l'acheteur par le vendeur. Cette note, appelée *facture*, doit contenir : le *nom* et le *domicile* de l'acheteur, le *nom* et le *domicile* du vendeur, la *date* de la livraison ou de l'envoi, le nom du voiturier lorsque la marchandise a été expédiée, les *numéros* des ballots, *les espèces, qualités* et *quantités* de marchandises vendues, leurs *prix, frais, commission, courtages, escomptes, rabais*, etc., l'*époque* du payement (1).

(1) Nous donnons ici la définition de quelques termes qui se rencontrent dans la rédaction d'une facture :

Emballage. — On donne ce nom aux caisses, malles, toiles, sacs, etc., qui renferment les marchandises expédiées.

Colis. — Ce mot désigne les marchandises en expédition, de quelque nature qu'elles soient et de quelque manière qu'elles aient été expédiées : une balle de laine, une barrique d'huile, sont des colis.

Poids brut, poids net et tare. — Le poids brut est le poids du colis. Il se compose du poids de la marchandise ou *poids net*, et du poids de l'enveloppe ou *tare*. Le poids net est donc égal au poids brut diminué de la tare.

Droit de douane. — La plupart des marchandises étrangères, pour être admises sur nos marchés, sont passibles, à leur entrée en France, d'un droit variable, suivant la nature de la marchandise et suivant les circonstances. Cet impôt constitue les *droits de douane*.

Primes d'exportation. — Dans le but de favoriser l'industrie et l'exportation, le Gouvernement accorde à certains produits *fabriqués* en *France* et expédiés à l'étranger, une prime, qui varie suivant les produits et suivant les circonstances. Cette remise est désignée sous le nom de *prime d'exportation.*

Supposons que M. Pierre, de Bordeaux, achète à la maison Paul, de Paris, six pièces de drap, mesurant ensemble 196 m. 60 c. à 7 fr. le mètre, escompte 5 0/0 ; que cette marchandise ait été expédiée par le chemin de fer, petite vitesse, et qu'elle soit payable dans 60 jours ; la maison Paul remettra à Pierre la facture suivante :

Facture n° 1.

Paris, le 1er Janvier 1864.

Vendu à M. Pierre, de Bordeaux, et remis au chemin de fer d'Orléans, petite vitesse, les marchandises ci-après payables à 60 jours.

P. P. Nos 1. 2.	Six pièces drap Elbeuf mesurant, savoir : Colis n° 1. — N° 3,561. — 25m. 3,562. — 35 50 3,563. — 40 10 Colis n° 2. — N° 3,564. — 31 3,565. — 32 3,566. — 33 Total. . . . . 196 60 à 7 fr. Escompte 5 0/0. Arrêtée la présente facture s'élevant à F. mille trois cent sept et 39, S/E/ ou O/. Valeur 1er mars. PAUL.	1,376 68	20 81	1,307	39

Analysons cette facture. Elle est datée, ce qui est indispensable, soit pour fixer l'époque du payement, soit pour le classement des opérations commerciales. — Le mot *vendu* fait connaître la nature de l'opération ; le mot *remis* suivi de chemin de fer d'Orléans, indique à Pierre que la marchandise lui sera remise par l'administration du chemin de fer. Les lettres P P placées sur les colis sont les initiales du vendeur et de l'acheteur ; les numéros 3,561 et suivants placés sur les pièces servent à vérifier leur aunage ; les 196 m. 60 c., total des 6 pièces, sont suivis du prix du mètre ; le prix total est porté dans la première colonne l'escompte 5 0/0 s'élevant à 68, 81, qui doit être retranché du prix total, est placé sous 1,376,20. Enfin le prix net 1,307 fr. 39 c. est placé dans la dernière colonne.

Les lettres S/E/ ou O/ signifient : sauf erreurs ou omissions. — Le mot *valeur* au 1er mars indique que la marchandise doit être payée à cette époque. Enfin, la signature de Paul donne de l'authenticité à cette note.

Il y a plusieurs modèles de facture ; mais, quelle qu'elle soit, une facture aura toujours pour but de *constater la vente de telle espèce de marchandise, aux conditions convenues, tacitement ou expressément, entre le vendeur et l'acheteur.*

Facture n° 2.   Paris, le 1ᵉʳ Janvier 1864.

Vendu au comptant et livré à M. Léon, de Toulouse, les marchandises ci-après :

P. L.	Colis n° 1. Cinquante kilos laine filée, couleurs assorties, à 12 fr. le kilo.	600			
Colis.	80 mètres taffetas, 4 fr. 75 c.	380			
1.		980			
2.	Escompte : 4 0/0. . .	39	20	940	80
	Colis n° 2.				
	12 châles grenadine. 25 fr. .	300			
	200ᵐ. madapolam, 1 fr. 15 c.	230			
		530			
	Escompte : 2 0/0.	10	60	519	40
	Total.	. . .	. . .	1,460	20

Pour acquit :
Paul.

Lettre de voiture.

L'expédition de la marchandise est toujours accompagnée d'une note remise au voiturier. Cette note s'appelle *lettre de voiture*.

La lettre de voiture peut être définie : un *contrat entre le voiturier et l'expéditeur,* ou entre le *voiturier et le commissionnaire (Code de commerce*, art. 101).

Elle doit être datée et exprimer : le *nom* du voiturier et son *domicile,* du commissionnaire, s'il y en a un; les *quantité, qualité, marques* et *numéros* des marchandises; le *lieu* de *départ* et de *destination;* l'*adresse* du destinataire; le *prix* de la voiture; le *nombre* de jours accordés pour le transport; l'*indemnité* pour cause de retard. Elle doit être timbrée, copiée par le commissionnaire sur un registre coté et paraphé, sans intervalle et de suite (*Code de commerce*, art. 102).

Je suppose que la maison Pierre, de Toulouse, ait vendu à M. Paul, de Paris, quatre balles, laine d'Espagne, marquées P P, et pesant brut, 274 kilos; que cette laine ait été confiée au voiturier Coursier, qui s'est chargé de la remettre dans quinze jours, à raison de 7 fr. les 100 kilos. Pierre remettra à Coursier la lettre de voiture suivante :

P. P.

N° 1. 68^{kilos.}
   2. 70
   3. 67
   4. 69
   ――――
       274

M. Paul, négociant,
rue de Rivoli, 73.

     Paris.

4 colis.

Voiture. . .	19	18
Timbre. . . .		60
Total.. . . .	19	78

, Toulouse, le 1er Janvier 1864.

A la garde de Dieu et sous la conduite de Coursier, voiturier de Toulouse, vous recevrez, dans le délai de quinze jours, sous peine au voiturier des peines portées par la loi :

Quatre balles laine d'Espagne, marquées et numérotées comme en marge, et pesant, ensemble, deux cent soixante-quatorze kilogrammes.

Ce qu'ayant reçu, bien et dûment conditionné, devant la porte du magasin que vous lui indiquerez, vous lui en paierez la voiture, à raison de sept francs les cent kilos, et rembourserez soixante centimes pour timbre de la présente.

Nota. Sont nulles toutes surcharges ou ratures non approuvées par le signataire.

PIERRE.

Observations sur la lettre de voiture. Les nombres doivent être inscrits en *toutes lettres* dans *le corps* de la lettre de voiture. Le voiturier a *un jour* de grâce, c'est-à-dire qu'il peut rendre la marchandise vingt-quatre heures plus tard que le jour fixé, sans encourir les peines fixées par la loi.

Coter une lettre de voiture, c'est calculer le montant du prix de transport. Ainsi la cote de la lettre de voiture ci-dessus est de 19 f. 78. Lorsque un commerçant reçoit une lettre de voiture, il ne doit la payer qu'après avoir vérifié la marchandise, car le paiement de la lettre de voiture éteint toute action contre le voiturier.

Connaissement.

Le connaissement est la lettre de voiture pour le transport des marchandises par eau. C'est un *contrat* entre l'expéditeur et le capitaine de navire.

Il est fait au moins en quatre originaux : 1 pour le chargeur, 1 pour le destinataire, 1 pour le capitaine, 1 pour l'armateur.

Il doit contenir : 1° l'*indication* des marchandises chargées ; 2° le *nom* du négociant auquel elles *appartiennent ;* 3° l'indication *des lieux* où on les *porte ;* 4° le *prix* du fret et le tonnage du navire ; 5° les *marques* et *numéros* des objets à transporter. Il peut être à ordre ou au porteur ou à personne dénommée. (*Code de commerce*, art. 281 et 282.)

Il doit être signé par le capitaine et le chargeur, et fait foi entre toutes parties intéressées au chargement, ainsi qu'entre elles et les assureurs.

Modèle.

Je Guillerie, maître, après Dieu, du navire *le Rubens*, à présent devant Bordeaux, pour, du premier temps convenable, suivre mon voyage sous la garde de Dieu, jusqu'au-devant de la ville de Saint-Denis, où sera ma décharge, reconnais avoir reçu de MM. Léonidas frères, sur mon bâtiment et sur son franc tillac (désignation des colis). Le tout bien conditionné et marqué comme en marge, que je promets délivrer en bonne forme, sauf les risques et les périls de mer, à M....... ou à son ordre, en me payant pour mon fret (indiquer le prix en toutes lettres) et, pour l'accomplissement de ce que dessus, j'ai obligé et oblige ma personne, mes biens et mon dit navire.

En foi de quoi j'ai signé quatre connaissements ; l'un d'eux accompli, demeurent les autres de nulle valeur.

Bordeaux, le

(*Signature du chargeur.*)   (*Signature du capitaine.*)

EFFETS DE COMMERCE.

On entend par effets de commerce des billets que les négociants échangent entre eux et qui sont destinés à remplacer l'envoi des espèces.

Diverses espèces de billets. — Au point de vue commercial on distingue : le *Billet simple*, le *B/ à Ordre*, la *Lettre de change*, le *Mandat*. Relativement au comptable, les effets, de quelque nature qu'ils soient, sont divisés en deux catégories : 1° ceux que le commerçant est obligé de payer; 2° ceux dont il doit recevoir le montant.

Les premiers sont appelés *B/ à Payer ;* les seconds, *B/ à Recevoir.*

Le commerçant doit payer le montant de tous les billets qu'il *souscrit* ou qu'il *accepte ;* il doit, au contraire, recevoir le montant de tous ceux qui sont *faits* ou *passés* à s/ ordre.

Du Billet en général et du Billet simple.

Le **billet** est un écrit sous seing privé, par lequel on s'engage à payer à quelqu'un une certaine somme, à une époque déterminée.

Le billet **simple** est celui qui n'est payable qu'au créancier au profit duquel il est fait. Celui-ci ne peut le *céder* à personne, si ce n'est par un acte authentique (1), après signification du transport de la créance faite au débiteur. L'acceptation faite par le débiteur du transport par acte authentique équivaut à la signification, en faveur de celui qui est substitué au créancier (*Code civil*, art. 1690).

(1) L'acte *authentique* est celui qui a été reçu par officiers publics ayant le droit d'instrumenter (faire des actes publics) dans le lieu où l'acte a été rédigé, et avec les solennités requises (*Code civil*, art. 1317).

Il doit être écrit en entier de la main du souscripteur, ou tout au moins il faut, qu'outre la signature, celui-ci ait écrit de sa main un *bon* ou *approuvé*, portant en *toutes lettres* la somme fournie. Ainsi, il ne suffirait pas dans un billet de cette nature, écrit par une main étrangère, d'ajouter au bas : *approuvée l'écriture ci-dessus*, on doit mettre : *approuvée l'écriture ci-dessus pour la somme de* (en toutes lettres) (1).

Modèle.

Je soussigné, Léopold Carayon, reconnais devoir à M. Glories, propriétaire demeurant à Versailles, Grande rue, 47, la somme de cinq cents francs, qu'il m'a remise, à titre de prêt, et que je m'engage à lui rembourser avec l'intérêt à cinq pour cent, à partir de ce jour, le premier mars mil huit cent soixante-quatre.

Fait à Paris le 1er janvier 1864.

Bon pour cinq cents francs.

CARAYON

96, rue des Moulins (2).

Billet à ordre.

Le B/ à Ordre est un engagement pris par écrit, par une personne, appelée *souscripteur*, de payer à l'ordre d'une seconde personne nommée *bénéficiaire*, une certaine somme à une époque convenue nommée *échéance*.

Modèle.

Paris, le 1er janvier 1864. B. P. F. 500 (3).

Au premier mars, je payerai à l'ordre de MM. Noël et Compagnie (rue... n°...), la somme de cinq cents francs, valeur reçue en marchandises.

PIERRE (rue... n°...).

Observations.

M. Pierre, signataire du billet, se nomme souscripteur ; M. Noël, à l'ordre de qui il est fait, est le *porteur d'ordre* ou *bénéficiaire*.

Le **billet** à O/ est daté ; il énonce : 1° la *somme* à payer écrite en

(1) Lorsque la somme exprimée au corps de l'acte est différente de celle exprimée au *bon*, l'obligation est présumée n'être que de la somme moindre, lors même que l'acte, ainsi que le *bon* sont écrits en entier de la main de celui qui s'est obligé, à moins qu'il ne soit prouvé de quel côté est l'erreur. (*Code civil*, art. 1327.) — Un billet simple écrit sur papier mort (papier non timbré) ne peut être présenté en justice s'il n'est enregistré, comme le papier timbré d'ailleurs, mais il n'est enregistré qu'à la condition de payer *double droit*.

(2) Il faut que le domicile du souscripteur soit toujours indiqué de manière à éviter toute erreur.

(3) La somme et le B. P. F. doivent être soulignés, la somme écrite en chiffres.

lettres dans le corps du billet; 2° le nom et l'adresse du *bénéficiaire* et du *souscripteur;* 3° l'*époque* à laquelle le payement doit s'effectuer; 4° la *valeur* qui a été fournie en marchandises, en compte ou de toute autre manière (art. 188); 5° la signature du souscripteur à droite au-dessous du corps du billet.—Il doit être souscrit sur *papier timbré*. S'il était sur papier libre, et s'il était protesté, il donnerait lieu à une *amende*, qui serait supportée par le *souscripteur*.

Ordre. Les mots : *je payerai à l'ordre*, indiquent que MM. Noël et Cie peuvent obliger le souscripteur à payer le billet à telle personne qu'ils voudront. Ces mots rendent l'effet *négociable;* c'est-à-dire que les porteurs d'ordre peuvent l'*échanger contre de l'argent*, avant l'échéance.

Valeur reçue. Par les mots : valeur reçue en marchandises, Pierre reconnaît avoir reçu des marchandises pour une somme de 500 fr. Si MM. Noël et Cie avaient donné de l'argent, on aurait mis : valeur reçue *comptant* ou valeur reçue en *espèces*. Les mots valeur, sans désignation de l'espèce de valeur, *font perdre* au billet son caractère d'effet *négociable*. Aux yeux de la loi, ce n'est qu'une *simple promesse*. B. P. F. signifie : Bon pour francs. C'est pour qu'on puisse voir, du premier coup d'œil, la valeur de l'effet.

Endossement. L'endossement est la *transmission de la propriété* d'un billet. Cette transmission se fait en écrivant au dos du billet : Payez Ordre N.... valeur reçue. — Je suppose que M. Noël veuille céder son billet à M. Léon, il opérera cette cession en mettant au dos du billet : Payez O/ Léon, valeur reçue comptant, en travers, en commençant au bout de l'effet où se trouve la signature du tireur ou du souscripteur. De cette façon, le premier endossement ne se trouve pas sur marge et ne peut pas être supprimé. M. Noël est l'endosseur ou le cédant : M. Léon, nouveau porteur, s'appelle *cessionnaire*.

Un endossement régulier doit : 1° être *daté;* 2° exprimer la *valeur* fournie; 3° énoncer le *nom* de la personne à l'ordre de laquelle le billet est passé; 4° il doit être *signé* du *cédant*. (Code de Commerce, art. 137) (1).

Tous les endosseurs sont solidairement responsables, vis-à-vis des endosseurs qui les suivent. (*Code de commerce*, 136, 139, 164, 188.)

Acquit. A l'échéance, le dernier porteur d'ordre touche le montant de l'effet en mettant ces mots : *pour acquit*, qu'il fait suivre de sa signature.

Billet à domicile.

C'est un billet souscrit dans un pays quelconque, et payable au *domicile* du *souscripteur* ou au domicile d'un *tiers*.

---

(1) Si l'endossement n'est pas conforme aux dispositions ci-exprimées, il n'opère pas le transport, il n'est qu'une procuration (Code de Commerce, 138). Il est défendu d'antidater les ordres, à peine de faux (Code de Commerce, 139).

On peut quelquefois avoir intérêt à faire payer ses propres billets, dans une ville autre que celle où on les souscrit. Je suppose que Pierre ait ses fonds chez un banquier de Paris, il lui sera très-commode, et souvent très-avantageux, de payer ses effets dans cette ville. Dans ce cas, le B/ doit porter l'*indication* du lieu où il est payable.

Faire les fonds signifie fournir le montant du billet à celui chez qui il est payable.

Lettre de change.

On attribue l'invention de la lettre de change aux juifs, qui, réfugiés en Lombardie, donnèrent à des voyageurs des lettres portant ordre aux dépositaires des fonds qu'ils avaient laissés en France, de les remettre à ces voyageurs qui en avaient d'avance payé le montant.

On peut définir la lettre de change : un effet de commerce par lequel une personne *mande* à une autre personne, habitant un *lieu différent*, de payer, soit à celle qui est désignée sur l'effet, soit à celle qui en exerce les droits, une somme dont cette seconde personne reconnaît avoir reçu la valeur.

On appelle **tireur** celui qui fait la lettre de change; **preneur**, celui à l'ordre de qui elle est faite; **tiré**, celui qui doit la payer.

Faire, tirer, fournir sont trois expressions synonymes. On dit habituellement : *traite*, pour lettre de change.

Pour qu'une lettre de change produise son effet, il faut : 1° qu'il y ait *provision*, c'est-à-dire que le *tiré* ait reçu les fonds nécessaires pour *effectuer* le payement, ou qu'à l'échéance il soit débiteur d'une somme *au moins égale* au montant de la lettre de change; 2° qu'il y ait *acceptation*, c'est-à-dire que le tiré ait pris l'*engagement* de payer à l'échéance.

En prévision d'une lettre de change perdue, on en fournit une deuxième, une troisième, et chacune n'est payable qu'autant que les autres n'ont pas été payées.

Une lettre de change, comme un B/ à ordre, se transmet par l'**endossement**. L'endossement s'écrit en *travers*, au bout de l'effet où se trouve la signature du *tireur* ou du *souscripteur :* Payez à l'ordre de M. ou MM. (date et signature). On peut écrire simplement O/M ou MM. Il en est de même du B/O.

Le **protêt** est la constatation du refus de payement ou d'acceptation (1). — Le refus de payement d'un B/ quand il y a provision (2), expose à la contrainte par corps (3).

(1) En cas de fausse indication de domicile, le protêt est précédé d'un acte de perquisition. (Code de Commerce, art. 173.)

(2) Il y a *provision* si, à l'échéance de la lettre de change, celui sur qui elle est fournie est redevable au tireur, ou à celui pour compte de qui elle est tirée, d'une somme au moins égale au montant de la lettre de change. (Code de Commerce, 116.)

(3) La loi sur la contrainte par corps porte : En matière commerciale la contrainte par corps pourra être exercée pour des sommes de 200 fr. et au-dessus.

La contrainte par corps est le droit qu'a un créancier de faire emprisonner son débiteur, après avoir rempli les formalités voulues. Aucune *contrainte par corps* ne s'exerce sans une autorisation judiciaire.

L'emprisonnement pour dettes cesse après un an, lorsque le montant de la condamnation principale est au-dessous de cinq cents francs ; après 2 ans au-dessous de 1000 fr.

   — 3   —   3000
   — 4   —   5000

L'emprisonnement ne peut avoir lieu contre les personnes qui sont entrées dans leur soixante-dixième année.

Échéances.

On appelle *échéance* le jour précis où un effet doit être payé. Si un effet ne porte pas échéance, le juge fixe le jour où il doit être payé.

La loi a fixé les échéances de la manière suivante :

A jour fixe, à un ou plusieurs jours de date ; à un ou plusieurs mois de date.

A une ou plusieurs usances de date.

A vue ; à un ou plusieurs jours, ou mois, ou usances de vue.

En foire.

Usance. L'usance en France est une durée de trente jours qui courent du lendemain de la date de la lettre de change. (Code de Commerce, 132.)

Vue. C'est ce qu'écrit le tiré sur la lettre, quand on la lui présente. C'est à partir de ce moment que court le délai pour le payement. Lorsqu'une lettre de change, à plusieurs jours de vue, est protestée faute d'acceptation, le délai pour le payement part du jour du protêt. (Code de Commerce, 131.)

Lettres de change payables en foire. Une lettre de change payable en foire, doit être payée le jour de la clôture de la foire, ou le jour même, si elle ne dure qu'un jour. (Code de Commerce, 131.)

Si l'échéance d'une lettre de change est à un jour férié légal, elle est payable la veille. (Code de Commerce, art. 134.)

Aval. C'est un engagement pris par un tiers de payer le montant d'un billet. Il est tenu solidairement et par les mêmes voies que les tireurs et endosseurs, sauf les conventions différentes des parties. (Code de Commerce, 142.)

Besoin. On entend par besoin une personne chargée de payer une lettre de change, lorsque le tiré refuse de la payer. C'est pour éviter les protêts que les tireurs désignent un besoin lorsqu'ils ne peuvent pas entièrement compter sur les tirés. Le besoin est exprimé en ces termes : au besoin chez M. N....

Modèles de lettres de change.

Lettre de change avec acceptation.

Paris, le 1er Janvier 1864. B. P. F. 1000.

Au premier avril prochain, payez par cette seule de change à M. Simon ou à son ordre la somme de mille francs, valeur reçue comptant que passerez suivant l'avis de

PIERRE.

A M. Jules, négociant
à Bordeaux.

Accepté (1) pour la somme de mille francs.
JULES.

DOS DE LA LETTRE.

Payez 0 / Sol, valeur en compte.
Paris, le 1er janvier 1864.
SIMON.

Payez 0 / Moulis, valeur reçue comptant.
Versailles, 15 février 1864.
SOL.

Payez 0 / Dupin, valeur en marchandises.
Orléans, 12 mars 1864.
MOULIS.

Payez 0 / Grenier, valeur pour solde.
Poitiers, 25 mars 1864.
DUPIN.

Pour acquit :
Bordeaux, 1er avril 1864.
GRENIER.

Les observations sur le billet à ordre s'appliquent à la lettre de change. Ainsi, Pierre est le tireur, Simon le bénéficiaire, Jules le tiré, Simon, Sol, Moulis et Dupin les endosseurs.

Lettre de change à vue.

Paris, le 1er janvier 1864. B. P. F. 500.

A vue, il vous plaira payer à M. Léon ou à son ordre, la somme de cinq cents francs, valeur reçue en marchandises, laquelle somme vous passerez en compte, suivant mon avis de ce jour.

A M. Joseph, négociant à Bordeaux.

LOUIS.

(1) L'acceptation suppose la provision. — Elle en établit la preuve à l'égard des endosseurs. Le tireur seul est tenu de prouver qu'il y avait provision à l'échéance, sinon il est tenu de la garantie, quoique le protêt ait été fait après les délais fixés. (C. de Comm., 117.)

Lettre de change à tant de jours, de mois ou d'usances de vue.

Paris, le 1er janvier 1864. B. P. F. 500.

A deux usances de vue (ou quinze jours ou trois mois de vue), veuillez payer, etc., etc. Le reste comme ci-dessus.

Lettre de change à l'ordre du tireur.

Paris, le 1er janvier 1864. B. P. F. 500.

Le quinze février prochain, il vous plaira payer, à mon ordre, la somme de cinq cents francs, valeur en moi-même, que vous passerez en compte suivant mon avis du vingt-cinq dernier.

A M. Joël, négociant à Lyon.

Votre dévoué,
LAURENT.

Lettre de change au domicile d'un tiers avec aval.

Paris, le 1er janvier 1764. B. P. F. 500.

Au quinze février prochain, je payerai, à l'ordre de M. Louis, au domicile de Jean et Cie, la somme de cinq cents francs, valeur en espèces.

A M. Jean et Cie à Toulouse.

PAUL.

Pour aval,
PIERRON.

Lettre de change tirée par ordre et pour le compte d'un tiers.

Paris, le 1er janvier 1864. B. P. F. 500.

Au premier mars prochain, par ordre et pour le compte de M. Louis de Marseille, il vous plaira payer à M. Joseph ou à son ordre, la somme de cinq cents francs, valeur en marchandises que vous passerez en compte, suivant avis de

LÉOPOLD.

A M. Paillet, banquier à Toulouse.

Lettre de change à plusieurs originaux et avec besoin.

Marseille, le 1er janvier 1864. B. P. F. 1000.

Fin février prochain, il vous plaira payer par cette deuxième lettre de change, la première et la troisième ne l'étant, à M. Léon ou à son ordre, la somme de mille francs, valeur reçue en marchandises, que vous passerez en compte, sans autre avis de votre serviteur, la présente annulant les autres.

A M. Paul, négociant à Paris, rue Cherche-Midi, 14, au besoin chez M. Jules, banquier, rue Saint-Honoré, 32.

PIERRE.

Sans frais. Quelquefois, pour éviter aux tirés les frais de protêt et de recours qui en sont la conséquence, les tireurs introduisent sur les effets qu'ils fournissent la mention *sans frais*. C'est une injonction faite au porteur de ne pas le faire protester, en cas de refus de paye-ment. C'est un engagement du tireur à rembourser le montant de l'effet, s'il arrivait qu'il ne fût pas payé à son échéance. Cette recom-mandation est rarement respectée, par crainte de perdre recours contre les endosseurs.

Allonge. Lorsqu'une lettre de change ne peut pas contenir tous les endossements, on colle au dos une bande de papier de la même lar-geur et de la longueur que l'on veut. Cette bande constitue une *allonge*. (On ajoute autant d'allonges qu'il le faut.) Elle est attachée à l'effet au bout de la marge, avec mention nécessaire pour qu'elle ne puisse pas être séparée de l'effet. On en fait mention en exprimant la date du billet ou de la lettre de change, l'échéance, le tireur, le tiré et les endosseurs.

Virement. Le virement n'est que la *transposition* d'une somme d'un compte à un autre compte, ou mieux un *transport* qu'un débiteur fait à son créancier d'une somme à prendre chez un tiers.

Dans l'administration des finances de l'État, on appelle virement l'opération de porter sur un ministère le reliquat du crédit non épuisé d'un autre ministère.

Mandat.

Le code de commerce ne dit rien du mandat; mais l'usage l'a assi-milé à la lettre de change. Il y a néanmoins cette différence, c'est qu'il peut être payable dans le lieu même où il est dressé, et écrit sur du papier libre. — Sa forme est celle de la lettre de change. La mention *sans frais* ou *retour sans frais* et *motifs du refus* est une demande du tireur au dernier porteur d'indiquer au dos du mandat les motifs du tiré de ne pas payer à l'échéance.

Acceptation du mandat. Le mandat n'est *susceptible d'acceptation*, qu'autant qu'il est souscrit sur *papier timbré*.

Escompte.

L'escompte est l'échange contre de l'argent, de billets qui ne sont pas à échéance. Celui qui donne les billets fait *escompter*; celui qui les prend *escompte*.

Voici la formule au moyen de laquelle on calcule l'escompte.

Soit à chercher l'escompte à 6 0/0 d'une valeur de 5,000 fr., payable dans 45 jours. La question revient au problème suivant :

100 fr. (unité de cap.) dans 360 j. (année commerc.) donnent 6 fr.
5,000 fr.   45 x.

$$
\begin{array}{ccc}
100 & 360 \text{ jours.} & 6 \\[4pt]
1 & 360 & \dfrac{6}{100} \\[10pt]
1 & 1 & \dfrac{6}{100 \times 360} \\[10pt]
5,000 & 1 & \dfrac{6 \times 5,000}{100 \times 360} \\[10pt]
5,000 & 45 & \dfrac{6 \times 5\,000 \times 45}{100 \times 360} = \dfrac{6 \times 5,000 \times 45}{36,000}
\end{array}
$$

Or, dans cette dernière fraction le dénominateur seul est invariable parce qu'il est formé de 100 (unité de capital) et de 360 (nombre de jours de l'année). Le numérateur, au contraire, est formé de facteurs essentiellement variables. En représentant par a le capital, par r le taux et par n le temps (jours), la fraction devient $\dfrac{r \times a \times n}{36,000}$ ou $\dfrac{ran}{36,000}$, ce qui nous fait voir que pour calculer l'escompte il faut *multiplier le taux par le capital et par le temps, et diviser le produit par* 36,000.

Quand le taux est un diviseur de 36,000, on simplifie la formule en divisant les deux termes de la fraction par le taux. Le numérateur est alors exprimé par *an*, et le dénominateur par le quotient de 36,000 divisé par le taux. La formule simplifiée peut être énoncée ainsi : Pour calculer l'escompte, on multiplie le capital par le nombre de jours, et on divise le produit par le quotient de 36,000 divisé par le taux. D'après cette règle, l'escompte à 6 0/0 sera donné par $\dfrac{an}{6,000}$; à 5, par $\dfrac{an}{7,200}$; à 4, par $\dfrac{an}{9,000}$, etc., etc.

Nombre. Le produit du capital par le taux et par le temps constitue ce qu'on appelle le *nombre*. C'est donc le nombre divisé par 36,000 qui donne l'escompte.

Échéance moyenne. Pierre a 3 valeurs, dont l'une (capital et intérêt compris) à 6 0/0, est de 2,000 ;
l'autre   5 0/0   4,000 ;
et la troisième   4 0/0   2,500.

La première est payable dans 40 jours, la deuxième dans 25, la troisième dans 90 jours : il voudrait les réunir en une seule valeur à 5 0/0, à combien de jours sera l'échéance? C'est là ce qui constitue un problème sur l'échéance moyenne.

La *somme des nombres* des trois valeurs doit égaler le *nombre* de la valeur qui les remplace, cela est évident, d'après la remarque ci-dessus. Or les nombres des trois valeurs sont les suivants : 1° $2,000 \times 6 \times 40$; 2° $4,000 \times 5 \times 25$; 3° $2,600 \times 4 \times 90$. Le nombre correspondant à la *somme* de ces valeurs sera exprimé par $(2,000 + 4,000 + 2,500)\, 5 \times x$, x représentant le nombre de jours. De là l'égalité suivante :

$$x \times 5 \times (2,000 + 4,000 + 2,500) = 2,000 \times 6 \times 40 + 4,000 \times 5 \times 15 + 2,500 \times 4 \times 90,$$ d'où en effectuant les opérations

$$x = \frac{1,780,000}{42,500} = 41 \text{ jours.}$$

De ce qui précède résulte la règle suivante :

Pour réduire plusieurs valeurs à une échéance commune, il faut faire le nombre de chaque valeur et les ajouter ensemble pour former le TOTAL DES NOMBRES; *ajouter ensuite les valeurs, multiplier par le taux et diviser le total des nombres par le produit obtenu. Le quotient donne l'échéance.*

REMARQUE. Lorsque les valeurs ont le même taux, on se dispense de faire intervenir ce facteur dans les produits. Dans ce cas, les nombres sont exprimés par le capital multiplié par les jours, et le diviseur par la *somme des valeurs.*

Bordereau d'escompte. Le bordereau d'escompte est une note des valeurs que le commerçant a négociées au banquier. Cette note indique les sommes soumises à l'escompte par le commerçant, avec les intérêts, commissions, changes et autres frais retenus par le banquier.

La maison de banque Pinel escompte à Louis, savoir :

F. 1,000. Traite Paul s/ Léon, de Paris, 1er mars. Commission, 1/8.
F. 2,000. Mandat sur Julien, de Lyon, au 15 mars.   dito,   1/4.
Elle remet à M. Louis le bordereau d'escompte suivant :

Toulouse, le 1er janvier 1864.

Pris de M. Louis, à l'escompte 6 0/0.

F. 1,000	Paris, 1er mars.	60 jours.	60,000
2,000	Lyon, 15 mars.	74	148,000
3,000			208,000

$$40,91 \begin{cases} 34^{\text{fr.}}\ 66, \text{ escompte 6 0/0 sur 208,000} \\ 1\ \ 25, \text{ Commission 1/8 sur 1,000 fr.} \\ 5\ldots\ \text{ Commission 1/4 sur 2,000} \end{cases}$$

2,959.09. Net, à paiement.

Les 34,66 représentent l'intérêt des deux billets; 1,25, la commission 1/8 sur la T/ de 1000; et 5 fr. la commission 1/4 sur 2000 fr. Ces trois sommes réunies (40 fr. 91) constituent l'escompte des deux billets, c'est-à-dire *ce que retient* la maison Pinel, pour les avoir achetés avant leur échéance.

Lettre de crédit.

La lettre de crédit peut être définie : l'autorisation écrite donnée à une personne de prendre chez un tiers une somme déterminée.

Supposons que la maison Pierre de Paris ait un voyageur qui doive rester longtemps absent. Au lieu de lui remettre l'argent nécessaire pour toute son absence, elle lui donnera une lettre au moyen de laquelle il pourra toucher, chez un correspondant de la maison, celui de Marseille, par exemple, une somme convenue, mille francs je suppose. C'est cette lettre que l'on appelle **lettre de crédit**. Voici la forme qu'on lui donne ordinairement.

Paris, le 1er janvier 1865.

Monsieur N..., négociant à Marseille.

Permettez-nous, Monsieur, de vous recommander M. Léon, notre voyageur, qui doit demeurer quelques jours dans votre ville. Nous vous serons reconnaissants de vouloir bien lui ouvrir un crédit jusqu'à concurrence de 1000 fr. dont vous débiterez notre compte, à mesure des remises que vous lui ferez.

M. Léon vous remettra ses reçus en *duplicata;* un qui devra nous être adressé, l'autre qui restera entre vos mains.

Nous vous prions, Monsieur, d'agréer nos salutations.

PIERRE et Cⁱᵉ.

Voici la signature de Léon,
Léon.

CORRESPONDANCE COMMERCIALE.

La correspondance commerciale doit être claire, nette, concise. On doit éviter avec soin toute phraséologie, toute occasion d'y montrer de l'esprit. Si la politesse doit toujours présider aux relations commerciales, la flatterie doit en être soigneusement écartée. En deux mots, une lettre de commerce doit être sérieuse et digne.

Nous ne pensons pas qu'il soit possible de donner des modèles de correspondance commerciale ; et, en effet, la circonstance la plus insignifiante ne suffit-elle pas pour modifier la rédaction d'une lettre?

Les modèles que nous donnons sont donc plutôt pour la *forme* que pour le fonds.

Modèle d'une circulaire.

Paris, le 31 Janvier 1865.

M.

Nous avons l'honneur de vous informer que notre père vient de se retirer entièrement des affaires, et que nous prenons la suite de son commerce.

Nous n'apporterons pas de changements à sa manière de gérer ce qui a rapport à notre commerce; nous nous efforcerons de *continuer* sa maison. La seule modification que nous ferons, et qui est demandée par l'intérêt de nos clients, sera de leur adresser, au moins une fois par mois, le prix courant de nos marchandises.

Notre signature sera Léon frères.

Nous espérons, M., que vous nous continuerez la confiance que vous accordiez à notre père. Soyez assuré d'avance que nous ne négligerons rien pour nous en rendre dignes.

Nous vous prions, M., d'agréer nos salutations respectueuses.

Léon frères.

Offre de marchandises.

Nantes, le 10 Février 1865.

M.

Je viens de recevoir un assortiment considérable de..... Les conditions exceptionnelles auxquelles j'ai pu faire mes achats, me permettent à mon tour de faire d'excellentes conditions à mes clients.

S'il vous est agréable de connaître quelques-uns de nos échantillons, veuillez me le mander. Je m'empresserai de vous adresser ceux que vous m'aurez désignés, ainsi que le prix auquel ils sont cotés.

Dans l'espoir de recevoir vos ordres, je vous prie, M., d'agréer mes civilités les plus empressées.

Léon.

Demande de marchandises.

Bordeaux, le

A Monsieur Louis à Perpignan.

Vous m'obligerez, Monsieur, en m'adressant immédiatement, par grande vitesse, et entièrement conformes aux échantillons que j'ai reçus de votre maison, savoir :

40 mètres, gros de Naples (échantillon 125.)
25 mètres, velours grenat (échantillon   18.)

Je ne fais pas d'observation sur les prix. J'accepte 7 fr. 50 pour le gros de Naples, et 18 fr. 75 pour le velours. Le tout avec escompte 3 0/0.

Je désirerais seulement que l'époque du payement fût à 90 jours de la facture au lieu de 60. J'espère que vous me ferez cette concession, d'ailleurs fort minime.

En attendant, veuillez recevoir, M., mes salutations empressées.

Georges.

Lettre d'avis.

Paris, le 1er février 1863.

Monsieur Julien, à Bordeaux.

M.

J'ai l'honneur de vous donner avis que, pour me couvrir du montant de votre facture du 1er janvier, je viens de fournir sur vous, pour le 25 février, mon mandat de fr. 560 75, auquel je vous prie de réserver bon accueil.

Je saisis cette occasion pour vous renouveler mes offres de service, et pour vous donner, une fois de plus, l'assurance que vos ordres seront toujours remplis au mieux de vos intérêts.

Veuillez agréer, Monsieur, l'assurance de mes sentiments dévoués.

JÉRÔME.

LIVRES OBLIGATOIRES.

Toute comptabilité régulière nécessite l'usage de carnets ou *livres*, les uns *obligatoires*, les autres facultatifs ou *auxiliaires*.

Les livres que les négociants sont *obligés* de tenir sont les suivants : Le *Livre-Journal*, le *Copie des Lettres*, le *Livre des Inventaires*.

Journal. C'est un livre sur lequel le commerçant inscrit toutes les affaires de la *journée* et dans l'*ordre* où elles se présentent. Il n'y a pas de forme particulière pour ce livre. La plus généralement adoptée est celle que nous lui avons donnée dans la partie pratique de ce cours.

Voici le texte de la loi (Code de com., art. 8) : « Tout commerçant est tenu d'avoir un livre journal qui présente, jour par jour, ses dettes actives et passives, les opérations de son commerce, ses négociations, acceptations ou endossements d'effets, et généralement tout ce qu'il reçoit et paye, à quelque titre que ce soit ; et qui *énonce*, mois par mois, les sommes employées à la dépense de sa maison : le tout indépendamment des autres livres usités dans le commerce, mais qui ne sont pas indispensables. »

Le Journal, le Copie des Lettres, et le livre des Inventaires doivent être tenus sans *blancs, ratures, surcharges, interlignes, transports* en marge.

Sans blancs. C'est-à-dire que toutes les lignes doivent être entièrement *remplies* soit par l'écriture elle-même, soit par un *trait* à l'encre.

Ratures. Il est défendu de *gratter* et de *substituer* un mot nouveau à un autre déjà écrit. Si l'on faisait une erreur, on passerait un léger trait sur le mot *fautif*, et l'on écrirait de nouveau soit le mot si l'on s'apercevait de l'erreur aussitôt après l'avoir commise, soit l'article en entier, en ajoutant que le nouvel article annule le précédent.

Surcharges. Ce qui signifie qu'il ne faut pas corriger les erreurs de rédaction en écrivant sur un mot déjà écrit. c'est-à-dire en surchargeant l'écriture.

Interlignes. C'est-à-dire que la loi défend d'écrire entre les lignes, soit pour réparer des omissions, soit pour rectifier des erreurs.

Transports en marge. La loi défend par là toute explication que l'on ferait figurer en marge.

Nous le répétons, si l'on commet une erreur dans la rédaction d'un article, on la corrige en annulant l'article et en le remplaçant par un autre.

Ces livres doivent être paraphés par le Président du Tribunal de commerce ou par un de ses délégués.

C'est-à-dire que le président ou son délégué doit *apposer* sa signature sur chaque feuille.

D'ordinaire l'apposition de cette signature est faite sur la *première* et sur la *dernière* feuille. Le visa mentionne le nombre de feuilles du livre.

Copie des lettres. C'est un livre sur lequel le commerçant transcrit toutes les lettres *d'affaires* qu'il envoie. Pas de forme particulière pour ce livre. « Il est tenu de mettre en liasses les lettres missives qu'il reçoit et de copier sur un registre celles qu'il envoie. » (C. de C., art. 8.)

Livre d'inventaires. C'est un livre sur lequel le commerçant établit, *tous les ans*, sa situation commerciale, c'est-à-dire la composition de son *actif* et de son *passif*. (Voir page 39 la manière de dresser l'inventaire.)

La loi a prescrit certaines formalités pour la tenue de ces livres. Ainsi, elle exige qu'ils soient cotés et paraphés sans frais par le président du tribunal de commerce, par le juge de paix s'il n'y a pas de tribunal, par le maire ou ceux qui peuvent le remplacer légalement, si c'est dans une commune rurale. Le livre de copies des lettres ne sera pas soumis à cette formalité. Le *livre-journal* et le *livre des inventaires* seront paraphés et visés une fois par année. (Code de Commerce, art. 10.) Les commerçants seront tenus de conserver ces livres pendant dix ans. (Code de Commerce, art. 2.)

De plus, ils doivent être tenus sans *blancs, ratures, surcharges, interlignes, transports en marge*. La tenue régulière de ces livres est d'un grand poids dans les décisions des tribunaux, sur les contestations commerciales (1).

LIVRES AUXILIAIRES.

Le nombre des livres auxiliaires varie, suivant l'importance des affaires, et aussi suivant la nature du commerce. Nous parlerons seulement de ceux qui sont le plus **généralement employés.**

1° Le livre de *caisse* et la *main courante*, qui concourent à la formation du journal ;

2° Le *grand livre*, que l'on *extrait* du journal ;

(1) Les livres de commerce régulièrement tenus peuvent être admis par le juge pour faire preuve, entre commerçants, pour faits de commerce. (Code de Commerce, art. 12.)

3° Enfin les livres destinés à des renseignements spéciaux, et dont les principaux sont : le *livre-magasin*, le *livre copie d'effets*, le carnet d'*échéances*, le *livre de ventes*, d'*achats*, *petite caisse*, des *expéditions*, etc., etc.

Le Livre de Ventes.

C'est un livre sur lequel on trancrit toutes les ventes que l'on fait et dans l'ordre où elles se présentent. Ces ventes sont extraites du cahier sur lequel elles sont transcrites une première fois au moyen de la *presse* à copier. Il faut avoir le soin, *dans la transcription*, de refaire les opérations. Par ce moyen, on contrôle les factures que l'on a délivrées.

Le Livre des Achats.

C'est un livre sur lequel on transcrit les achats que l'on a faits. On refait les opérations et l'on a ainsi un *contrôle* des factures que l'on *a reçues*.

Livre des factures à recevoir.

C'est un livre particulier sur lequel on fait figurer les petites factures non acquittées, mais qui n'ont point été portées aux comptes des acheteurs.

Livre des factures à acquitter.

On fait figurer sur ce livre les petits achats non acquittés, dont les vendeurs n'ont pas été crédités. Ces deux livres sont utiles pour dresser l'inventaire d'une manière exacte.

Dans la comptabilité industrielle, on peut ajouter :

1° *Le livre de petite caisse.* — Sur lequel on inscrit : 1° les dépenses quotidiennes de peu d'importance ; 2° les achats de peu de valeur pour l'entretien du bureau ; 3° les payements des ouvriers ; 4° les petites réparations, etc., etc.

2° *Le livre des expéditions.* — Sur lequel figure le nom des commissionnaires chargés du transport de la marchandise, le prix aux 100 kil., le prix total, le délai accordé pour le transport, le numéro du colis, etc., etc.

Dans une maison de banque, on ajoutera :

Le livre des effets en souffrance. — Sur lequel le banquier portera tous les effets dont l'échéance est passée et que, sur la prière du tirés le banquier retient jusqu'à parfait payement.

Le livre de renouvellement d'effets. — Sur lequel un banquier inscrit tous les billets qui n'ont pas été payés à l'échéance et qui ont été renouvelés par les tirés.

Il est facile de comprendre que le nombre des livres auxiliaires est indéterminé et d'autant plus grand que les affaires de la maison sont plus variées.

1° Caisse. C'est un livre sur lequel on *inscrit* toutes les sommes que l'on *reçoit* et toutes celles que l'on *donne*. Un des côtés est destiné aux *recettes ;* l'autre, aux *dépenses*.

Faire la Caisse, c'est vérifier si les sommes, *en nature,* sont les mêmes que celles portées sur le livre. *Arrêter* sa caisse, c'est écrire sur le *livre* la somme *réelle* en *espèces* ou *billets de Banque* que l'on a dans le coffre, qui s'appelle aussi *caisse.* L'énonciation de cette somme est faite en *toutes lettres.*

Sur le brouillard.

Réglure du *brouillard.* La réglure du brouillard se compose de raies grises et de raies rouges ou bleues.

Dans les premières figure le prix de l'unité; dans les deuxièmes, le prix total ; enfin dans les troisièmes, le net de l'opération déduction faite des escomptes.

EXEMPLE :

Du 1ᵉʳ janvier 1867.				
Vendu à M. Pierre, de Lyon :				
70 hectolitres de vin de l'année 1864, à F. 20 l'hectolitre.	20	1,400		
3 0/0 d'escompte		42	1,358	

Les raies grises sont peu espacées, parce qu'elles ne doivent renfermer que le prix de l'unité.

La troisième colonne ne doit jamais contenir qu'un seul nombre puisqu'on y porte le *net* de l'opération.

Brouillard ou main courante. C'est un livre sur lequel on inscrit, *jour par jour,* et dans l'ordre où elles se présentent, toutes les affaires de la journée. C'est en quelque sorte le travail préparatoire du journal. Ce livre, sous ce rapport, est très-important; il doit contenir toutes les indications qui doivent figurer dans le journal, telles que époque du payement, escompte, etc., etc.

Il n'y a pas de forme déterminée. Chaque négociant peut lui donner celle qui lui convient. La plus généralement adoptée est la suivante ·

Janvier 4	Vendu à M. Giraud, de Toulon, 50 caisses savon bleu, pesant ensemble 1,000 kilos, à . . . . les 100 kilos ; ensemble 405 fr. 50 c.	40	55				
	Sans escompte à trente jours .			405	50	405	50
— 5	Acheté à Lores, de Lyon, 50 m. de taffetas, à . . . . le mètre.	4	»				
	Ensemble			200	»		
	2 0/0 d'escompte.			4	»	196	»

2° Grand livre. — On désigne sous ce nom un grand registre sur lequel *chaque client* a un compte particulier composé de 2 pages. L'une, celle de *droite*, indique tout ce qu'il a payé ou remis : c'est son *avoir*; l'autre, celle de *gauche*, indique tout ce qu'il a reçu; c'est son *doit*. Ce livre présente donc au nég t et d'une manière *permanente*, sa position avec ses clients. La   nce entre le doit et l'avoir d'un compte exprime la situation du négociant, vis-à-vis de ce compte.

Ce livre est formé en entier du journal. Nous parlerons plus loin de la tenue de ce livre.

3° Livre magasin ou magasinier. — C'est un livre sur lequel on inscrit l'*entrée* et la *sortie* des marchandises. Il sert donc à faire connaître l'état des magasins. La disposition de ce livre dépend de la nature du commerce que l'on fait. Voici la plus généralement adoptée :

page de gauche,   *page de droite.*

1	2	3	4	5	1	2	3	4	5	6

Explication. — 1° dates ; 2° nature de la marchandise; 3° quantité de marchandise exprimée en unités; 4° prix de l'unité; 5° prix total. Même signification dans la page de droite. La colonne 6, qui ne se trouve pas dans la page de gauche, est destinée à recevoir la valeur totale des marchandises qui restent en magasin (1).

Carnet d'échéances. — Ce livre indique les époques où l'on doit recevoir ou acquitter le montant des effets que l'on a en portefeuille ou en circulation, les factures que l'on a à payer ou dont on a à recevoir le montant.

La page de gauche présente les sommes à recevoir; celle de droite, les sommes à payer. On consacre une page à chaque mois de l'année.

page de gauche.   *page de droite.*

1		2	3	4	5	1		2	3	4	5
février.	1	Traite Paul sur Pierre de. . .	7	1000		avril.	7	Ma facture Pierre de.		1000	

(1) Voir le magasinier à la Partie Pratique.

Explication. — N° 1, date; 2, nom du souscripteur, du tiré ou du *débiteur;* 3, n° du billet; 4, sommes; 5, observations. Même signification à droite, excepté la colonne 2 qui doit indiquer le nom du *créancier* et non celui du débiteur. Le modèle ci-dessus nous indique que nous avons 1,000 fr. à recevoir le 1ᵉʳ février, et 1,000 fr. à payer le 7 avril (1).

CHAPITRE II.

NOTIONS GÉNÉRALES SUR LA TENUE DES LIVRES.

La tenue des livres a pour **but** de suppléer au défaut de mémoire du commerçant. Comme il serait absolument impossible à un négociant de se rappeler toutes les opérations qu'il fait (ventes, achats, échanges, etc.), il est obligé de consigner, sur des registres spéciaux, toutes ces opérations, avec les circonstances qui les accompagnent. C'est la manière d'exposer ces conditions, qui constitue la tenue des livres.

On distingue **deux manières** ou deux *méthodes* pour tenir les livres : la *partie simple* et la *partie double.*

PARTIE SIMPLE.

Il est bien difficile de définir la partie simple, par la raison qu'il n'est guère possible de comprendre son existence, surtout si on l'*isole,* entièrement, de la partie double.

Elle consiste en de simples notes consignées sur les livres et destinées à faire connaître au négociant sa position vis-à-vis de ses clients *seulement.* On ne s'y occupe que des affaires à terme; d'où il résulte qu'il n'y a pas le moindre *contrôle,* pas de moyen de constater les erreurs; pas de *trace* des soustractions qui s'y peuvent commettre. Les deux exemples suivants feront comprendre le vice de cette méthode.

Je vends, au comptant, à Pierre, 500 kilos de café. L'affaire étant au comptant, je n'en passe pas écriture. Or, une main infidèle me dérobe 20 kilos de cette denrée. Comment m'apercevrai-je de cette soustraction, puisque l'opération précédente n'est pas consignée sur les livres? Sera-ce par le livre de magasin? Mais, si je fais usage du magasinier, *j'empiète* sur la *partie double.*

Je vends à Pierre diverses marchandises pour une somme de 5,000 fr.; il me donne en à-compte 2,550 fr., il doit me payer le reste dans un mois, soit 2,450 fr. Je ne tiendrai compte que de cette der-

(1) Voir la Partie Pratique.

nière somme dont je débiterai le compte de Pierre. Mais, je suppose qu'en reportant au grand livre, j'écrive 2,540 au lieu de 2,450. Comment m'apercevrai-je de l'erreur? Quel compte contrôlera celui de Pierre? Aucun.

Dans la partie double, au contraire, le magasinier, *à l'inventaire*, nous eût accusé un manque de 20 kilos de café, et la *balance mensuelle* nous eût indiqué une erreur, que nous aurions trouvée par le *pointage* (1) des livres. En résumé, la partie simple ne peut pas exister sans la partie double, et dans ce cas même, elle est défectueuse, parce qu'elle est insuffisante et incomplète. Voyons néanmoins comment les livres y sont tenus.

Brouillard. — Nous ne dirons rien de ce livre que nous avons déjà défini et dont nous avons donné le modèle. Il est d'ailleurs le même pour la partie simple que pour la partie double.

Journal. — Nous n'avons rien à dire quant à la manière dont le journal doit être tenu au point de vue des prescriptions légales ; ces prescriptions ont été déjà énoncées. Voyons seulement comment un comptable doit *passer* un article sur ce livre. Comme nous l'avons déjà dit, on ne s'occupe que des affaires à terme.

Dans la partie simple, le comptable doit rechercher le créancier *ou* le débiteur qui est *toujours* une personne. Si le négociant est *créancier*, l'article commence par le mot *doit ;* il commence par *avoir*, s'il est *débiteur*. Ces deux mots sont toujours suivis du nom de la *personne* avec laquelle la transaction est faite. Les deux exemples suivants feront comprendre ce qui précède.

Je vends à Pierre 50 barriques de vin, à 40 fr. la barrique. Escompte 3 0/0. Il me donne 600 fr. en espèces ; il me payera le reste dans un mois.

Les 50 barriques valent 2,000 fr. ; l'escompte 3 0/0 sur cette somme est de 60 fr., ce qui réduit le prix à 1,940 fr. Pierre donne 600 fr., il ne doit donc plus que 1,340 fr. Le négociant reste donc encore créancier de cette somme, et l'article devra être passé ainsi :

Doit Pierre, fr. 1,340.

J'achète à Pierre 30 barriques d'eau-de-vie, contenant chacune 210 litres, à 80 fr. l'hectolitre. Escompte 2 0/0 payable à 60 jours.

Les 30 barriques, déduction faite de l'escompte, donnent 4,939 20 que je dois payer dans 60 jours. Le négociant étant débiteur, l'article sera passé ainsi :

Avoir Pierre, fr. 4,939 20.

La disposition du journal en partie simple est la même que celle du journal en partie double. La voici : Nous allons y inscrire les deux articles qui précèdent.

(1) Voir la signification de ce mot, page 41.

DU 1er JANVIER 1864.

Doit *Pierre*, fr. 1,340, valeur 1er février. . . . . .
Je vends à Pierre, de Toulouse, 50 barriques de vin,
à 40 fr. la barrique. Ensemble. 2,000
A déduire. Escompte 3 0/0.. 60
                                                 1,940
Sur lesquels il donne 600 fr. . . , ... 600
Reste net à payer au 1er février, 1,340 fr. ; ci. . . . 1,340

DU 2 DIT.

Avoir *Pierre*, fr. 4,939 20 V. 1er mars. . . . . .
J'achète à Pierre 30 barriques d'eau-de-vie, conte-
nant chacune 210 litres. Ensemble : 6,300 litres, à
80 fr. l'hectolitre; soit. 5,040
A déduire, 2 0/0 escompte. 100 80
Net à payer au 1er mars, 4,939 fr. 20 c.; ci. . . . 4,939 20

Nous n'insisterons pas davantage sur le journal en partie simple : nous le répétons, cette méthode n'en est pas une; nous porterons toute notre attention sur la partie double. Néanmoins, nous engageons ceux des maîtres qui croiraient devoir exercer leurs élèves sur le journal en partie simple, à leur faire passer écriture des articles que nous avons traités dans la partie pratique de ce cours.

Grand livre. — Ce livre est la copie du journal. Chaque client y a un compte ouvert. La disposition est la même que celle des comptes particuliers dans la partie double. On a supprimé seulement la colonne où figurent les folios du grand livre, qui n'a pas sa raison d'être, puisque l'article ne figure pas sur deux comptes à la fois.

PARTIE DOUBLE.

Dans la tenue des livres en partie double, on se préoccupe à la fois du débiteur *ET* du créancier, qui peuvent être *une personne* ou *une chose*. Là, chaque débiteur a *son* créancier, et *réciproquement*. Une valeur quelconque figure à la fois au *doit* d'un compte et à *l'avoir* d'un autre ; d'où il suit que l'ensemble des opérations amènera inévitablement le résultat suivant : *le total des débits sera égal au total des crédits*. Une erreur commise sur l'un des comptes du grand livre, pourvu que le journal soit exact, sera toujours facile à constater par la balance mensuelle, ce qui ne saurait avoir lieu dans la partie simple, où la même somme n'est inscrite qu'*une fois*.

D'un autre côté, au moyen des livres auxiliaires et des comptes du grand livre, le négociant peut, par la partie double, connaître *à tout instant* sa position.

Journal en partie double. — Le Brouillard, nous l'avons déjà dit, est absolument le même dans la partie double que dans la partie simple. Quant au journal, nous ne dirons rien des prescriptions légales qui ont déjà été énoncées; nous nous occuperons donc de sa rédaction au point de vue de la comptabilité.

La seule difficulté dans la tenue des livres, le seul mérite par conséquent pour un comptable, c'est de savoir *passer* un article au Journal. La tenue de ce livre demande de la part d'un employé, sinon beaucoup d'intelligence, du moins beaucoup de réflexion et de jugement.

Ce livre sert de *base* à toute la comptabilité. Toutes les erreurs qu'il contient se répètent sur les comptes au Grand Livre ; aussi, sa tenue régulière constitue-t-elle le principal mérite d'un employé.

Avant d'indiquer la manière de passer un article au Journal, il est nécessaire de dire quelques mots sur la position du commerçant dans la partie double.

Dans la partie double, le négociant disparaît *absolument ;* il ne *vend* ni n'*achète,* ne *donne* ni ne *reçoit.* Son *nom* ne figure *nulle part* sur les livres. Il se trouve représenté par certains comptes en lesquels il est personnifié. S'agit-il pour lui de payer? il a son livre ou son compte de *Caisse* qui fournira l'argent. S'agit-il d'encaisser une somme? le *même livre* sera là pour la recevoir. Un autre livre a pour attribution de *livrer* et de *recevoir* les *marchandises ;* un 3ᵉ, les Billets à Recevoir, etc., etc.

D'après cela, on **divise** les livres ou comptes en : Comptes *Généraux* et en Comptes *Particuliers.*

Les Comptes Généraux sont ceux qui représentent *le commerçant ;* ce sont : les Comptes de *Caisse,* de *Marchandises,* de *Billets à Payer,* de *Billets à Recevoir,* de *Profits et Pertes,* de *Frais généraux,* de *Dépenses et Recettes Diverses,* d'*Immeubles,* etc., etc.

Les Comptes Particuliers sont ceux qui représentent *ses clients.*

Pour se faire une idée plus exacte des comptes Généraux, on peut supposer que chacun d'eux est un *commis,* un individu, et qu'en cette qualité, il a, comme tous les autres clients, son compte *particulier.* Seulement, tous ces commis travailleront pour le compte du négociant, qui sera lui-même représenté par *Capital.*

Cela posé, pour passer un article du Brouillard au Journal, il faut se conformer à la règle suivante, qui est *sans exception.*

Les Livres ou Comptes qui reçoivent doivent à ceux qui fournissent.

Cette règle, en apparence si simple, présente des difficultés réelles. Nous allons en faire l'application, en traitant les questions suivantes :

1ʳᵉ question. Je vends à Pierre, qui me paye comptant, pour mille francs de marchandises.

La première réflexion à faire est celle-ci : Les comptes généraux. *reçoivent-ils? fournissent-ils?* Reçoivent-ils ou fournissent-ils la *somme entière* qui fait l'objet de la transaction? Il est évident que la caisse *reçoit* la somme entière et que les marchandises la *fournissent.* Donc, en vertu de la règle citée plus haut, nous aurons :

Caisse à Marchandises Générales : fr. 1,000.

2ᵉ question. J'achète à Pierre pour 1,000 fr. de marchandises, payables à 90 jours.

Dans cette question, un compte général reçoit : celui de Marchandises ; aucun ne fournit. Il faut donc chercher parmi les comptes particuliers. Or, il n'est pas difficile de voir que c'est le compte de Pierre qui a fourni : nous écrirons donc :

Marchandises à Pierre : fr. 1,000.

Remarque. Un moyen *mécanique* de reconnaître si un compte particulier doit être crédité ou débité, c'est de voir si le nom de ce compte peut être *supprimé* dans la rédaction de l'article. Si la suppression ne nuit point à la clarté de l'opération, le nom de ce compte *ne doit pas figurer* au Journal. Or, dans la question actuelle, si on supprimait le nom de Pierre, que signifierait l'article ? J'achète des marchandises que je payerai dans 90 jours ; je les payerai à qui ? Dans la première, au contraire, il m'importe peu que ce soit Pierre ou Paul qui ait reçu les marchandises, puisque j'en ai touché le montant. Ce nom de Pierre n'est donc pas *indispensable* à la clarté de l'article ; il ne doit donc pas figurer sur le Journal.

3ᵉ question. Je paye à Pierre les 1,200 fr. que je lui devais, savoir : 1,000 fr. en espèces ; 200 fr. en une barrique d'huile.

Les comptes généraux de caisse et de marchandises *fournissent*, tandis que le compte particulier de Pierre reçoit ; donc :

<pre>
Pierre à Marchandises.   200 ⎫
Pierre à Caisse.   1,000 ⎬ 1,200.
</pre>

4ᵉ question. J'achète à Pierre pour 1,000 fr. de sucre. Je paye 600 fr. comptant, je payerai 400 fr. dans un mois.

Le compte de Marchandises reçoit 1,000 fr. ; il faut donc qu'il soit *débité* de cette somme ; la caisse fournit 600 dont elle doit être *créditée*, et comme le commerçant ne *fournit pas autre chose*, il faudra créditer un compte particulier. Ce compte ne saurait être que celui de Pierre. Nous écrirons donc :

<pre>
Marchandises à Caisse. 600 ⎫
Marchandises à Pierre. 400 ⎬ 1,000.
</pre>

5ᵉ question. M. Paul me paye de la manière suivante les 2,000 fr. qu'il me devait : 1,000 fr. en une traite à vue sur Pierre ; 300 fr. en une barrique d'huile, et 700 fr. en espèces. On *reçoit :* 1° une traite (*B/ à recevoir*) ; 2° une barrique d'huile (*Marchandises*) ; 3° 700 fr. en espèces (*Caisse*). Total 2,000 fr. On ne *fournit* rien. C'est donc un compte particulier qui fournit ; évidemment celui de Paul ; donc :

<pre>
B. Recevoir à Paul.   1,000 ⎫
Marchandises à Paul.   300 ⎬ 2,000.
Caisse à Paul.   700 ⎭
</pre>

3

6e question. Je vends, *franco*, à M. Léon, pour 3,000 fr. de sucre, escompte 3 0/0, payables dans 90 jours. Je paye pour le port 6 fr. 50.

Le livre de Marchandises *fournit* 3,000 fr., il doit donc être *crédité* de cette somme; mais 2,910 fr. seulement doivent être payés par *Léon*. Qui payera les 90 fr. restants, provenant de l'escompte? Evidemment, le livre de Profits et Pertes. Mais, la caisse *fournit* aussi 6 fr. 50 pour le *port*, elle sera donc créditée de cette somme. Quel sera son *débiteur?* Le livre où l'on inscrit les frais de transport, celui des *Frais Généraux;* il faudra donc écrire :

> Léon à *Marchandises Générales, fr.* 2,910
> *Pertes et Profits à Marchandises.* 90   } 3,006 50,
> *Frais Généraux à Caisse.* 6 50

7e question. M. Pierre m'annonce qu'il a payé pour moi à M. Léon une somme de 1,000 fr. que je lui devais.

Il est évident que les *comptes généraux* sont en dehors de cette opération, car ils ne fournissent ni ne reçoivent *rien.* Voyons donc les comptes particuliers. Qui reçoit les 1,000 fr.? Léon. Son compte sera *débité.* Qui les fournit? Pierre. Le compte de Pierre sera *crédité* et l'article rédigé : — *Léon à Pierre : fr.* 1,000.

8e question. Je fournis sur Paul, à compte sur ce qu'il me doit, et à l'ordre de Pierre, une traite de 1,000 fr. à 3 jours de vue.

Y a-t-il un compte général qui *reçoive* ou qui *fournisse?* Non. Et, en effet, la traite que je fournis n'est ni un Billet à recevoir, puisqu'elle n'est pas à *mon ordre,* ni un billet à payer, puisque *Paul* doit en payer le montant. Qu'est-elle donc? Une simple invitation faite à Paul de payer à Pierre ou à son ordre une somme de 1,000 fr. C'est donc le compte de Paul qui doit être *crédité* et celui de Pierre *débité;* donc :

> *Pierre à Paul : fr.* 1,000.

REMARQUE. Pour qu'une traite *que l'on fournit* puisse être un B/ à Recevoir, il faut qu'elle soit à l'*ordre du tireur lui-même.* Comme dans cet exemple : Je fournis à 4 jours de vue, sur M. Pierre et à mon ordre, une Traite de 1,000 fr. Nous écrirons : — *B. Recevoir à Pierre.*

9e question. Je suppose qu'à l'échéance, Paul ne paye pas; que l'effet soit protesté; que les frais de protêt s'élèvent à 4 fr. 40 et qu'il me soit retourné par M. Léon, par exemple. Comment faudra-t-il passer cet article? Aucun Compte Général ne reçoit, puisque cette traite n'est ni un *Billet à Recevoir* ni un *Billet à Payer.* Mais la Caisse *fournit* 1,004 40, dont elle devra être créditée. Qui devra cette somme? Évidemment le compte de Paul que nous avions *crédité* dans l'article précédent, car c'est *pour lui* que nous payons cette somme de 1,004 40. C'est absolument comme si nous lui avions *remis l'argent* pour qu'il le comptât lui-même à M. Léon. Nous écrirons donc :

> *Paul à Caisse : fr.* 1,004 40.

Les questions que nous venons de résoudre suffiront pour donner une idée de la marche à suivre, pour passer un article du Brouillard au Journal. Dans la pratique, on modifie l'en-tête de l'article au journal. Au lieu de répéter plusieurs fois le même mot, on emploie le mot *Divers*, quand il est dû à un livre par plusieurs; et *à Divers*, quand un livre doit à plusieurs. Nous allons, du reste, passer quelques-uns des articles qui précèdent au Journal, en donnant à ce livre la forme qu'il a dans le commerce.

	DU 1er JANVIER 1864.			
1	*Caisse à Marchandises : fr.* 1,000.			
	Je vends à Pierre, qui me paie comptant, pour mille francs de sucre.			1,000 »
	DU 7 DIT.			
2	*Marchandises à Pierre : fr.* 1,000.			
	J'achète à Pierre pour mille francs d'huile, que je paierai dans 90 jours.			1,000 »
	DU 9 DIT.			
3	*Pierre à Divers : fr.* 1,200.			
	A Marchandises (une barrique d'huile) deux cents francs.	200	»	
	A Caisse (espèces) mille francs.	1,000	»	1,200 »
	Je paie à Pierre les mille deux cents francs que je lui devais, savoir : deux cents francs en une barrique d'huile et 1,000 fr. en espèces.			
	DU 18 DIT.			
4	*Divers à Divers : fr.* 3,006 50.			
	Léon à Marchandises (vente de sucre).	2,910	»	
	Pertes et Profits à Marchandises (escompte).	90	»	
	Frais généraux à Caisse (port à ma charge).	6 50		3,006 50
	Je vends *franco* à M. Léon pour trois mille francs de sucre, escompte 3 0/0, payables dans 90 jours. Je paie six francs cinquante centimes pour le port.			

REMARQUE. Souvent, pour conserver la trace d'un article, et aussi pour le rendre plus facile, on le scinde en deux ou en plusieurs. Ainsi, la première question aurait pu être traitée comme il suit : Pierre à Marchandises (1er article) et Caisse à Pierre (2e article) ; ce qui revient à : Caisse à Marchandises, puisque Pierre est *débiteur* dans l'un et *créancier* dans l'autre.

Comme on le voit, le travail est plus long, mais il est plus facile, et il a même l'avantage de laisser une trace de l'opération qui a été faite avec Pierre.

Le nouveau programme prescrit la division d'une opération commerciale en *plusieurs articles*, pour éviter la confusion qui peut se produire dans la rédaction en un seul article.

On évite par ce moyen la difficulté que présente la passation d'un article au journal, mais on augmente le travail du teneur de livres.

Grand Livre.

On désigne sous ce nom un grand registre destiné à présenter la situation du commerçant, vis-à-vis de chacun de ses clients ; il n'est que la reproduction du Journal.

Chaque client a sur ce registre un compte particulier, composé de deux pages. Celle de *droite* indique ce qu'il a payé ou remis : c'est son *Avoir*; celle de *gauche*, ce qu'il a reçu : c'est son *Doit*.

La *différence* entre les deux pages indique la *situation du commerçant*.

Le commerçant est représenté sur ce livre par tous les comptes généraux.

Chaque page est divisée en plusieurs colonnes, qui ont chacune leur destination particulière. Dans les colonnes 1 et 2, on écrit la date tout entière; dans la colonne 3, le détail de l'opération que l'on rapporte; la colonne 4, le folio du Journal où est consignée l'opération; le n° 5 indique le second folio du Grand Livre où l'article est encore passé; enfin les deux dernières, 6 et 7, sont destinées à recevoir les francs et centimes. (Voir la pratique.)

Une colonne assez large termine chaque page. On y inscrit la date où la somme qui fait l'objet de la transaction est exigible. C'est à partir de cette date que cette somme a de la valeur, c'est-à-dire qu'elle *porte intérêt*.

Subdivision des comptes du Grand Livre.

Disons maintenant quelques mots sur les comptes du grand livre. Nous ne parlerons que des comptes généraux.

Compte de Marchandises. — Ce compte représente une partie du capital ou de la fortune du commerçant. Il doit être *débité* de toutes les marchandises que l'on achète, et *crédité* de celles que l'on vend.

On peut, sur ce compte même, ouvrir un compte à telle ou telle marchandise. Ainsi le marchand de nouveautés pourra en ouvrir un à *soieries*, par exemple. Ce sera un moyen pour lui de reconnaître les bénéfices que lui donnent les soieries, et si elles s'écoulent facilement.

Comptes de Marchandises en consignation. — On donne ce nom à un compte de marchandises, que le marchand met en dépôt, chez une personne, pour en opérer la vente.

Ce compte doit être *débité* de toutes les marchandises qu'il a reçues et dont doit être *crédité* le compte de *marchandises générales*. Il doit être *crédité* du montant des ventes.

Compte d'Immeubles. — Sur ce compte on fait figurer tous les immeubles que l'on possède et qui peuvent être considérés comme en dehors du commerce ; tels, par exemple, que maisons, domaines, jardins, vignes, etc.

On inscrit au *doit* de ce livre le prix d'achat, les frais d'entretien et d'exploitation.

On porte à son *crédit* le prix des denrées qu'il produit, le prix des loyers, de vente, etc.

Compte de Mobilier. — Ce compte doit être *débité* de tous les achats de meubles, réparations (pour le magasin), et *crédité* du prix de vente de vieux meubles, de vieilles machines, outillage, etc., etc.

Compte de Dépenses et Recettes diverses. — Ce compte doit être *débité* des dépenses en *dehors* du commerce, et *crédité* de toutes les recettes aussi en *dehors* du commerce.

Compte de Caisse. — Ce compte doit être *débité* des sommes qu'il reçoit et *crédité* de toutes celles qu'il fournit; il doit être d'accord avec le *livre de Caisse* tenu par le Caissier.

Compte de B. à Payer. — Le compte doit être *crédité* de tous les effets que l'on souscrit ou que l'on *accepte*, et *débité* de tous les effets que l'on *paye*, après les avoir *souscrits* ou *acceptés*.

Compte de B. à Recevoir, de Traites ou Remises. — Il faut *débiter* ce compte de tous les Mandats, Remises, Billets à Ordre que le commerçant *reçoit;* il doit être crédité à la *sortie* de ces mêmes effets, ce qui a lieu quand on les cède ou quand on en reçoit le montant.

Compte de Profits et Pertes. — Ce compte est destiné à recevoir toutes les pertes et tous les profits que fait le commerçant. Les *Pertes* figurent au *doit*, les *Profits* à l'*avoir*.

Compte de Frais généraux. — On inscrit sur ce compte toutes les dépenses occasionnées par le commerce et désignées sous le nom de *Frais*, telles que locations des bâtiments, salaire des employés, etc. Il faut inscrire au *débit* de ce livre toutes les *dépenses*, et au *crédit* celles de ces mêmes dépenses qui peuvent rentrer, ce qui se présente rarement.

Compte de Capital. — Ce livre représente la *fortune* du commerçant. On y inscrit le *solde* de tous les autres comptes. Les soldes *créditeurs* figurent au *doit*, les soldes *débiteurs* à l'*avoir*.

Comptes anciens. — Ce compte pourrait être assimilé au compte de capital. On inscrit au *doit* tous les soldes *créditeurs*, et à l'*avoir* tous les soldes *débiteurs*. Il peut être représenté par un individu chargé de *payer* et de *recevoir* tous les soldes. (Voir la partie pratique.)

Comptes nouveaux. — On rapporte sur ce livre tout ce qui figure sur le précédent. Le premier clôt l'année, le second ouvre l'année suivante. Les soldes *débiteurs* y figurent au *doit* et les *soldes créditeurs* à l'*avoir*. (Voir la partie pratique.)

Il n'y a qu'une seule règle pour rapporter au Grand Livre. Les comptes, qui sont *débités au Journal*, doivent être *débités au Grand Livre ;* ceux qui y sont *crédités* seront, également, *crédités sur le Grand Livre.*

REMARQUE. Nous avons évité de parler des comptes de *foire*, de *voyages*, de *commissions*, etc., etc., parce que, selon nous, c'est compliquer, *sans utilité*, la comptabilité d'une maison. Ces comptes ont leur place marquée dans les *Frais Généraux*.

Comptes anciens et Comptes nouveaux. Le nouveau programme proscrit, et avec raison, les Comptes de Balance de sortie et de Balance d'entrée : il les remplace par Comptes anciens et Comptes nouveaux.

A l'inventaire, il faudra donc passer un article au journal qui débitera les soldes débiteurs au profit des Comptes nouveaux et un deuxième article qui crédite les soldes créditeurs par Comptes nouveaux. (V. page 72.)

Balance mensuelle. — La Balance Mensuelle sert à constater s'il y a des erreurs dans le compte du Grand Livre, mais elle ne les fait pas connaître. Les totaux du doit et de l'avoir sont égaux toutes les fois que le Grand Livre est exact. La Balance suivante est celle des écritures du mois de janvier. (Voir le Grand Livre.)

	DOIT		AVOIR			DOIT		AVOIR	
Capital. . . .			50,000		Report. .	100,784	47	109,743	90
Caisse	53,349	20	21,221		Houlez. . . .	2,000		1,617	
Marchandises	39,255		15,035	75	Tesseyre. . .	2,770	40		
P. Profits . .	221	77	919	85	Curvale. . .	528	40	528	40
B. Payer. . .	2,500		11,000		Moulis. . . .	312			
B. Recevoir .	2,688	40	2,688	40	Barthas . . .	1,016	25	505	75
Frais génér..	569	60			Penary . . .	996	26		
Mobilier . . .	2,200	50			Cros.	3,194	15	510	50
Giraud. . . .			662	50	Baron. . . .	802	62		
Cavaillés. . .			4,466	40	Couzinié. . .	2,404			
Viviés			3,750		Sagnes . . .			1,900	
A reporter.	100,784	47	109,743	90		114,805	55	114,805	55

Inventaire. — L'inventaire est un état indicatif de la position du commerçant. Cet état doit être dressé consciencieusement, c'est-à-dire que le négociant ne doit rien négliger pour le faire aussi complet et aussi exact que possible. Il y trouve d'ailleurs un double avantage : 1° de connaître sa *position* d'une manière certaine ; 2° d'éloigner tout soupçon de *fraude*, dans le cas où des pertes imprévues compromettraient sa position, c'est-à-dire le feraient tomber en faillite.

La rédaction de l'inventaire est fort simple. On calcule la valeur totale des marchandises qui restent en magasin ; on fait le relevé des créances, des billets en portefeuille ; on ajoute l'argent que l'on a en caisse, la valeur du mobilier, la valeur des immeubles, et l'on a ainsi composé son *actif*.

Le passif s'établit en faisant la somme de tout ce qu'on doit aux divers *créanciers*, et en ajoutant à la somme le montant des Billets en circulation.

La différence ou Balance entre l'actif et le passif indique l'actif *réel*, *net* ou le *capital* du négociant.

Observation importante. — Dans la valeur des marchandises qui restent en magasin, il faut tenir compte de leur dépréciation et les coter au-dessous du prix d'achat ; il en est de même du mobilier, des machines, de l'outillage, etc., qui doivent supporter *tous les ans* une dépréciation.

Pour avoir un inventaire exact, il faut encore tenir compte : 1° du loyer ; 2° de l'amortissement des frais de premier établissement, des factures au comptant non acquittées, etc.

En conséquence, on passera au Journal un article mentionnant :

1° Le nombre de douzièmes dus par le compte de *loyer à payer*.

2° L'amortissement des frais de premier établissement et autres.

3° Les petites factures non acquittées et qui n'ont pas été passées aux comptes des acheteurs : ces factures figurent sur un livre à part : le livre des *factures à recevoir*.

4° Diverses notes non acquittées et non portées aux comptes des fournisseurs. Ces diverses notes figureront sur le compte de *factures à acquitter*.

Exemple : La maison Paul paie un loyer de 2,400 fr. par semestre échéant le 1er Novembre et le 1er Mai. Elle a dépensé 10,000 francs pour divers frais d'installation. Elle doit porter 10 0/0 au moins pour l'amortissement de cette somme. Elle a fait au comptant pour 2,500 fr. 75 c. de ventes qui n'ont pas encore été payées. Enfin elle

doit elle-même pour diverses notes ou petites factures une somme de
675 fr. 90 c. A l'inventaire, il faudra passer au journal les articles suivants :

——————————— Du 31 Décembre. ———————————

1   *Profits et Pertes à loyers à Payer.*   400   »

Pour deux mois de loyer à 200 fr. par mois. Ensemble 400 fr.

(Nous supposons que le loyer est payable terme échu. S'il eût été payé
  d'avance, la rédaction eût été la suivante) :

            Loyers à Payer à Profits et Pertes.   800   »

Pour 4 mois de loyer payés d'avance.

——————————— Du 31 Octobre. ———————————

2   *Pertes et Profits à Frais de premier établissement.* 1,000   »

Pour amortissement à raison de 10 0/0 par an sur les frais
  de premier étabablissement.

——————————— Du 31 Décembre. ———————————

3   *Factures à recevoir à Marchandises Générales.*   2,500 75

Pour diverses petites factures non portées aux comptes
  des particuliers.

——————————— Du 31. ———————————

4   *P. Pertes à Factures et notes à acquitter.*   675 90

Pour diverses notes et diverses petites factures non passées
   sur les livres.

Voici l'inventaire de la maison Léonard.

Bien que nous n'ayons traité qu'un mois d'opérations, ce mois peut être supposé le dernier de l'année, et donner lieu à un inventaire *annuel*, en même temps qu'à une balance mensuelle. C'est ainsi que nous l'avons considéré, et voilà pourquoi nous avons soldé tous les comptes du Grand Livre par *Comptes anciens*, et nous les avons *rouverts* par *Comptes nouveaux*. Nous avons dressé la balance mensuelle. Voici l'inventaire.

ACTIF.

MARCHANDISES.

Savon, 750 kil., à 80 fr. les 100 kil..	600	
Huile. { 2,340 kil., à 175 fr. les 100 k.	4,095	
{ 3,000 kil., à 110 fr. les 100 k.	3,300	
Rhum, 12 90 hectol., à 300 fr. l'hectol.	3,870	
Eau-de-vie. 51 80 hect., à 125 fr. l'hect.	6,475	
Vermouth, 82 caisses, à 22 fr. la caisse.	1 804	
Café, 2,500 kilos, à 2 fr. 50 c. le kilo.	6,250	
Vin de Cette, 15 barriques, à 55 fr. .	525	
Vin de Marseille, 70 barriq., à 54 fr.	2,580	
	29,299	

DÉBITEURS.

Houlez.	383	
Tesseyre	2,770	40
Couzinié	2.401	
Moulis	312	
Barthas	510	50
Penary.	996	26
Cros	2,683	65
Baron	802	62
	10,859	43

CAISSE.

Or, argent.	22,100	
Billets de banque.	10,000	
Bronze	48	20
	32,148	20

MOBILIER.

Mobilier estimé à	2,200	50

PASSIF.

BILLETS EN CIRCULATION.

Mon Billet Ordre Debax, Nº 1.	6,500	
Traite Houlez (acceptée).	2,000	
	8,500	

CRÉANCIERS.

Sagnes.	1,900	
Giraud	662	50
Cavaillès	4,466	40
Viviès	3,750	
	10,778	90

RÉCAPITULATION.

ACTIF.

Marchandises	29,299	
Caisse.	32,148	20
Débiteurs	10,859	43
Mobilier.	2,200	50
	74,507	13

PASSIF.

Billets en circulation	8,500	
Créanciers	10,778	90
Balance	55,228	23
	74,507	13

Tel est mon inventaire, conforme à mes livres. Il établit pour moi un actif net de cinquante-cinq mille deux cent vingt-huit francs vingt-trois centimes.

LÉONARD.

Pointage des livres. — Si la Balance Mensuelle avait signalé des erreurs on les aurait recherchées, en examinant attentivement si tous les articles du Journal ont été fidèlement reportés au Grand Livre. A cet effet, on les prend *un* à *un*, et chaque fois que le report est exact on marque l'article d'un *point;* de là, l'expression *pointer*. Le pointage, fait avec soin, doit nécessairement amener la découverte de l'erreur.

On rectifie les erreurs en *contre-passant écriture.*

Contre-passer écriture. — C'est une opération qui consiste à passer au Journal un ou plusieurs articles, destinés à *rectifier les erreurs* que l'on aurait pu faire.

Je suppose que, dans une vente, Pierre n'eût été débité que de 600 fr. au lieu de 660, nous aurions écrit :

Pierre à Marchandises : fr. 60.

Pour rectification de l'article de tel jour, qui le débitait de 600 *au lieu de* 660.

Prix de revient.

Le prix de revient d'une marchandise est une des opérations les plus importantes du négociant ou du fabricant.

Il est impossible de donner des règles *précises, certaines,* pour fixer le coût réel d'une marchandise. Néanmoins, les éléments suivants, quel que soit le genre de commerce ou d'industrie, concourent au prix de revient.

Un fabricant devra consacrer une certaine somme :

1° Pour les faillites, soit.   1 0/0
2° Marchandises mal réussies 1 0/0
3° Frais généraux 10 0/0
4° Rabais ou laissés pour compte 1 0/0
5° Dépréciation du mobilier 1 0/0
6° Amortissement des frais de premier établissement . .   1 0/0
7° Intérêt du capital engagé 6 0/0

Total. 21 0/0

La marchandise entrant dans le magasin est donc frappée de 21 0/0 d'augmentation et doit être cotée d'après ce chiffre.

Il est évident que les chiffres que nous donnons ne représentent rien de positif. Mais, en thèse générale, un négociant doit faire supporter à la marchandise qu'il achète un tant pour 0/0 sur :

Le capital engagé, le mobilier, les faillites, les rabais ou laissés pour compte, les soins personnels, les frais généraux.

Calcul du nombre de jours entre deux dates.

Pour calculer rapidement l'escompte d'un billet, il faut trouver facilement le nombre de jours compris entre deux dates. C'est ce à quoi sert le tableau suivant.

Soit, par exemple, à connaître le nombre de jours compris entre le 7 avril et le 19 septembre. Je cherche dans la première colonne, à *gauche,* le mot avril; je vois en regard 30; je cherche dans la colonne *supérieure* le mois de septembre, et je descends verticalement jusqu'à ce que je rencontre la colonne horizontale avril; je trouve 153, à la rencontre des deux colonnes. Ce qui signifiera que du 7 avril au 7 septembre il y a 153 jours; mais, il faut compter jusqu'au 19; du 7 au 19 il y a 12 jours que j'ajoute à 153; ce qui donne 165 pour le nombre de jours compris entre les deux dates.

TABLEAU POUR CALCULER LES JOURS COMPRIS ENTRE DEUX DATES.

	février.	mars.	avril.	mai.	juin.	juillet.	août.	septembre.	octobre.	novembre.	décembre.		
janv.	31	59	90	120	151	181	212	243	273	304	334	365	janvier.
février.	28	59	89	120	150	181	212	242	273	303	334	365	février.
mars.		31	61	92	122	153	184	214	245	275	306	337	365	mars.
avril.			30	61	91	122	153	183	214	244	275	306	334	365	avril.
mai.				31	61	92	123	153	184	214	245	276	304	335	365	mai.
juin.					30	61	92	122	153	183	214	245	273	304	334	365	juin.
juillet.						31	62	92	123	153	184	215	243	274	304	335	365	juillet.
août.							31	61	92	122	153	184	212	243	273	304	334	365	août.
septembre.								30	61	91	122	153	184	212	242	273	303	334	365	septembre.
octobre.									31	61	92	123	151	182	212	243	273	304	335	365	octobre.
novembre.										30	61	92	121	151	181	212	242	273	304	334	365	nov.
décembre.											31	62	90	121	151	182	212	243	274	304	335	365 déc.

ANNÉE SUIVANTE.

Comptes courants et d'intérêts.

On entend par **compte courant** tout crédit ouvert à un particulier ou à un négociant, pour un temps illimité et pour toutes les affaires courantes. On dit également que deux banquiers sont en compte courant, lorsqu'ils se sont ouvert un crédit réciproque, pour toutes les affaires courantes.

. Si les sommes versées et reçues ne portaient pas intérêt, il suffirait d'établir la *balance* entre le *doit* et l'*avoir*; mais, toutes les sommes *portent intérêt*. C'est le calcul de ces intérêts qui constitue les diverses méthodes pour régler ces comptes.

On distingue trois méthodes : la méthode *ancienne* ou directe, la méthode *nouvelle* ou rétrograde, la méthode *par échelles* ou hambourgeoise.

Le meilleur moyen de faire comprendre ces diverses méthodes, c'est de dresser d'abord les comptes courants et de les expliquer ensuite.

Supposons que M. Léopold Marty demande son compte courant à la maison Pierre et Compagnie, avec laquelle il est en relation d'affaires. Celle-ci lui remettra le compte courant, ci-après dressé, par les trois méthodes ci-dessus indiquées.

Nº 1.   *Doit M. Léopold Marty à M. Pierre et Cie son compte courant et d'intérêts, réglé le 30 juin à 6 0/0 l'an.*

Méthode ancienne ou directe.

Doit.

DATES.	TOTAUX.		SOMMES.	DÉSIGNATION.	ÉCHes.	Jrs.	NOMBRES.
1863							
janv. 12	4,000			Fre de ce jour.	12 janv.	169	6,760
14	2,500			Traite sur Julien.	15 févr.	135	3,375
févr. 25	3,000			Tte sur Léopold.	25	125	3,750
mars. 12	2,000			Traite sur Jean.	10 avril.	81	1,620
			2,400	Mdat sur Charles.	17 juill.	17	(408)
juin, 20	7,400		5,000	Traite sur Robert.	15 août.	46	(2,300)
25	3,100			Fre valeur 16 mai.	16 mai.	45	1,395
				B. des nomb. rges.			2,118
	42	93		Int. sur les nomb.			
30	2,457	07		Solde créditeur ou			
	24,500	00		cap. à nouveau.			19,018

Avoir.

DATES.	TOTAUX.	SOMMES.	DÉSIGNATION.	ÉCHes.	Jrs.	NOMBRES.
1863						
janv. 1	1,700		Fai un mandat.	5 janv.	176	2,992
16	3,500		Reçu espèces.	16	165	5,775
		2,000	Reçu trte sur Paul.	20 févr.	130	2,600
févr. 20	6,000	4,000	Reçu trte sur Léon.	18 mars.	104	4,160
avril. 30	1,500		B. sur Marius espes.	30 avril.	61	915
mai. 10	5,000		Billet sur Marius.	15 juill.	15	(750)
		4,000	Traite sur Cazals.	10 août.	41	(1,640)
juin. 5	6,800	2,800	Trte sur Pierron.	25 sept.	87	(2,436)
			Balce des nombes.			2,576
	24,500					19,018

Arrêté le présent compte courant, se soldant en sa faveur par 2,457 fr. 07 c., valeur au 30 juin, sauf erreurs ou omissions.

Castres, le 30 juin 1864.

PIERRE.

Explication. — Dans cette méthode, on calcule l'intérêt de chaque somme, depuis le jour où elle est versée jusqu'au jour du règlement. Ainsi, le 25 février, il a été versé pour le compte de Marty une somme de 3,000 fr.; il doit donc l'intérêt de cette somme, à partir du 25 février jusqu'au 30 juin, c'est-à-dire pendant 125 jours. On inscrit ce nombre 125 dans la colonne des jours. Or, pour calculer l'intérêt d'une somme, pendant un nombre de jours représenté par N, il faut multiplier cette somme par N, puis par le taux, et diviser ensuite le produit par 36,000 (1). On fait d'abord le produit de 3,000 par 125, et on retranche deux chiffres, c'est-à-dire que l'on divise par 100; on porte le résultat dans la colonne intitulée nombres. On fait la même opération sur tous les nombres du *doit* et de l'*avoir*. Il faudrait encore multiplier chacun des nombres par le taux, et diviser les produits par 360 (on a déjà divisé par 100), faire la somme des quotients qui représentent les intérêts partiels, et, enfin, pour savoir en faveur de qui est l'intérêt, retrancher les deux totaux l'un de l'autre.

Au lieu de faire toutes ces divisions, on fait seulement le *total* des nombres du doit et de l'avoir ; on en prend la *différence* que l'on porte du côté du plus faible ; on la multiplie par le taux et on divise le produit par 360. Le quotient donne l'intérêt.

Dans le compte que nous analysons, la différence des nombres est 2,576; et comme le taux est 6 0/0, on ne multiplie pas par 6, on divise seulement par 60, nombre 6 fois plus petit que 360. Ce qui donne pour intérêt en faveur du doit, puisque le doit est le plus fort, 42 fr. 93.

Il arrive parfois qu'une valeur ne porte intérêt que longtemps après qu'on l'a reçue ou donnée; voilà pourquoi on dispose une colonne, pour indiquer à partir de *quelle époque* les valeurs portent intérêt. Cette colonne, qui précède celle des jours, se nomme colonne des *échéances*.

Quelquefois même, la somme n'est payable qu'après le règlement du compte, comme, par exemple, les 5,000 fr. envoyés le 20 juin, en une traite payable seulement le 15 août. Or, il est évident qu'en faisant figurer au 30 juin dans les valeurs fournies à Marty, une somme que celui-ci ne touchera que le 15 août, on le prive de la jouissance de cette somme, à partir du 30 juin jusqu'au 15 août ; on lui *doit donc* cet intérêt, qui est de 46 jours. Le nombre 2,300 que l'on obtient, bien que figurant au *doit*, appartient réellement à l'*avoir*.

Pour ne pas confondre ce nombre avec les autres du doit, on l'inscrit à l'*encre rouge*. Tous les nombres qui, comme 2,300, doivent être transposés, sont appelés *nombres rouges*.

Quand on a fait les nombres du doit et de l'avoir, on prend la balance ou la *différence* des nombres rouges, que l'on porte du côté opposé et à l'*encre noire ;* on fait ensuite la balance des nombres, et

(1) Voir page 20.

on calcule l'intérêt, que l'on porte à la colonne des sommes. On fait ensuite le total des sommes, et on prend la différence que l'on porte du côté du plus petit. C'est le solde du compte. Ce solde est *créditeur*, s'il est placé au *doit ;* il est *débiteur*, s'il figure à l'*avoir*. Dans le compte qui nous occupe, il est de 2,457 07 ; il est créditeur, c'est-à-dire qu'on doit à Marty 2,457 07, qui porteront intérêt pour un nouveau compte à partir du 30 juin. C'est pourquoi on met cette date en regard de ce solde.

Le solde 2,457 07 signifie qu'au 30 juin M. Léopold Marty était créancier de Pierre et Cie, d'une somme de 2,457 07. Toutes les opérations, qui ont précédé cette date, peuvent être considérées comme non avenues. Le 30 juin est le *point* de départ d'opérations nouvelles, au début desquelles M. Pierre et Cie doivent à M. Marty 2,457 07, *qui porteront intérêt à partir de cette époque.*

Ce solde fait comprendre encore l'utilité des comptes d'intérêt. En effet, M. Marty a versé 2,500 fr. *de plus qu'il n'a reçu* (balance des capitaux), et néanmoins *il doit* 42 fr. 93 d'intérêt.

Les négociants sont dans l'usage de s'adresser mutuellement leurs comptes courants, tous les six mois ; mais, les banquiers les envoient, tous les trois mois, à leurs clients. C'est un moyen pour eux de *capitaliser* les intérêts tous les trois mois, et, par conséquent, *d'élever* le taux de l'argent qu'ils fournissent.

N° 2. *Doit M. Léopold Marty à M. Pierre et Compagnie son compte courant et d'intérêts, réglé le 30 juin à 6 0/0 l'an.*

Méthode nouvelle ou rétrograde.

Doit.   Avoir.

DATES.	TOTAUX.	SOMMES.	DÉSIGNATION.	ÉCHᵉˢ.	Jʳˢ.	NOMBˢ.	DATES.	TOTAUX.	SOMMES.	DÉSIGNATION.	ÉCHᵉˢ.	Jʳˢ.	NOMBˢ.
1863							1863						
janv. 12	4,000		Fʳᵉ de ce jour.	12 janv.	7	280	janv. 1	1,700		Fⁿⁱ M. au 5 court.	5 janv.		époqᵉ.
14	2,500		Traite sur Julien.	15 févr.	41	1,025	16	3,500		Reçu en espèces.	16	11	385
févr. 25	3,000		Trᵗᵉ sur Léopold.	25	51	1,530			2,000	Reçu T. sur Paul L.	20 févr.	46	920
mars. 12	2,000		Traite sur Jean.	10 avril.	95	1,900	févr. 20	6,000	4,000	Reçu E. sur Léonce.	18 mars.	72	2,880
		2,400	Trᵗᵉ sur Charles.	17 juill.	193	4,632	avril. 30	1,500		Reçu en espèces.	30 avril.	115	1,725
juin. 20	7,400	5,000	Traite sur Robert.	15 août.	222	11,000	mai. 10	5,000		Reçu B. sur Marius.	15 juill.	191	9,550
	3,100		Fʳᵉ val. au 16 mai.	16 mai.	131	4,161			4,000	Reçu T. sur Cazals.	10 août.	217	8,680
			2,500 (bᶜᵉ des cap.)	30 juin.	176	4,400	juin. 5	6,800	2,800	Reçu M. sur Pierron	25 sept.	263	7,364
			Balᶜᵉ des nombᵉˢ.			2,576							
	42 93		Int. sur les nombᵉˢ.										
30	2,457 07		Solde créditeur ou										
	24,500 00		cap. à nouveau.			31,504		24,500					31,504

Arrêté le présent compte courant, s'élevant en sa faveur à 2,457 fr. 07 c., sauf erreurs ou omissions. — Valeur du 30 juin.

Paris, le 30 juin 1864.

PIERRE.

Explication. — Pour calculer l'intérêt par la méthode nouvelle, on procède d'une manière toute différente. Cette méthode repose sur le principe suivant : *Si deux sommes différentes portent intérêt pendant le même nombre de jours, l'une étant au doit et l'autre à l'avoir, pour savoir en faveur de laquelle se trouve l'intérêt, il suffit d'en prendre la différence et de calculer l'intérêt sur cette différence seulement. En effet, prenons 5,000 fr. au doit et 8,000 fr. à l'avoir. Cette dernière somme* pourra se décomposer en 5,000 + 3,000. La première partie annulle les 5,000 fr. du doit, il ne reste donc que les 3,000 fr. qui portent intérêt.

Ce principe posé, voici comment on procède. On suppose que toutes les sommes portent *intérêt pendant le même temps.* Le point de départ est ordinairement la date de la première somme versée : ici, c'est le 5 janvier. Ce point de départ est désigné par le mot *époque;* le dernier terme est le jour du règlement de compte. C'est donc pendant 176 jours que les sommes sont supposées porter intérêt dans le compte.

En vertu du principe énoncé plus haut, on fait la différence des sommes et on la multiplie par 176. Cette différence est de 2,500 fr. et le nombre 4,400. Nous verrons bientôt pourquoi ce nombre figure au doit.

Pour toutes les autres sommes, on calcule les jours à partir de l'époque (5 janv.) jusqu'au jour de l'échéance. Ainsi, pour les 4.000 fr. du doit au 12 janvier, on trouve seulement 7 jours ; pour 2,500 fr. au 15 février, 41 jours; et ainsi des autres. La raison de cette manière de procéder est facile à comprendre.

Dans l'hypothèse que nous avons faite, toutes les sommes portent intérêt du 5 janvier au 30 juin. Or, la somme qui n'est versée que le 12 janvier est favorisée de 7 jours de trop d'intérêt; celle du 15 février, de 41 jours. Les 7 jours et les 41 jours, qui figurent au doit, appartiennent en réalité à l'avoir. Les nombres, tant du *doit* que de l'*avoir*, sont donc de véritables *nombres rouges.*

Les 4,400 qui répondent à 2,500 (balance des capitaux) et qui devraient appartenir à l'avoir, figurent au *doit* pour être aussi un *nombre rouge.*

Pour connaître l'*intérêt*, il suffira donc de *faire la Balance;* elle est, comme dans l'autre méthode, de 2,576 et en faveur du doit. C'est *sur cette balance* que l'on calcule l'*intérêt.* Une fois l'intérêt trouvé, on termine le compte comme dans la méthode précédente.

Cette méthode a un avantage sur la première; c'est qu'on n'a pas besoin, pour préparer un compte courant, de connaître l'époque où il est réglé. On peut faire les nombres, à mesure que les sommes sont versées. On n'a pas à s'occuper non plus des échéances postérieures au règlement du compte.

La balance des capitaux et le nombre qui y correspond, ne sont calculés qu'au moment de clore le compte courant.

4

N° 3.   **Méthode hambourgeoise ou par échelles.**

DATES.		DOIT et AVOIR.	SOMMES.	jrs.	NOMBRES de D.	NOMBRES de A.
1863.						
Janv.	5	A.	1,700	7	»	119
	12	D.	4,000			
	»	—	2,500	4	92	»
	16	A.	5,500			
		—	1,800	30	»	569
Févr.	15	D.	2,500			
		—	1,700	5	65	»
	20	A.	2,000			
		—	700	5	»	35
	25	D.	3,000			
		—	2,500	21	483	»
Mars.	15	A.	4,000			
		—	1,700	25	»	391
Avril.	10	D.	2,000			
		—	300	20	60	»
	30	A.	1,500			
		—	1,200	16	»	192

DATES.		DOIT et AVOIR.	SOMMES.	jrs.	NOMBRES de D.	NOMBRES de A.
1863.						
Mai.	16	D.	1,200			
			3,100			
Juin.	30	—	1,900	45	855	
Juillet	15	A.	5,000	176 / 15	750	
		—	3,100			
	17	D.	2,400	17		408
		A.	700			
Août.	10	—	4,000	41	1,040	
		—	4,700			
	15	D.	5,000	46		2,300
		—	500			
Sept.	25	A.	2,800	87	2,436	
Solde A.			2,500		6,381	5,805
Intérêt D.			42 93	sur	.....	2,576
Solde A.			2,457 07		6,381	6,381

Explication. — Dans cette méthode, on ramène les sommes, deux à deux, à la même échéance; on prend la différence, et on calcule le nombre sur cette différence.

L'explication du compte qui précède fera comprendre cette méthode.

La première somme versée est 1,700 fr. à la date du 5 janvier et à l'*avoir*. Nous plaçons cette somme dans la colonne destinée aux capitaux, et nous la faisons précéder de la lettre A (avoir); vient ensuite celle de 4,000 fr. au *doit*, versée le 12; nous la plaçons au-dessous de 1,700 en la faisant précéder de la lettre D (doit). Les 1,700 fr. portent intérêt pendant 7 jours de plus que les 4,000 fr. (du 5 au 12). Nous mettrons donc en regard de 1,700 fr., et dans la colonne des jours, 7; nous ferons ensuite le nombre 119 (17×7) (1), et nous le placerons dans la colonne de l'avoir, puisque 1,700 est à l'avoir. Les sommes 1,700 et 4,000 peuvent être *considérées* maintenant comme *versées le même jour*, 12 janvier. Nous prendrons la différence 2,300 que nous ferons précéder de la lettre D (doit), le doit étant le plus fort, — ou d'un trait, pour ne pas répéter deux fois la même lettre. La somme, qui vient

(1) On forme ce nombre 119, comme dans la méthode ancienne, c'est-à-dire en multipliant le capital 1700 (ou 17, en divisant d'abord par 100), par le nombre de jours 7.

après, porte la date du 16 et appartient à l'avoir; elle est de 3,500. Nous ferons sur 2,300 fr. le même raisonnement que sur 1,700 fr., nous dirons : 2,300 fr. versés le 12 janvier donnent 4 jours de plus d'intérêt que 3,500 fr. versés le 16; nous écrirons donc 4 dans la colonne des jours et *en regard* de 2,300; nous multiplierons cette somme ou simplement 23 (2,300 divisé par 100) par 4, et nous porterons le 92 dans la colonne du doit — puisque 2,300 fr. appartiennent au doit.

Les deux sommes 2,300 fr., 3,500 fr. doivent être considérées, maintenant, comme versées toutes deux, le 16 janvier. Il suffira, dès lors, d'en prendre la différence; elle est de 1,200 fr., et en faveur de l'avoir. — Nous ferons précéder cette somme d'un trait, qui rappellera la lettre A placée *immédiatement* au-dessus.

Nous procéderons de la même manière, jusqu'au 30 juin.

Quant aux sommes dont l'échéance est postérieure au 30 juin, on compte les jours, pour *chacune*, à partir du 30 juin jusqu'à l'échéance. Essayons de nous rendre compte de cette manière de procéder. Prenons l'échéance qui précède, immédiatement, le règlement du compte, le 16 mai. A cette date, M. Léopold Marty a reçu une somme de 3,100 fr.; mais, comme, à cette même date, il lui était dû 1,200 fr., il ne devra que 1,900 fr. et les intérêts de cette somme, non jusqu'au 15 juillet, échéance de 5,000 fr., mais seulement jusqu'au 30 juin, époque du règlement du compte. C'est ce qui explique le nombre de jours, 45 (du 16 mai au 30 juin), placé en regard de 1,900, au lieu de 60 (du 16 mai au 15 juillet).

Il est évident maintenant que cette somme de 1,900 fr. est improductive d'intérêt *pour ce même compte.* Elle ne saurait donc modifier, en rien, l'intérêt de celles qui suivent.

La première somme qui suit le 30 juin, est une traite de 5,000 fr. échéant le 15 juillet. Or, en rappelant ce que nous avons dit, dans la méthode ancienne, il est évident que Léopold Marty doit faire compte à Pierre et Cie des intérêts de cette somme, à partir du 30 juin jusqu'au 15 juillet, c'est-à-dire pendant 15 jours. Voilà pourquoi nous mettons 15 en regard de 5,000. Le nombre 750, que nous obtenons en multipliant 50 par 15, est donc un nombre *rouge* de l'avoir, et par conséquent un nombre réel du doit. C'est pourquoi nous le faisons figurer dans cette colonne.

En retranchant 1,900 fr. de 5,000 fr., nous avons 3,100 fr. en faveur de l'avoir. — Nous raisonnerons sur 3,100 fr. comme sur 1,900 fr.; nous établirions que cette somme ne peut en rien modifier l'intérêt de 2,400 fr., qui vient immédiatement après. — Et nous serions amenés à calculer le nombre 2,400 fr., comme nous l'avons fait pour 5,000.

On procède de la même manière pour toutes les autres sommes.

Tous les nombres étant calculés, il ne reste plus qu'à en faire la balance. Elle est, comme dans les autres méthodes, 2,576. On calcule l'intérêt qui appartient au doit, et on le place dans la colonne des sommes; on fait ensuite la balance des sommes.

Le solde A 2,500 indique l'excès des sommes de l'avoir sur celles du doit. Or, l'intérêt étant en faveur du doit, il doit être retranché de 2,500 fr., ce qui donne, pour solde définitif créditeur, 2,457 07 comme dans les précédentes méthodes.

Remarque. — En ajoutant les jours jusqu'au 30 juin, on doit avoir pour total le nombre de jours compris, entre la première date 5 janvier, jusqu'au 30 juin. C'est un moyen de vérification.

Cette méthode est très-expéditive, mais on est exposé à faire des erreurs, à cause du grand nombre de soustractions qu'elle comporte.

Elle est principalement usitée dans le Nord.

Combinaison de la méthode nouvelle et de la méthode ancienne.

DOIT   *M. Léopold Marty à MM. Pierre et Cᵉ son compte arrêté au 30 juin 1867.*   AVOIR

DOIT

1867		Sommes			Échéance		Jours	Nombres
janv.	12	4.000	»	Facture de ce jour.	12	janv.	7	280
janv.	14	2.500	»	Traite sur Julien.	15	févr.	41	1.025
févr.	25	3.000	»	Traite sur Léopold.	25	févr	51	1.530
juin	20	2.400	»	Traite sur Charles.	17	juill.	193	4.632
				Bᶜᵉ des *nombres rouges.*				110
				Balance des nombres.				1.888
		13	45	Intérêt sur les nombres.				
		11.931	45					9.465

AVOIR

1867		Sommes			Échéance		Jours	Nombres
janv.	1	1.700	»	Fourni m/ B/	5	janv.	Époque	
févr.	28	1.020	50	Retʳ d'un billet protesté	25	déc.	(11)	(110)
—	16	3.500	»	S/ envoi en espèces.	10	janv.	11	385
avril	30	1.500	»	Reçu en espèces.	30	avril	115	1.725
		4.179 50 (bal. des cap.)			30	juin.	176	7.355
juin	30	4.210	95	Solde débiteur à nouv.				
		11.931	45					9.465

On sait que l'un des principaux avantages de la méthode rétrograde consiste à préparer les comptes à mesure de l'entrée et de la sortie des sommes qui doivent y figurer. Supposons que le compte ci-dessus ait été préparé d'avance et que le 28 février Léopold Marty retourne, impayé à Pierre et Cᵉ un B/ de 1.020 50, valeur 25 déc. 66, — *valeur antérieure à l'époque.* Que devra faire le teneur de livres? Recommencer le compte et *porter l'époque* au 25 décembre ou ramener cette échéance à celle du 5 janvier au moyen d'un nombre rouge. Du 25 décembre au 5 janvier on compte 11 jours, que nous mettons en regard de 1.020 50 pour former le nombre *rouge* 110 qui se trouve *balancé* au *Doit en nombre noir.*

En effet, nous savons : 1° que dans la nouvelle méthode toutes les sommes *portent intérêt* depuis l'*époque* jusqu'au jour du règlement du compte ; 2° que tous les nombres du Doit *appartiennent* à l'Avoir et réciproquement. Or la somme 1.020 50 ayant son échéance au 25 décembre aura 11 jours de plus d'intérêt que les autres, et comme elle est *à l'Avoir,* l'intérêt appartiendra à l'Avoir. Mais ce sont les nombres du *Doit* qui *déterminent* l'intérêt de l'Avoir. Il faudra donc indiquer que le nombre 110 correspondant à 1.020 50 appartient réellement à l'*Avoir.* C'est pour cela qu'on l'écrit à l'encre rouge.

Nota. — On peut ne pas écrire les nombres rouges, — il suffit de les porter du côté opposé avec la désignation de nombres rouges de l'Avoir ou du Doit. selon qu'ils auraient dû figurer à l'Avoir ou au Doit.

Compte courant dressé par la méthode

Doit :   *M. Paul à Léon, s/ C/ C/ fixé*

1867											
janv.	12	4.000	»		Sur facture.	12	janv.	160	6.760	112	65
mars	12	2.000	»		Traite sur Jean.	10	avril	81	1.620	27	»
juin	20	7.400	»	2.400	Mandat sur Jean.	17	juill.	(17)	(408)	–(8	80)
					Traite sur Robert.	15	août.	(46)	(2.300)	(38	35)
		139	65	5.000	Intérêts en faveur du doit.						
		13.539	65								

EXPLICATIONS.

La manière de dresser les Comptes courants par les parties aliquotes diffère peu de la méthode ancienne. La seule différence consiste à calculer l'intérêt de chaque somme, c'est-à-dire à diviser *chaque nombre* par 60 si c'est à 6 0/0, et par 72 si c'est à 5 0/0. Ces divisions partielles nous ont donné :

Pour le Doit :   112 fr. 65
             27   »
Ensemble :   139 fr. 65 d'intérêt.

Et pour l'Avoir :   49 fr. 85
             69   35
Ensemble :   119 fr. 20 d'intérêt ;

Plus :   4   55 résultant de la différence d'intérêt sur les nombres rouges. .
        123 fr. 75

Ces deux sommes de 139 fr. 65 et de 123 fr. 75 ont été portées dans

ancienne et par les parties aliquotes.

au 30 *juin* 1867, à 6 0/0 *l'an.*   Avoir.

1867											
janv.	1	4.700	»		Fourni m/ mandat.	25	janv.	178	2.992	49	85
févr	20	6.800	»	4.000	Traite sur Cazals.	18	mars	104	4.160	69	35
				2.800	T/ sur Pieron.	25	sept.	(87)	(2.436)	(40	60)
					Balance des intérêts résultant des numéros rouges.						
		123	75		Intérêts en faveur de l'avoir.					4	35
		4.915	90		Solde débiteur à nouveau.						
		13.539	65								

la colonne des capitaux et ont déterminé une balance en faveur du Doit de 4,915 fr. 90 qui commenceront un nouveau compte.

REMARQUES.

1re *Remarque.* — Au lieu de porter les deux sommes 139 fr. 65 et 123 fr. 75 on aurait pu ne porter que la différence de 15 fr. 90 et du côté de l'intérêt le plus fort, c'est-à-dire du Doit.

2e *Remarque.* — La nouvelle méthode comporte également le réglement par les parties aliquotes. On calcule les nombres comme à l'ordinaire, ainsi que ceux du nombre correspondant à la balance des capitaux. On totalise les intérêts du Doit et de l'Avoir et on en porte la différence dans la colonne des capitaux et du côté qui a les intérêts *les plus faibles.*

Quelques maisons de banque dressent leurs comptes courants en ne portant que le *net* des remises, c'est-à-dire en les diminuant de la commission.

Elles y trouvent un avantage, peu considérable sans doute, mais qui, répété souvent, finit par devenir important.

Nous réglons de cette manière le même compte qui figure à la page 61. On voit que ce nouveau compte se solde par 2,419 fr. 95 c. au lieu de 2,421 fr. 57 c.; soit, pour le banquier, un bénéfice de 1 fr. 62 c.

Doit Pierre à M. N., banquier, son compte courant, réglé au 30 juin à 6 0/0 l'an.

Doit.

DATES	TOTAUX	SOMMES	DÉSIGNATION	ÉCHÉANCES	Jrs	Nombres
1863						
janv. 12	4,000		Payé F** de ce jour.	12 janvier	7	280
14	3,500		Traite sur Julien.	15 février	41	1,025
févr. 23	3,000		Traite sur Léopold.	23	51	1,530
mars. 12	2,000		Traite sur Jean.	10 avril.	95	1,900
janv. 20	7,400	2,400	Traite sur Charles.	17 juillet.	192	4,632
		3,900	Traite sur Robert.	15 août.	222	11,000
	3,100		Mandat sur Joseph.	16 mai.	131	4,081
			2471 50 (balance des capitaux).	30 juin.	176	4,355
			Balance des nombres.			2,674
	54 55	44 55	Intérêt sur les nomb.			
		10	C** 1/4 sur 4,000 fr.			
juin. 30	2,419 95		Solde créditeur au 30 juin.			
	24,474 50					34,457

Avoir.

DATES	TOTAUX	SOMMES	DÉSIGNATION	ÉCHÉANCES	Jrs	Nombres
1863						
janvier 1	1,700		Fourni M. Billet.	5 janvier		époq*
16	3,500		Reçu en espèces.	16	11	385
février 20	1,997 50	2,000	Reçu T. s. Paul. net 1/8	20 février	46	918
	3,995	4,000	Reçu T. s. Léon. net 1/8	18 mars.	72	2,876
avril. 30	1,500		Reçu en espèces.	30 avril.	115	1,725
juin. 5	3,995	4,000	Traite sur Cazals. 1/8	10 août.	217	6,669
	2,795 35	2,800	Traite sur Pierron 1/6	25 sept.	263	7,350
mai. 10	4,991 65	5,000	Traite sur Marius 1/6	15 juillet	191	9,534
	24,474 50					34,457

M. Paul à M. Pierre S/ C/ C/ réglé le 30 Mars.

Doit.

DATES	TOTAUX	SOMMES	DÉSIGNATION	ÉCHÉANCES
1866	708 80		Solde du compte précédent	31 déc
	551 85	392 90	R. sur Saint-Girons.	»
		48 10	— Albi.	10 janv.
		40 50	— Mazamet.	31 »
		70 30	— Elbeuf.	10 »
janv. 24	181 95	92 65	— Saint-Antonin.	31 »
		86 30	— Castres.	10 févr.
24		60	— Lettres.	»
févr. 20	232 15		— Valence.	25 »
20	560 »		Espèces 1/4	0
13	5.010 95	3.797 85	Paris.	» 30 juin
		1.436 10	Lavelanet.	» »
		377 »	Lille.	10 mars
	660 »		Espèces 1/4	25 févr.
	2.000 »		Espèces 1/4	4 mars
	387 40	217 40	Saint-Cloud.	20 »
		170 »	Toulon.	25 »
	350 »		Espèces 1/4	30

Avoir.

DATES	TOTAUX	SOMMES	DÉSIGNATION	ÉCHÉANCES
1865				
janv.	2.947 »	2.000 »	Remise sur Paris.	31 mai
		947	— Paris.	30 juin
févr.	7.233 35	2.000 »	— Lyon.	»
		1.435 80	— Lyon.	»
		3.797 5	— Marseille.	»
févr. 28	2.426 »	950 »	— Toulouse.	5 mars
		476 »	— Toulouse.	31 juill.
		1.000 »	— Toulouse.	»
mars	6.488 40	232 15	— Carcassonne.	25 févr.
		100 »	— Carcassonne.	20 avril
		401 85	— Carcassonne.	10 juin
		3.000 »	— Lyon.	30 juill.
		1.000 »	— Lyon.	15
		236 60	— Lyon.	»
		1.427 8	— Paris.	»

RÉSULTAT : Intérêt 228 80
Commission de caisse . . . 8 95
Port du compte . . . . » 40
Solde créancier 7.612 95

M. Paul à Pierre S/ C/ C/ réglé le 31 Décembre.

Doit. — Avoir.

DOIT

Date	Somme	Nombres	Désignation	Échéance
oct. 7	383 40		1/4 Acquit M/ ord/	30 sept.
» 10	351 55	300 90	Toulouse.	30 »
» 11		50 65	Mazamet.	12 oct.
» 11		30	Lettres.	12 »
» 22	878 15	150 10	Gaillac.	24 »
		200 »	Castres.	31 »
		397 05	Sazé.	31 »
		50 »	Lavelanct.	34 »
		81 »	Labasonce.	31 »
» 30	290 25		1/4 Acquit M/ ord/	30 »
nov. 10	261 »		1/4 —	10 nov.
» 11	745 »	223 »	1/4 Leur M/ sur moi.	31 oct.
» 11		264 »	1/4 —	10 nov.
» 11		236 »	1/4 —	10 »
» 11	» 20		Port du ci-joint.	11 »
» 24	72		Alby.	26 »
» 27	831	493 »	1/4 Acquit M/ ord/	25 »
		338 »	1/4 —	25 »
déc. 8	500		Lavaur.	10 déc.

AVOIR

Désignation	Échéance	Date	Somme	Somme
Solde du préc. compte.	30 sept.		274 04	
Lavelanct.	15 oct.	oct. 7	102 36	
Marseille.	22 déc.	nov. 21	2.250 »	1.000 »
Marseille.	22 »			1.000 »
1/4 Lactourelle.	31 »		250 »	

RÉSULTAT : Commissions de change ou de caisse. 8 16
Commissions 1/2 0/0 pour avances (balance des capitaux). 84 40
Intérêts sur les nombres 30 84

Débiteur à nouveau 1.734 31

M. Paul à M. Pierre S/ C/ C/ réglé le 30 Septembre.

Doit. — Avoir.

Date	Somme	Nombres	Désignation	Éch.	Mois	Jours	Somme	Nombres	%	Nom	Date
	42 23		Solde du préc. compte	30 juin	juill.	3	228 65			A. Alby et Cⁱᵉ.	20 juin
juill. 7	1.013 00		Puylaurens.	31 août	»	3	1.630 »			Aurillac.	31 août
» 14	808 »		U. Laroque.	15 juill.	»	12	712 30	504 30	20	(²) Mende.	31 »
» 14	3.000 »		1/4 Ma remise en espèces.	14 »	»	12		208 »		Mirepoix.	31 juill.
» 22	393 »		1/4 Acquit M. X.	22 »	»	14	3.000 »			Paris.	16 août
août 7	400 »		Mazamet.	10 août	sept.	5	550 »	300 »	25	Saint-Girons.	30 sept.
» 15	141 90		Mazamet.	16 »	»	5		250 »	60	Minot.	30 »
» 21	443 »		1/4 Acquit M.	20 »	»	9	832 05	402 25		Lavelanet.	15 »
» 21	56 10		Mazamet.	22 »	»	9		369 80	25	Miremont.	15 oct.
» 31	201 15		Acquit M.	30 »	»	15	1.764 45	745 »		Lavelanet.	30 sept
sept. 4	717 75	379 43	Mazamet.	5 sept.	»	15		400 »		Saint-Quentin.	30 »
» 4		33 30	Blan.	15 »	»	15		149 45		—	30 »
» 6	505 20		B. Mayère.	30 »	»	15		500 »		—	30 »
juill. 10	500 » (1)		1/4 Acquit M/ or.	10 juill.	»	27	321 50		25	Castres.	20 oct.
» 26	486 » (1)		1/4 —	20 »							

RÉSULTAT : Commissions de caisse. 18 72
Intérêt 47 86
Port du compte. . . . . » 40

Solde créancier. 247 04

(1) Les deux sommes 500 et 486, versées en juillet et placées sur le compte *après le mois*, le mois de septembre, indiquent une omission, qui a été réparée après le 6 septembre.
(2) La commission est exprimée en centimes au lieu de fraction de franc.

M. Paul à M. Pierre S/ C/ C/ réglé le 30 Juin.

Doit.   Avoir.

Doit

Date	Jour	Sommes	Sommes	Com.	Désignation	Éch. jr	Éch. mois
avril	5	170 »			Castres.	25	avril
»	10	130 »		1/4	Leur mandat sur moi.	10	»
»	20		30		Port de lettres.	10	»
»	20	300 »	500 »	1/4	Leur mandat sur nous	20	»
»	20	600 »	300 »	1/4	— sur Boutat	20	»
»	20		300 »	1/4	— —	20	»
mai	6	265 »		1/4		6	mai
»	17	1.280 »		1/4		17	»
»	18	370 »		1/4		17	»
»	23	436 35	228 35		Alby.	20	juin
»	»		208 »		Alby.	20	»
»	26	209 35			Cte de R. Mazamet.	30	mai
»	27	2.220 »	1.720 »	1/4	M/ or/	26	»
»	»		500 »	1/4	—	26	»
»	31	1.000 »		1/4	—	31	»
juin	2	434 »		1/4	—	1	juin
»	6	100 »		1/4	—	6	»
»	6	120 »		1/4	—	6	»
»	17	296 90		1/4	—	17	»
»	17	300 »		1/4	—	17	»
»	20	654 »		1/4	Calmont.	30	»
»	30	701 »		1/4	M/ or/	30	»

Avoir

Éch. mois	jr	Totaux	Sommes	Désignation	jr	mois
		7.612 90		Solde du précédent compte.	31	mars.
avril	24	4.090 75	282 75	Lavelanet.	10	juill.
			808 »	Laroque.	25	»
	16	1.000		Laroque.	30	juin

RÉSULTAT :   Intérêts en faveur de l'Avoir 46 18
         Commissions de caisse. 20 76
         Port du compte. . . . . . . » 40
         Débiteur à nouveau. 62 23

No 4. Doit Pierre à M. N., banquier, son Compte courant et d'intérêts, réglé avec commission le 30 juin à 6 0/0 l'an.

Doit.   Avoir.

Doit

Dates		Totaux	Sommes	Désignation	Co	Éch.	jrs	Nombres
1863						1862		
janv.	12	4,000		Payé Fre de ce jour.		12 janv. 7		280
»	14	2,500		Traite sur Julien.		15 févr. 41		1,025
févr.	25	3,000		Traite sur Léopold.		25 — 51		1,530
mars.	12	2,000		Traite sur Jean.		10 avril 95		1,900
			2,400	Traite sur Charles.		17 juillet 193		4,632
juin.	20	7,400	5,000	Traite sur Robert.		15 août 222		11,000
		3,100		Mandat sur Joseph.		16 mai. 131		4,061
				2500 (bce des cap.)		30 juin. 176		4,400
				Bace des nombres.				2,576
			42 93	Int. sur les nombres.				
		78 43	12 50	Con 1/8 s. 10,000 f.				
			13	Con 1/6 s. 7,800 f.				
			10	Con 1/4 s. 4,000 f.				
		2,431 57		Solde créditeur ou				
		24,500 00		capital à nouveau.				31,504

Avoir

Dates		Totaux	Sommes	Désignation	Co	Éch.	jrs	Nombres
1862								
janv.	1	1,700		Fourni M. au 5 c.		5 janv.		époq.
	16	2,500		Reçu en espèces.		10	11	385
			2,000	Reçu T. sur Paul.	1/8	20 févr.	46	920
févr.	20	6,000	4,000	Reçu E. s. Léonce.	1/8	18 mars.	72	2,880
avril	30	1,500		Reçu en espèces.		30 avril.	115	1,725
mai.	10	5,000		Reçu B. s. Marius.	1/6	15 juillet.	191	9,550
			4,000	Reçu T. sur Carals.	1/8	10 août.	217	8,680
juin.	5	6,800	2,800	Reçu M. s. Pierron.	1/6	25 sept.	263	7,364
		24,500						31,504

Arrêté le présent compte courant, s'élevant en sa faveur à 2,421 fr. 57 c., sauf erreurs ou omissions. — Valeur du 30 juin.

Paris, le 30 juin 1864.

N.

Explication. — Ce compte ne diffère en rien du compte n° 2. Il y a, en plus, calculées les commissions que le banquier prend pour les recouvrements des billets qu'on lui donne, commissions qui varient suivant les places. Pour les sommes qu'il remet en espèces, la commission est de 1/4 0/0. La balance se solde par 2,421 fr. 57 c., au lieu de 2,457 fr. 07 c. La différence vient des commissions.

PRATIQUE.

Main courante ou Brouillard.

Janv.	1	J'entre aux affaires avec 50,000 fr.; ci.		50,000
—	»	Je paye, pour mobilier de mon magasin, 2,200 fr. 50.		2,200 50
—	2	J'achète à M. Giraud, de Cette, 50 barriques de vin, à raison de 35 fr. la barrique; ensemble :	1,750 00	1,750
		5 0/0.	87 50	
			1,662 50	
		Payement : 1,000 fr. comptant. Le reste dans un mois.		
—	3	J'achète à M. Sagnes, de Marseille, 2,500 kilos de savon, à 0 fr. 80; ensemble : 2,000 fr. 2 0/0 escompte à 90 jours.		2,000
—	»	Acheté à M. Débax, de Condom, 100 hectolitres eau-de-vie, à 125 fr. l'hectolitre. J'ai payé 6,000 fr. en espèces, et le reste par M/B/ de ce jour à S/O n° 1 au 1er avril.		12,500
—	4	Acheté à Cavaillés, de Marseille, 100 caisses vermouth, à 22 fr. la caisse. — 3 0/0 d'escompte, payable à 90 jours.		2,200
—	»	Acheté au comptant à M. Houlez, de Nice, 2,500 kilos huile fine, à 1 fr. 75 le kilo. — Escompte 6 0/0.		4,375
—	5	Vendu au comptant. — 2 0/0 escompte, à M. Pujet, 10 barriques vin, à 47 fr. la barrique.		470
—	6	Acheté à Viviés, de Bordeaux, 50 balles de café de 50 kilos net chacune. Ensemble 2,500 kilos. — Sans escompte. Payement : 1,000 fr. en espèces, 1,500 fr. par M/B/O/ Viviés n° 2 au 6 avril. Le reste dans un mois.		6,250

— 7 Acheté à M. Houlez, de Marseille, 3,000 kilos huile colza, à 1 fr. 10 le kilo. — 2 0/0 escompte. Payables moitié comptant, moitié à 90 jours. ... 3,300

— 8 J'ai payé à M. Vincent, pour le port du savon que j'ai acheté à M. Sagnes, 100 fr. ... 100

— 9 J'ai vendu à M. Tesseyre, de Paris, 6 barriques d'eau-de-vie, contenant ensemble 950 litres, à 215 fr. l'hectolitre. Il m'a payé 1,000 fr. comptant, il me payera le reste fin courant. — Escompte 2 0/0 sur la vente. ... 2,042 50

— » Vendu à M. Bel, de Gaillac, une barrique d'huile pesant 175 kilos. — Tare 15 kilos. — Net 160 kilos, à 215 fr. les 100 kilos ; ensemble : 344 fr.
Il me donne en payement un mandat à M/O/ au 10 février sur Léon, de Castres, de fr. 300. — Il me paye le restant en espèces. ... 344

— 10 Vendu et expédié à M. Curvale, de Nantes, suivant la lettre de ce jour, 5 caisses savon blanc, pesant ensemble net : 475 kilos, à 110 fr. les 0/0 kilos sans escompte. Je paye pour le port 5 fr. 90, qui seront ajoutés à la facture. — Le tout valeur au 10 mars. ... 528 40

— 11 J'ai vendu à M. Couzinié 14 hectolitres d'eau-de-vie, à 175 fr. l'hectolitre. 2 0/0 escompte. Valeur de ce jour. ... 2,450

— » Acheté à M. Cahuzac, de Nantes, 15 hectolitres de rhum, à 300 fr. l'hectolitre. Escompte 6 0/0. Je paye comme suit 1,000 fr. par M/B à S/O/ n° 3 au 1er mars, et le reste en espèces. ... 4,500

— » Je paye à M. Louis, pour le port du rhum ci-dessus, 138 fr. 50. ... 138 50

— 12 Je vends à M. Moulis, de Toulouse, 12 caisses vermouth, à 26 fr. la caisse. Sans escompte, à 30 jours. ... 312

— 13 Je vends à M. Tesseyre, de Paris, 25 barriques de vin à 50 fr. 50 la barrique ; il me paye 500 fr. en espèces ; il doit me payer le reste 15 février. J'ai payé à Vincent pour le port, qui était à ma charge, 98 fr. 60. ... 1,361 10

— 13 Reçu de M. Cavaillés, de Marseille, 70 barriques de vin à 34 fr. la barrique. Escompte 2 0/0 valeur fin courant. Je paye pour le port 225 fr. ... 225

— 14 Vendu et expédié à Barthas, de Rouen, 15 caisses savon, pesant ensemble net 400 kilos, à

1 fr. 25 le kilo. Sans esc^te, payable à 30 jours. Je paye pour le port 5 fr. 75, qui me seront remboursés lors du payement de la facture. — 505 75

— 15 Vendu à M. Glories 15 hectolitres d'eau-de-vie, à 248 fr. l'hectolitre. Escompte 2 0/0. Il me donne en payement un B/ Léon à S/O/ sur Gatimel, de Toulouse, — au 15 février, de fr. 1860; — il me paye le reste en espèces. — 3,270

— » J'ai pris de M. Oubxet, à l'escompte 6 0/0 M/B/O/ Viviés n° 2 au 6 avril. J'ai soldé en espèces. — 1,500

— » J'ai vendu franco à M. Tesseyre, de Paris, 10 caisses savon pesant ensemble 875 kilos, à 1 fr. 15 le kilo. Sans escompte, à 30 jours. Je paye 7 fr. 50 pour le port. — 1,013 75

— 18 J'ai accepté la traite de 2,000 fr. que M. Houlez, de Marseille, a fournie sur moi au 7 avril. — 2,000

— 19 Je vends, escompte 2 0/0, à M. Penary, de Grenoble, 4 barriques eau-de-vie, contenant ensemble 970 litres, à 210 fr. l'hectolitre. — 2,037
Il me donne en payement M/B/O/ Cahuzac n° 3 au 1er mars 1,000 fr.; il doit me payer le reste dans un mois.

— 20 Remis à M. Cros, mon banquier :
1° un billet sur Léon, de Castres, au 10 février. — 300 fr. } 2,160
2° un B/ sur Gatimel, 15 février. — 1,860 fr. }

— 21 J'ai fourni sur M. Curvale, de Nantes, une traite à M/O/ de fr. 528 40, valeur au 10 mars, pour solde de sa facture du 10 courant. — 528 40

— » Remis à M. Cros le B/ ci-dessus. — 528 40

— 22 Fourni sur M. Barthas, de Rouen, et à l'ordre de M. Cros, banquier, une traite de 505 fr. 75, valeur 14 février. — 505 75

— 27 Vendu à M. Baron, de Lille, une barrique de rhum contenant 210 litres, à 3 fr. 90 le litre, 2 0/0, valeur de ce jour. — 819

— 30 M. Cros me renvoie, protestée, la traite de 505 fr. 75 que M. Barthas n'a pas acceptée. Les frais de protêt s'élèvent à 4 fr. 75. — 510 50

Journal de la Maison Léonard

COMMENCÉ LE 1ᵉʳ JANVIER 1864.

———

Observation importante.

Lorsque les élèves sont exercés à la tenue des registres, leur travail ne doit pas se borner à *passer* les articles de la main courante au *Journal*, et du Journal au Grand Livre, il faut encore qu'ils indiquent toutes les opérations auxquelles ces articles donnent lieu. S'agit-il, par exemple, d'une vente dans laquelle les marchandises auront été expédiées et seront payables à terme? leur devoir devra mentionner : 1° une Facture; 2° une Lettre de voiture; 3° l'inscription du montant de la Facture sur le Carnet des Échéances. S'agit-il d'un achat à terme? Inscription sur le Magasinier; inscription sur le Carnet des Échéances. Prend-on des valeurs à l'escompte? Bordereau d'escompte; Carnet des Échéances, etc.

Presque tous les articles nécessitent un travail, en dehors de leur inscription sur le Brouillard, le Journal et le Grand Livre. C'est en se familiarisant avec ce travail, que les élèves apprendront la comptabilité, telle qu'elle est usitée dans les maisons de commerce.

| FOLIOS du GRAND LIVRE. | | | | | |
DOIT.	AVOIR.				
		━━ Du 1er janvier. ━━			
1	1	*Caisse à Capital : F. 50,000.*			
		J'entre dans les affaires avec cinquante mille fr. ; ci.		50,000	
		━━ Dudit. ━━			
3	1	*Mobilier à Caisse : F. 2,200 50.*			
		Je paye, pour l'achat de mobilier de mon magasin, deux mille deux cents francs cinquante centimes.		2,200	50
		━━ Du 2 dit. ━━			
2		*March. Générales à Divers : F. 1,750.*			
	1	A Caisse (payé comptant).	1,000		
	3	A P. et Pert. (esc^te 5 0/0), quatre-vingt-sept fr. cinquante.	87 50	1,750	
	4	A Giraud (payable au 2 fév.), six cent soixante-deux fr. cinquante..	662 50		
		J'achète à M. Giraud, de Cette, 50 barriques de vin, à raison de trente-cinq francs la barrique.—Ensemble : mille sept cent cinquante francs. Escompte 5 0/0. Je paye mille francs comptant, je paierai le reste dans un mois ; soit, six cent soixante-deux francs cinquante.			
		━━ Du 3 dit. ━━			
2		*March. Générales à Divers : F. 2,000.*			
	3	A Sagnes (au 3 avril), mille neuf cents fr.	1,900		
	3	A Profits et Pertes.	100	2,000	
		J'ai acheté à M. Sagnes, de Marseille, 2,500 kilos de savon, à 0 fr. 80 le kilo. Escompte 5 0/0, payable à 90 jours.			
		━━ Dudit. ━━			
2		*March. Générales à Divers : F. 12,500.*			
	1	A Caisse (payé en espèces). six mille fr., ci.	6,000		
	4	A Billets à Payer (M B/O Débax au 1er avril, No 1)..	6,500	12,500	
		Acheté à Débax, de Condom, 100 hectolitres eau-de-vie, à 125 francs l'hectolitre. J'ai payé 6,000 francs en espèces, et le reste par mon billet de ce jour à son ordre No 1 au 1er avril.			
		━━ Du 4 dit. ━━			
2		*March. Générales à Divers : F. 2,200.*			
	4	A Cavaillès (valeur au 4 avril), deux mille cent trente-quatre francs.	2,134		
	3	A P. Pertes (escompte 3 0/0).	66	2,200	
		Acheté à Cavaillès, de Marseille, 100 caisses de vermouth, à 22 fr. la caisse. Escompte 3 0/0, payable à 90 jours.			
		━━ Dudit. ━━			
2		*March. Générales à Divers : F. 4,375.*			
	1	A Caisse (payé comptant), quatre mille cent douze francs cinquante centimes..	4,112 50		
	3	A P. Pertes (escompte 6 0/0), deux cent soixante-deux francs soixante centimes.	262 50	4,375	
		Acheté au comptant à Houlez, de Nice, 2,500 kilos huile fine, à 1 fr. 75 le kilo. Escompte 6 0/0.			
			A report.	75,025	50

| FOLIOS du GRAND LIVRE. | | | | |
Doit.	Avoir.		Sommes partielles	Sommes
		——— Du 5 dit. ———		
	2	*Divers à March. Générales : F. 470.*		
1		Caisse (espèces), quatre cent soixante fr. soixante cent.	460 60	470
3		Profits et Pertes (escompte 2 0/0).	9 40	
		Vendu au comptant, 2 0/0 escompte, à M. Pujet, 10 barriques de vin, à 47 fr. la barrique.		
		——— Du 6 dit. ———		
2		*Marchandises à Divers : F. 6,250.*		
	1	A Caisse (espèces), mille francs..	1,000	
	4	A B. Payer mon B/ordre (Viviés n° 2 au 6 avril), mille cinq cent francs..	1,500	6,250
	5	A Viviés (valeur 6 février), trois mille sept cent cinquante francs.	3,750	
		Acheté à Viviés, de Bordeaux 50 balles café de 50 kilos chacune. Ensemble : 2,500 kilos net, à 2 fr. 0 le kilo sans escompte. J'ai payé mille francs en espèces, 1,500 francs par mon bon N° 2 au 6 avril. Je payerai le reste dans un mois.		
		——— Du 7 dit. ———		
2		*March. Générales à Divers : F. 3,300.*		
	1	A Caisse (espèces), mille six cent dix-sept francs. . .	1,617	
	5	A Houlez (au 7 avril), mille six cent dix-sept francs.. .	1,617	3,300
	3	A Profits et Pertes (escompte 2 0/0).	66	
		Acheté à Houlez, de Marseille, 3,000 kilos d'huile colza, à 1 fr. 10 le kilo. 2 0/0 escompte, payables moitié comptant, moitié dans 90 jours.		
		——— Du 8 dit. ———		
6	1	*Frais Généraux à Caisse : F. 100.*		
		Payé à M. Vincent pour le port du savon que j'ai acheté à Sagnes.		100
		Rep.		75,025 50
		A report.		85,145 50

COMPTES DIVERS.		CAISSE.		F. GÉNÉRAUX.		B. PAYER.		B. RECEVOIR.		P. ET PERTES.		MARCH. Gles.	
Doit.	Avoir.	Doit.	Avoir.	Doit.	Avoir.	Doit.	Avoir.	Doit.	Avoir.	Doit.	Avoir.	Doit.	Avoir.
			100									3,300	
	1,617		1,617									6,250	
	3,750		1,000								-66	4,375	
	2,184		4,112 50								262 50	2,200	
	1,900		6,000								66	12,500	
	662 50	460 60	1,000				1,500				100	2,000	
2,200 50	50,000	50,000	2,200 50	100			6,500			9 40	87 50	1,730	470
2,200 50	60,063 50	50,460 60	16,030	100			8,000			9 40	582	32,375	470

BALANCE.	DOIT.		AVOIR.	
Divers.	2,200	50	60,063	50
Caisse.	50,460	60	16,030	
Frais généraux. . . .	100			
Billets à Payer.. . .			8,000	
Billets à Recevoir.. .				
Profits et Pertes. . .	9	40	582	
Marchandises générales.	32,375		470	
	85,145	50	85,145	50

FOLIOS du GRAND LIVRE						
DOIT.	AVOIR.					
		━━━ Du 8 janvier. ━━━				
	2	*Divers à March. Générales : F. 2,042 50.*				
1		Caisse (espèces), mille francs.	1,000		2,042	50
3		Profits et Pertes (escompte 2 0/0).	40	85		
5		Tesseyre (fin courant).	1,001	65		
		J'ai vendu à M. Tesseyre, de Paris, 6 barriques d'eau-de-vie contenant ensemble 950 litres, à 215 fr. l'hec-tolitre. Escompte 2 0/0. — Il m'a payé mille francs comptant, il me payera le reste fin courant.				
		━━━ Dudit. ━━━				
	2	*Divers à March. Générales : F. 344.*				
1		Caisse (espèces), quarante-quatre francs. . .	44		344	
4		Billets à Recevoir (B/O/Léon, de Castres, au 10 février), trois cents francs.	300			
		Vendu à M. Bel, de Gaillac, une barrique d'huile pesant 175 kilos. — Tare 15 kilos, net 160 kilos; à 215 fr. les 100 kilos. Ensemble trois cent quarante-quatre francs. Il me donne en payement un billet sur Léon, de Castres, au 10 février, et le reste en espèces.				
		━━━ Du 10 dit. ━━━				
6		*Curvale à Divers : F. 528 40.*				
	2	A Marchandises (valeur au 10 mars), cinq cent vingt-deux fr. cinquante.	522	50	528	40
	1	A Caisse (port), cinq francs quatre-vingt-dix.	5	90		
		Vendu et expédié à Curvale, de Nantes, suivant sa lettre d'aujourd'hui, 5 caisses savon blanc pesant ensemble net 475 kilos, à 110 fr. les 0/0 kilos, sans escompte. Je paye pour le port cinq francs quatre-vingt-dix, qui seront ajoutés à la facture.				
		━━━ Du 11 dit. ━━━				
	2	*Divers à March. Générales : F. 2,450.*				
6		Couzinié (2,401 fr. valeur de ce jour), deux mille quatre cent un fr.	2,401		2,450	
3		Profits et Pertes (escompte 2 0/0), quarante-neuf fr. . .	49			
		J'ai vendu à M. Couzinié, de Reims, 14 hectolitres d'eau-de-vie, à 175 fr. l'hectolitre. 2 0/0 escompte, valeur de ce jour.				
		━━━ Dudit. ━━━				
2		*March. Générales à Divers : F. 4,500.*				
	3	A P. et Pert. (esc^te 6 0/0), deux cent soixante-dix fr. .	270		4,500	
	4	A Billets à Payer (mon B/O/Cahuzac no 3), mille fr. .	1,000			
	1	A Caisse (espèces), trois mille deux cent trente fr. .	3,230			
		Acheté à M. Cahuzac, de Nantes, 15 hectolitres de rhum, à 300 fr. l'hectolitre. Je paye comme suit : 1,000 fr. par mon bon à son ordre N° 3, au 1er mars; en es-pèces, trois mille deux cent trente francs.				
		━━━ Dudit. ━━━				
6	1	*Frais Généraux à Caisse : F. 138 50.*				
		Je paye pour le port du rhum ci-dessus, à M. Louis, 138 fr. 50; ci.			138	50
		━━━ Du 12 dit. ━━━				
6	2	*Moulis à March. Générales : F. 312.*				
		Je vends à M. Moulis, de Toulouse, 12 caisses vermouth, à 26 fr. la caisse, sans escompte, à 30 jours. . . .			312	
		Rep.			83,145	50
		A report.			93,460	90

FOLIOS du GRAND LIVRE.		
DOIT.	AVOIR.	

Du 13 dit.

Divers à Divers : F. 1,361 10.

6	1	Frais Généraux à Caisse (port)	98 60	
1	2	Caisse à Marchandises Générales (reçu en espèces)	500	1,361 10
5	2	Tesseyre à Marchandises (valeur au 15 février)	762 50	

Je vends à M. Tesseyre, de Paris, 25 barriques de vin, à 50 fr. 50 la barrique. Il me paye 500 fr. en espèces, il doit me payer le reste 15 février.
J'ai payé pour le port, qui était à ma charge, 98 fr. 50.

Dudit.

Divers à Divers : F. 2,605.

6	1	Frais Généraux à Caisse, 225 fr. (port)	225	
2	4	Marchandises Générales à Cavaillés, 2,332 fr. 40 (valeur fin courant)	2,332 40	2,605
2	3	Marchandises Générales à Profits et Pertes, 47 fr. 60	47 60	

Reçu de M. Cavaillés, de Marseille, 70 barriques de vin, à 34 fr. la barrique. Escompte 2 0/0, valeur fin courant. Je paye pour le port 225 francs.

Du 14 dit.

Barthas à Divers : F. 505 75

7				
	2	A Marchandises (valeur 14 février)	500	
	1	A Caisse (port)	5 75	505 75

Vendu à Barthas, de Rouen, 5 caisses savon, pesant ensemble 400 kilos, à 1 fr. 25 le kilo. Sans escompte payable à 30 jours. Je paye pour le port 5 fr. 75 que je joins à la facture.

Rep.	95,460	90
A report.	99,932	75

COMPTES DIVERS.		CAISSE.		F. GÉNÉRAUX.		B. A PAYER.		B. RECEVOIR.		P. ET PERTES.		MARCH. Gles.	
Doit.	Avoir.	Doit.	Avoir.	Doit.	Avoir.	Doit.	Avoir.	Doit.	Avoir.	Doit.	Avoir.	Doit.	Avoir.
505 75			5 75										500
762 50			225										762 50
312			98 60										500
2,401		300	138 50	225									312
828 40		44	3,230	98 60						49	47 60	47 60	2,450
1,001 65	2,332 40	1,000	5 90	138 50			1,000	300		40 85	270	2,332 60	522 50
2,200 50	60,063 50	50,460 60	16,030	100			8,000			9 40	582	4,500	344
												32,375	2,042 50
													470
7,711 80	62,395 90	52,004 60	19,733 75	562 10			9,000	300		99 25	899 60	39,255	7,903 50

BALANCE		DOIT.		AVOIR.	
	Divers.	7,711	80	62,395	90
	Caisse.	52,004	60	19,733	75
	Frais généraux.	562	10		
	Billets à Payer.			9,000	
	Billets à Recevoir.	300			
	Profits et Pertes.	99	25	899	60
	Marchandises générales.	39,255		7,903	50
		99 952	75	99,932	75

* Reports de la page précédente.

FOLIOS du GRAND LIVRE		
DOIT.	AVOIR.	

——————— **Du 15.** ———————

        (Avoir : 2)   *Divers à March. Générales : F. 3,270.*

3		Profits et Pertes (escompte), 65 fr. 40.	65	40	3,270
4		Billets à Recevoir (B/ sur Gatimel, 15 février). . . .	1,860		
1		Caisse (espèces).	1,344	60	

Vendu à M. Glories. de Cette, 15 hectolitres d'eau-de-vie, à 218 fr. l'hectolitre. Escompte 2 0/0. Il me donne en payement un B/ Léon à son ordre sur Gatimel, de Toulouse, au 15 février, de 1860 fr. Il me paye le reste en espèces.

——————— **Dudit.** ———————

        (Doit : 4)   *Billets à Payer à Divers : F. 1,500.*

	1	A Caisse (espèces)..	1,479	75	1,500
	3	A Profits et Pertes (escompte).	20	25	

J'ai pris à M. Oubret, à l'escompte 6 0/0, M/B/ No 2 O/ Viviés au 6 avril. J'ai soldé en espèces. .

——————— **Dudit.** ———————

Divers à Divers : F. 1,013 75.

6	1	Frais Généraux à Caisse (port).	7	50	1,013 75
5	2	Tesseyre à Marchandises Générales (15 février). . .	1,006	25	

J'ai vendu franco à M. Tesseyre, de Paris, 10 caisses savon pesant ensemble 875 kilos, à 1 fr. 15 le kilo, sans escompte à 30 jours. — Je paye 7 fr. 50 pour le port.

——————— **Du 18 dit.** ———————

        (Doit : 5 — Avoir : 4)   *Houlez à Billets à Payer : F. 2,000.*

J'ai accepté la traite de 2,000 fr. que M. Houlez, de Marseille, a fournie sur moi au 7 avril. **2,000**

——————— **Du 19.** ———————

        (Avoir : 2)   *Divers à March. Générales : F. 2,037.*

4		Billets à Payer (M/B/O/Cahuzac no 3, au 1er mars). .	1,000		2,037
3		Pertes et Profits (escompte 2 0/0)	40	74	
7		Penary (valeur 19 février).	996	26	

Je vends, escompte 2 0/0, à M. Penary, de Grenoble, 4 barriques eau-de-vie, contenant ensemble 970 litres, à 2 fr. 10 le litre. Il me donne en payement M/B/O/ Cahuzac No 3, il doit me payer le reste dans un mois.

——————— **Du 20.** ———————

        (Doit : 7 — Avoir : 4)   *Cros à Billets à Recevoir : F. 2,160.*

Remis à M. Cros, banquier, un B/ sur Léon, de Castres, au 10 février..   300   **2,160**
Un Billet sur Gatimel au 15 février.   1,860

——————— **Du 21.** ———————

        (Doit : 4 — Avoir : 6)   *Billets à Recevoir à Curvale : F. 528 40.*

J'ai fourni sur Curvale, de Nantes, une Traite à M/O/ de 528 fr. 40 valeur au 10 mars, pour solde de sa facture du 10 courant. . . . .   **528 | 40**

	Rep.	93,932	75
	A report.	112,441	90

FOLIOS du GRAND LIVRE				
DOIT.	AVOIR.			
		Dudit.		
7	4	*Cros à Billets à Recevoir : F. 528 40.*		
		Remis à M. Cros le Billet ci-dessus.		528 40
		Du 22.		
7	7	*Cros à Barthas : F. 505 75.*		
		Fourni sur M. Barthas, de Rouen, et à l'ordre de M. Cros, banquier, une Traite de 505 fr. 75, valeur au 14 février.		505 75
		Du 27.		
	2	*Divers à Marchandises : F. 819.*		
7		Baron.	802 62	819
3		Profits et Pertes.	16 38	
		Vendu à Baron, de Lille, une barrique de rhum contenant 210 litres, à 3 fr. 90 le litre. 2 0/0 escompte valeur de ce jour.		
		Du 30 dit.		
7	7	*Barthas à Cros : F. 510 50.*		
		M. Cros me renvoie protestée la Traite de 505 fr. 75 que M. Barthas n'a pas acceptée. Les frais de protêt s'élèvent à 4 fr. 75.		510 50
		Rep.		112,441 90
		A report.		114,805 55

COMPTES DIVERS.		CAISSE.		FRAIS GÉNÉR.		B. A PAYER.		B. A RECEVOIR.		P. ET PERT.		MARCH. Gles.	
Doit.	Avoir.	Doit.	Avoir.	Doit.	Avoir.	Doit.	Avoir.	Doit.	Avoir.	Doit.	Avoir.	Doit.	Avoir.
510 50													
802 62													
505 75													
528 40													
2,166													819
996 26	510 50					1,000				16 38			2,037
2,000	505 75		7 50			1,500		528 40	528 40	40 74			1,006 25
1,006 25	528 40	1,344 60	1,479 75	7 50			2,000	1,860	2,160	65 40	20 25		3,270
*7,711 80	62,395 90	52,004 60	19,733 75	562 10			9,000	300		99 25	899 60	39,255	7,903 50
16,221 58	63,940 55	53,349 20	21,221	569 60		2,500	11,000	2,688 40	2,688 40	221 77	919 85	39,255	15,035 75

BALANCE.	DOIT.		AVOIR.	
Divers.	16 221	58	63,910	55
Caisse.	53,349	20	21,221	
Frais généraux.. . .	569	60		
Billets à Payer. . .	2 500		11,000	
Billets à Recevoir.. .	2,688	40	2,688	40
Profits et Pertes. . .	221	77	919	85
Marchandises générales.	39,255		15,035	75
	114,805	55	114,805	55

* Reports de la page précédente.

FOLIOS du GRAND LIVRE						
DOIT.	AVOIR.					
		Du 31 dit.				
8		*Comptes anciens à Divers.*				
	1	— à Caisse	solde du compte.	32,148	20	
	2	— à Marchandises	—	24,199	25	
	3	— à Mobilier	—	2,200	50	
	5	— à Houlez	—	383		
	5	— à Tesseyre	—	2,770	40	
	6	— à Couzinié	—	2,401		69,976 98
	6	— à Frais généraux	—	569	60	
	6	— à Moulis	—	312		
	7	— à Barthas	—	510	50	
	7	— à Penary	—	996	26	
	7	— à Cros	—	2,683	65	
	7	— à Baron	—	802	62	
		Dudit.				
8		*Divers à Comptes anciens.*				
	1	— Capital	solde du compte.	50,000		
	3	— Profits et Pertes	—	698	08	
	3	— Sagnes	—	1,900		
	4	— Billets à payer	—	8,500		69,976 98
	4	— Giraud	—	662	50	
	4	— Cavaillés	—	4,466	40	
	5	— Viviès	—	3,750		
		Dudit.				
8		*Comptes nouveaux à Divers.*				
	1	— à Capital	solde du compte.	50,000		
	3	— à Profits et Pertes	—	698	08	
	3	— à Sagnes	—	1,900		
	4	— à Billets à payer	—	8,500		69,976 98
	4	— à Giraud	—	662	50	
	4	— à Cavaillés	—	4,466	40	
	5	— à Viviès	—	3,750		
		Du dit.				
8		*Divers à Comptes nouveaux.*				
	1	— Caisse	solde du compte.	32,148	20	
	2	— Marchandises	—	24,199	25	
	3	— Mobilier	—	2,200	50	
	5	— Houlez	—	383		
	5	— Tesseyre	—	2,770	40	
	6	— Couzinié	—	2,401		69,976 98
	6	— Frais généraux	—	569	60	
	6	— Moulis	—	312		
	7	— Barthas	—	510	50	
	7	— Penary	—	996	26	
	7	— Cros	—	2,683	65	
	7	— Baron	—	802	62	
		Rep.				114,805 55
		A report.				394,713 47

FOLIOS du GRAND LIVRE	
DOIT.	AVOIR.

COMPTes DIVERS.		CAISSE.		FRAIS GÉNÉR.		BILLs A PAYER.		Bs A RECEVOIR.		PROF. et PERT.		MARCH. GÉNles.	
Doit.	Avoir.	Doit.	Avoir.	Doit.	Avoir.	Doit.	Avoir.	Doit.	Avoir.	Doit.	Avoir.	Doit.	Avoir.
803 63	69,976 98												
2,683 65	3,750												
993 26	4,466 40												
510 50	662 50												
312	1,900												
2,401	50,000												
2,770 40	69,976 98												
383	802 62												
2,200 50	2,683 65												
69,976 98	996 26												
3,750	510 50												
4,466 40	812												
662 50	2,401												
1,900	2,770 40												
50,000	383												
59,976 98	2,200 50	32,148 20	32,148 20	569 60	569 60	8,560	8,500		2,688 40	698 08	698 08	24,199 25	24,193 23
16,221 58	63,940 55	53,849 20	21,221	569 60		2.500	11,000	2,688 40		221 77	919 83	39,255	15,035 75
230,014 37	277,783 34	85,497 40	53,369 20	1,139 20	569 60	11,000	19,500	2,688 40	2,688 40	919 85	1,617 93	63,454 25	39,235

BALANCE.	DOIT.		AVOIR.	
Comptes divers	230,014	37	277.735	34
Caisse	85,497	40	53,369	20
Frais généraux	1,139	20	569	00
Billets à Payer	11,000		19,500	
Billets à Recevoir	2,688	40	2,688	40
Profits et Pertes	919	85	1,617	93
Marchandises générales	63,454	25	39,235	
	394,713	47	394,713	47

Un mot sur la disposition du Journal.

Ouvrons ce livre à une page quelconque, 68, par exemple, et prenons le cinquième article.

Nous y lisons, au milieu de la ligne et entre deux traits : Dudit. Cela signifie que cet article répond à une opération qui a eu lieu le *même* jour que celle relatée dans l'article *précédent*, c'est-à-dire le 11 janvier, opération déjà inscrite sur le *Brouillard* à cette même date.

Dans la colonne à gauche (Folios du Grand Livre), nous lisons, *colonne du doit*, le chiffre 2 en regard de *Marchandises* à Divers, et, *colonne de l'avoir*, en regard de *P. Pertes*, de *B/ à payer* et de *Caisse*, les chiffres 3, 4 et 1. Cela signifie :

Le chiffre 2, *seul* dans la colonne du doit, que l'article *tout entier* est reporté à la page 2 du Grand Livre et au *doit* du compte de *Marchandises*.

Les chiffres 3, 4 et 1, que ce même article figure aux folios 3, 4 et 1 du Grand Livre et à l'*avoir* des comptes de *P. Pertes, B/ à payer* et de *Caisse*.

A la page 69 et 1er article :

Les chiffres 6, 1 et 5 (colonne du doit) indiquent les pages 6, 1 et 5 du Grand Livre où se trouvent les comptes de *Frais Généraux*, de *Caisse* et de *Tesseyre*. Ils indiquent encore que l'article est passé au *doit* de ces mêmes comptes, tandis que les chiffres 1, 2, 2 de la colonne de l'avoir annoncent que ce même article figure à l'*avoir* des comptes de *Caisse* et de *Marchandises* placés à ces folios.

Le tableau placé au bas de *chaque recto* est un relevé par *doit* et *avoir* de chaque page (verso et recto). Or, comme le total du *doit* est *toujours* égal à celui de l'*avoir*, il en résulte que chaque tableau est une véritable balance. Les totaux, d'ailleurs, du doit et de l'avoir doivent *égaler* celui du Journal placé au *bas du recto*. C'est ainsi que nous lisons :

Page 51, total du Journal.	. . .	85,145 50
— balance.	. . . . .	85,145 50
Page 53, total du Journal.	. . .	99,932 75
— balance.	. . . . .	99,932 75

et ainsi des autres pages.

On remplit ce tableau *à mesure* que l'on passe les articles au Journal, et afin de ne pas *laisser d'espace* entre les *reports des pages précédentes* et les nombres que l'on reporte; on inscrit ces derniers en commençant par *le bas* et dans l'ordre où ils se *succèdent* au Journal.

GRAND LIVRE.

DOIT 1   *AVOIR*

Compte de Capital.

			*	**		VALEUR						*	**		VALEUR
Janvier.	31	A Balance de sortie.	7	8	50,000	»	» »	Janvier.	1	Par Caisse.	1	1	50,000	
										Par Balance d'entrée.	7	8	50,000	

Compte de Caisse.

			*	**		VALEUR				*	**		VALEUR
Janvier.	1	A Capital.	1	1	50,000	»	Janvier.	1	Par Mobilier.	1	3	2,200	50
	5	A Marchandises.	2	2	460	60		2	Par Marchandises.	1	2	1,000	»
	8	A Marchandises.	3	2	1,000			3	Par Marchandises.	1	2	6,000	
	»	A Marchandises.	3	»	44			3	Par Marchandises.	1	2	4,112	50
	13	A Marchandises.	4	»	500			4	Par Marchandises.	2	2	1,000	
	15	A Marchandises.	5	»	1,344	60		7	Par Marchandises.	2	2	1,617	
								8	Par Frais généraux.	2	6	100	
								10	Par Curvale.	3	6	5	90
								11	Par Marchandises.	3	2	3,230	
								»	Par Frais généraux.	3	6	138	50
								13	Par Frais généraux.	4	6	98	60
								»	Par Frais généraux.	4	6	225	
								14	Par Barthas.	4	7	5	75
								15	Par B. à payer.	5	4	1,479	75
								»	Par Frais généraux.	5	6	7	50
								31	Par Comptes anciens.	7	8	32,148	20
Février.	1	A Comptes nouveaux.	7	8	32,148	20							

* Colonne indiquant le folio du Journal où est payé l'article.
** Colonne indiquant le folio du Grand Livre où l'article est passé une seconde fois.

Compte de Marchandises.

DOIT 2

Date		Compte			Valeur		
Janvier.	2	A Caisse.	1	1	1,000		
»		A Profits et pertes.	»	3	87	50	
»		A Giraud.	»	4	662	50	2 Janvier.
	3	A Sagnes.	1	3	4,900		3 Avril.
»		A Profits et pertes.	1	3	100		
»		A Caisse.	1	1	6,000		
		A B. Payer.	1	4	6,500		
	4	A Cavaillés.	1	4	2,134		
		A Profits et pertes.	1	3	66		
		A Caisse.	1	1	4,112	50	
		A Profits et pertes.	1	3	262	50	
	6	A Caisse.	2	1	1,000		
		A B. Payer.	2	4	1,500		
		A Viviés.	2	5	3,750		6 Février.
	7	A Caisse.	2	1	1,617		
		A Houlez.	2	5	1,617		8 Avril.
		A Profits et pertes.	2	3	66		
	11	A Profits et pertes.	3	3	270		
		A B. Payer.	3	4	1,000		1er Mars.
		A Caisse.	3	1	3,230		
	13	A Cavaillés.	4	4	2,332	40	31 Janvier.
		A Profits et pertes.	4	3	47	60	
Février.	1	A Comptes nouveaux.	9	8	24,199	23	

AVOIR

Date		Compte			Valeur		
Janvier,	5	Par Caisse.	2	1	460	60	
		Par Pertes et profits.	2	3	9	40	
	8	Par Caisse.	3	1	1,000	»	
		Par Pertes et profits.	»	3	40	85	
		Par Tesseyre.	»	5	1,001	65	31 Janvier.
		Par Caisse.	3	1	44		
		Par B. recevoir.	»	4	300		
	10	Par Curvale.	3	6	522	50	10 Mars.
	11	Par Couzinié.	3	6	2,404		11 Janvier.
		Par Pertes et profits.	»	3	49		
	12	Par Moulis.	3	6	312		12 Février.
	13	Par Caisse.	4	1	500		
	»	Par Tesseyre.	»	5	762	50	15 Février.
	14	Par Barthas.	4	7	500		14 Février.
	15	Par Pertes et profits.	5	3	65	40	
		Par B. recevoir.	»	4	1,860		
		Par Caisse.	»	1	1,344	60	
		Par Tesseyre.	5	5	1,006	25	
	19	Par B. Payer.	5	4	1,000		
		Par Pertes et profits.	»	3	40	74	
		Par Penary.	»	7	996	26	19 Février.
	27	Par Baron.	6	7	802	62	27 Janvier.
		Par Pertes et profits.	»	3	16	38	
		Par Comptes anciens.	7	8	24,199	25	

Compte de Mobilier.

DOIT 3

Date		Compte			Valeur	
Janvier.	1	A Caisse.	1	1	2,200	30
Février.	1	A Comptes nouveaux.	7	8	2,200	30

AVOIR

Date		Compte			Valeur	
Janvier.	31	Par Comptes anciens.	7	8	2,200	30

Compte de Profits et Pertes.

DOIT

Date		Compte			Valeur	
Janvier.	5	A Marchandises.	2	2	9	40
	8	A Marchandises.	3	2	40	85
	11	A Marchandises.	3	2	49	
	15	A Marchandises.	5	2	65	40
	19	A Marchandises.	5	2	40	74
	27	A Marchandises.	6	2	16	38
		A Comptes anciens.	7	8	698	08

AVOIR

Date		Compte			Valeur	
Janvier.	2	Par Marchandises.	1	2	87	50
	3	Par Marchandises.	1	»	100	
	4	Par Marchandises.	1	»	66	
	4	Par Marchandises.	1	»	262	50
	7	Par Marchandises.	2	»	66	
	11	Par Marchandises.	3	»	270	
	13	Par Marchandises.	4	»	47	60
	15	Par Billet à payer.	5	4	20	25
Février.	1	Par Comptes nouveaux.	7	8	698	08

Compte de Sagnes, de Marseille.

DOIT

Date		Compte			Valeur	
Janvier.	31	A Comptes anciens.	7	8	1,900	»

AVOIR

Date		Compte			Valeur		
Janvier.	3	Par Marchandises.	1	2	1,900		3 Avril.
Février.	1	Par Comptes nouveaux.	7	8	1,900		

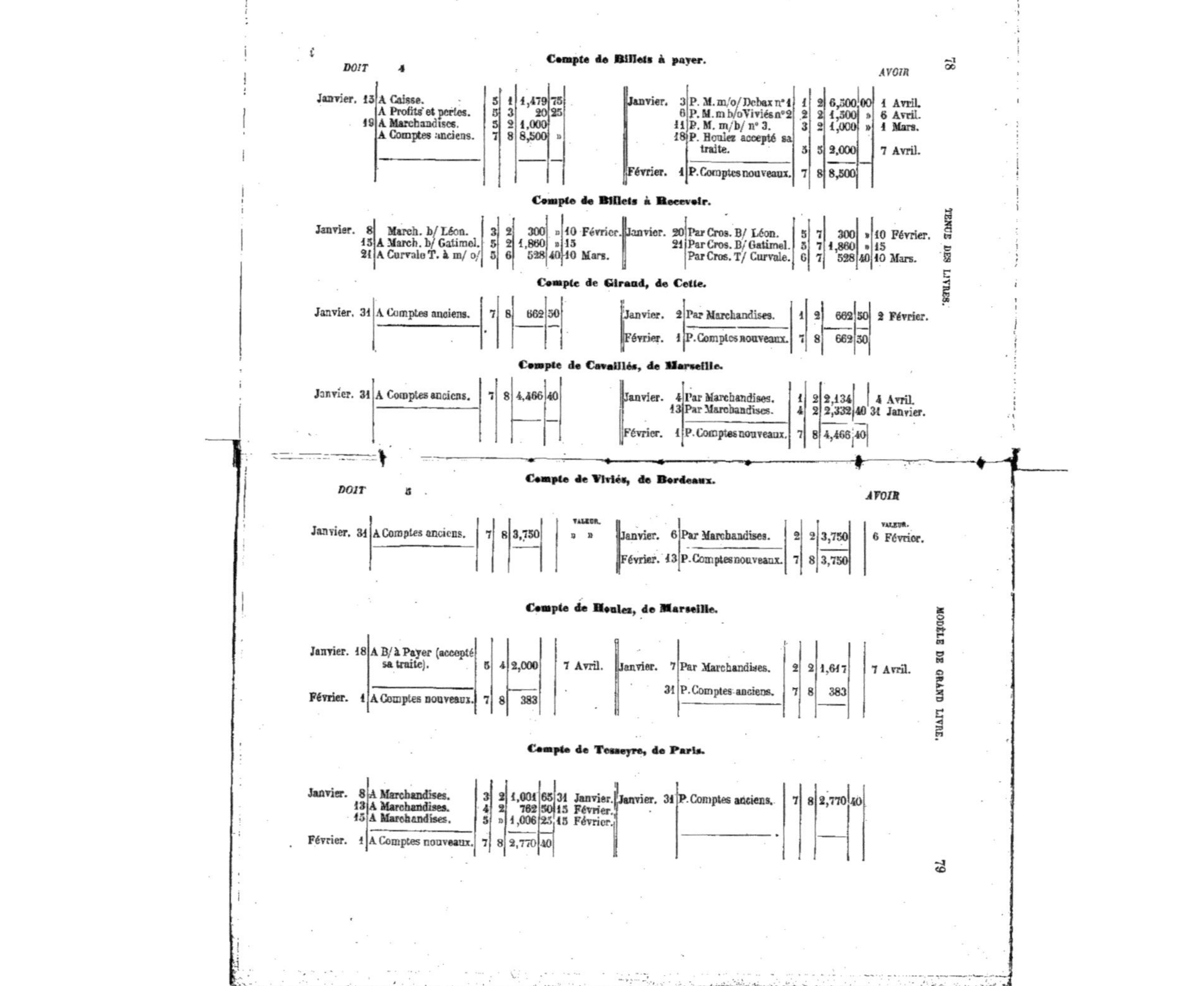

Compte de Billets à payer.

DOIT 4 — AVOIR

DOIT							AVOIR						
Janvier.	13	A Caisse.	5	1	1,479	75	Janvier.	3	P. M. m/o/ Debax n° 1	1	2	6,500 00	1 Avril.
		A Profits et pertes.	5	3	20	25		6	P. M. m b/o Viviés n° 2	2	2	1,500 »	6 Avril.
	19	A Marchandises.	5	2	1,000			11	P. M. m/b/ n° 3.	3	2	1,000 »	1 Mars.
		A Comptes anciens.	7	8	8,500	»		18	P. Houlez accepté sa traite.	3	5	2,000	7 Avril.
							Février.	1	P. Comptes nouveaux.	7	8	8,500	

Compte de Billets à Recevoir.

DOIT								AVOIR						
Janvier.	8	March. b/ Léon.	3	2	300	»	10 Février.	Janvier.	20	Par Cros. B/ Léon.	5	7	300 »	10 Février.
	15	A March. b/ Gatimel.	5	2	1,860	» 15			21	Par Cros. B/ Gatimel.	5	7	1,860 »	15
	21	A Curvale T. à m/o/	5	6	528	40	10 Mars.			Par Cros. T/ Curvale.	6	7	528 40	10 Mars.

Compte de Giraud, de Cette.

DOIT							AVOIR						
Janvier.	31	A Comptes anciens.	7	8	662	50	Janvier.	2	Par Marchandises.	1	2	662 50	2 Février.
							Février.	1	P. Comptes nouveaux.	7	8	662 50	

Compte de Cavaillés, de Marseille.

DOIT							AVOIR						
Janvier.	31	A Comptes anciens.	7	8	4,466	40	Janvier.	4	Par Marchandises.	1	2	2,134	4 Avril.
								13	Par Marchandises.	4	2	2,332 40	31 Janvier.
							Février.	1	P. Comptes nouveaux.	7	8	4,466 40	

Compte de Viviés, de Bordeaux.

DOIT 5 — AVOIR

DOIT						VALEUR	AVOIR						VALEUR
Janvier.	31	A Comptes anciens.	7	8	3,750	» »	Janvier.	6	Par Marchandises.	2	2	3,750	6 Février.
							Février.	13	P. Comptes nouveaux.	7	8	3,750	

Compte de Houlez, de Marseille.

DOIT							AVOIR						
Janvier.	18	A B/ à Payer (accepté sa traite).	5	4	2,000	7 Avril.	Janvier.	7	Par Marchandises.	2	2	1,617	7 Avril.
Février.	1	A Comptes nouveaux.	7	8	383			31	P. Comptes anciens.	7	8	383	

Compte de Tesseyre, de Paris.

DOIT							AVOIR						
Janvier.	8	A Marchandises.	3	2	1,001	65 — 31 Janvier.	Janvier.	31	P. Comptes anciens.	7	8	2,770 40	
	13	A Marchandises.	4	2	762	50 — 15 Février.							
	15	A Marchandises.	5	»	1,006	25 — 15 Février.							
Février.	1	A Comptes nouveaux.	7	8	2,770	40							

Compte de Curvale, de Nantes.

DOIT 6

| Janvier. | 10 | A Marchandises. | 3 | 2 | 522 | 50 | 10 Mars. |
| | | A Caisse (port). | » | 1 | 5 | 90 | 10 Mars. |

AVOIR

| Janvier. | 21 | Par Billets à recevoir. | 5 | 4 | 328 | 40 | 10 Mars. |

Compte de Couzinié, de Reims.

DOIT

| Janvier. | 11 | A Marchandises. | 3 | 2 | 2,401 | | 11 Janvier. |
| Février. | 1 | A Comptes nouveaux. | 7 | 8 | 2,401 | | |

AVOIR

| Janvier. | 31 | Par Comptes anciens. | 7 | 8 | 2,401 | | 11 Janvier. |

Compte de Frais généraux.

DOIT

Janvier.	8	A Caisse.	2	1	100	
	11	A Caisse.	3	1	138	50
	13	A Caisse.	4	1	98	60
	13	A Caisse.	4	1	225	
	15	A Caisse.	5	1	7	50
Février.	1	A Comptes nouveaux.	6	84	569	60

AVOIR

| Janvier. | 31 | P. Comptes anciens. | 7 | 8 | 569 | 60 |

Compte de Moulis, de Toulouse.

DOIT

| Janvier. | 12 | A Marchandises. | 3 | 2 | 342 | | 12 Février. |
| Février. | 1 | A Comptes nouveaux. | 7 | 8 | 342 | | |

AVOIR

| Janvier. | 31 | Par Comptes anciens. | 7 | 8 | 342 | |

Compte de Barthas, de Rouen.

DOIT 7

							VALEUR.
Janvier.	14	A Marchandises.	4	2	500		14 Février.
		A Caisse.	4	1	5	75	
	30	A Cros.	6	7	510	50	30 Janvier.
Février.	1	A Comptes nouveaux.	7	8	510	50	

AVOIR

							VALEUR.
Janvier.	21	Par Cros ma traite.	6	7	505	75	14 Février
	31	Par Comptes anciens.	7	8	510	50	

Compte de Penáry, de Grenoble.

DOIT

| Janvier. | 19 | A Marchandises. | 5 | 2 | 996 | 26 | 19 Février. |
| Février. | 1 | A Comptes nouveaux. | 7 | 8 | 996 | 26 | |

AVOIR

| Janvier. | 31 | Par Comptes anciens. | 7 | 8 | 996 | 26 |

Compte de Cros, de Paris.

DOIT

Janvier.	20	A B/ à recev/B/Léon.	3	4	300		10 Février.
		Gatimel.	5	4	1,860		15 Février.
	21	Curvale.	6	4	528	40	10 Mars.
	22	A Barthas ma traite.	6	7	505	73	14 Février.
Février.	1	A Comptes nouveaux.	7	8	2,683	65	

AVOIR

| Janvier. | 30 | P. Barthas t/ protestée | 6 | 7 | 510 | 50 | 14 Mars. |
| | | Par Comptes anciens. | 7 | 8 | 2,683 | 65 | |

Compte de Baron, de Lille.

DOIT

| Janvier. | 27 | A Marchandises. | 6 | 2 | 802 | 62 | 27 Janvier. |
| Février. | 1 | A Comptes nouveaux. | 7 | 8 | 802 | 62 | |

AVOIR

| Janvier. | 3 | Par Comptes anciens. | 7 | 8 | 802 | 62 |

Comptes anciens.

DOIT   8   AVOIR

Janv. 31							Janv. 31					
A Caisse.	7	1	32,148	20			Par Capital.	7	1	50,000		
A Marchandises.	»	2	24,199	25			Par Profits et Pertes.	»	3	698	08	
A Mobilier.	»	3	2,200	50			Par Sagnes.	»	3	1,900		
A Houlez.	»	5	383				Par Billet à payer.	»	4	8,500		
A Tesseyre.	»	5	2,770	40			Par Giraud.	»	4	662	50	
A Couzinié.	»	6	2,401				Par Cavaillés.	»	4	4,466	40	
A Frais généraux.	»	6	569	60			Par Viviés.	»	5	3,750		
A Moulis.	»	6	312									
A Barthas.	»	7	510	50								
A Penary.	»	7	996	26								
A Cros.	»	7	2,683	65								
A Baron.	»	7	802	62								
			69,976	98						69,976	98	

Comptes nouveaux.

Janv. 31							Janv. 31					
A Capital.	7	1	50,000				Par Caisse.	7	1	32,148	20	
A Profits et Pertes.	»	3	698	08			Par Marchandises.	»	2	24,199	25	
A Sagnes.	»	3	1,900				Par Mobilier.	»	3	2,200	50	
A Billet à Payer.	»	4	8,500				Par Houlez.	»	5	383		
A Giraud.	»	4	662	50			Par Tesseyre.	»	5	2,770	40	
A Cavaillés.	»	4	4,466	40			Par Couzinié.	»	6	2,401		
A Viviés.	»	5	3,750				Par Frais généraux.	»	6	569	60	
							Par Moulis.	»	6	312		
							Par Barthas.	»	7	510	50	
							Par Penary.	»	7	996	26	
							Par Cros.	»	7	2,683	65	
							Par Baron.	»	7	802	62	
			69,976	98						69,976	98	

On comprend maintenant l'utilité des chiffres placés dans les diverses colonnes du Journal et du Grand-Livre. Ils permettent de remonter à la source d'une opération. En effet, ouvrons le Grand-Livre; à la page 61, par exemple, et prenons le compte de Sagnes. A l'*avoir* de ce compte nous lisons : Janvier, 3. Par Marchandises, f° 1 du Journal, 1,900.

En cherchant au f° 1 du Journal, nous verrons effectivement à la date du 3 janvier une opération qui crédite Sagnes par le compte de marchandises, d'une somme de 1,900 fr. Et cette même date du 3 janvier nous apprendra que cette opération a été déjà relatée sur le *Brouillard* à cette même époque.

Exercices. — Mois de février.

1.

Du 1er février.

J'ai vendu à M. Penary, de Grenoble, 7 hectolitres de rhum, à 4 fr. 25 c. le litre, escompte 2 0/0. Il me donne en payement une traite de 4,500 fr. à 82 jours, à M/ O/ sur M. Cavaillés de Marseille, déduction de l'escompte 6 0/0. Je lui rembourse l'excédant en M/ B/ à S/ O/ sur Cros, à vue.

2.

Dudit.

J'ai adressé à M. Cavaillés la traite de 4,500 fr. à 82 jours, fournie par Penary. Je le débite de cette somme moins l'escompte à 5 0/0. J'ai payé 0 fr. 50 c. pour affranchissement de m/ lettre.

3.

Du 3 dit.

Je vends à M. Houlez, de Marseille, 20 hectolitres d'eau-de-vie, à 1 fr. 80 le litre, escompte 6 0/0. Il me donne en payement M/ B/ O/ Débax de 6,500. Je lui rembourse l'excédant en fournissant à S/ O/, et à 3 jours de vue, sur M. Sagnes, une traite égale à cet excédant.

4.

Du 5 dit.

J'ai reçu de M. Viviés, de Bordeaux, 2,475 kilos café, à raison de 2 fr. 80 le kilo, escompte 3 0/0. Je lui ai envoyé mon règlement comme il suit : 2,000 fr. en ma traite à S/ O/, à 8 jours de vue sur Tesseyre de Paris, et le reste par M/ B/ à S/ O/ au 15 avril.

5.

Du 6 dit.

Je vends à M. Couzinié, de Reims, 524 kilos café Bourbon, à 3 fr. 10 le kilo, escompte 2 0/0. Il me donne en payement une T/ de 3,000 fr. à 75 jours, sur M. Julien de Paris. Je l'accepte moyennant une déduction de l'escompte à 6 0/0. Je lui rembourse l'excédant en M/ B/ de ce jour, à S/ O/ au 1er mars.

6.   Du 7.

M. Couzinié me donne 350 kilos d'huile, à raison de 1 fr. 75 le kilo, escompte 2 0/0. Je lui donne à mon tour, 200 kilos café, à 3 fr. 20 le kilo, 3 0/0 d'escompte, il me fait tenir l'excédant en espèces.

7.   Du 8.

M. Philippe me remet, protestée, la traite de 2,000 fr. que j'avais fournie à l'O/ de Viviés sur M. Tesseyre. Les frais de protêt se sont élevés à 6 fr. 25. Je lui solde cette traite de la manière suivante : 1,000 fr. en espèces ; 500 fr. en un crédit sur Cros, et le reste en ma traite à vue sur Penary.

8.   Du 9.

J'ai payé à M. Sagne, pour le compte de Penary, de Grenoble, une facture de 500 fr. 75, que ce dernier a faite. M. Sagne accepte la réduction de 75 centimes que je lui demande. Je paye par 120 kilos café, escompte 3 0/0 à 3 fr. le kilo, et le reste en espèces.

9.   Du 12.

M. Moulis m'emprunte une somme de 1,000 fr. qu'il doit me rendre dans un mois avec l'intérêt à 6 0/0. Je lui remets cette somme en lui donnant une lettre de crédit sur M. Cros, m/ banquier.

10.   Du 14.

Je vends à M. Houlez, 350 kilos d'huile, à 2 fr. 10 le kilo, escompte 3 0/0 ; il me donne en payement un B/ Paul à S/ O/ sur Cavaillés au 14 juin de 1,250 fr. J'accepte ce billet, sauf déduction de 6 0/0 d'escompte. Je lui compte l'excédant en espèces.

11   Du 18.

M. Barthes me présente la traite de 2,400 fr., à deux mois de vue, que M. Viviés a fournie sur moi. Je l'accepte, mais pour 2,000 fr. seulement. Je la lui rends acceptée.

12.   Du 22.

Je paye à M. Claverie, pour le compte de M. Giraud, une somme de 2,400 fr. que ce dernier lui devait ; j'effectue ce payement de la manière suivante. Je lui donne 100 litres de rhum, à 4 fr. 10 le litre, escompte 2 0/0, et pour le restant je lui souscris M/ B/ à S/ O/ à un mois, augmenté des intérêts à 6 0/0 l'an, soit : 10 francs.

13.   Du 28.

M. Moulis me rend les 1,000 fr. que je lui avais prêtés, plus 2 fr. 50 pour les intérêts. Il me fait cette remise en me cédant un cheval pour ma voiture de voyage, en 800 fr., et le reste en espèces.

Mois de mars.

14. **Du 2 mars.**

M. Houlez, de Marseille, me présente une T/Paul au 10 avril, à S/O/ de 3,500 fr. sur Julien de Nantes. Je la lui escompte à 6 0/0 et 1/4 de commission. Je lui donne en payement une lettre de crédit sur Cros, mon banquier.

15. **Du 4 dit.**

M. Baron, de Lille, me vend, en 3,000 fr., un jardin qu'il possède au quartier Solférino. Je lui retiens les 802 fr. 60 qu'il me devait. Et pour le restant de la somme, je lui donne la T. Paul sur Julien de Nantes, au 10 avril, de 3,500 fr., sous déduction de l'escompte à 6 0/0; il me rembourse l'excédant en S/B/ à M/O/ au 1er avril.

16. **Du 8.**

M. Baron, de Lille, me renvoie, protestée faute d'acceptation, la traite sur Julien de 3,500 fr. au 10 avril. Je lui en fais tenir le montant en espèces, plus 4 fr. 40 pour les frais de protêt.

17. **Du 9.**

Je renvoie à M. Houlez la traite sur Julien que celui-ci a refusé d'accepter. Les frais sont de 4 fr. 40. Je paye pour affranchissement de ma lettre d'envoi, 20 centimes qui sont à sa charge.

18. **Du 12.**

Je vends à Barthas, de Rouen, 10 hectolitres eau-de-vie, à 170 fr. l'hectolitre. Je les lui expédie franco, par Robert, roulier, auquel je paye 18 fr. 50. Pour me couvrir de cette vente. je fournis, à 8 jours de vue et à l'ordre de Viviés, une traite de 1,000 fr. Le restant sera payable à 90 jours.

19. **Du 15 dit.**

Je vends à M. Couzinié, de Reims, 310 kilos huile, à 2 fr. le kilo, escompte 5 0/0. Il me donne en payement un mandat de 800 fr. sur M. Philippe, de Lyon, au 1er avril. Je lui rembourse l'excédant en espèces; mais, en retenant sur cette dernière somme, 2 0/0 d'escompte.

20. **Du 20.**

M. Viviés, de Bordeaux, me charge de payer à M. Léon 1,205. M. Léon m'a réclamé pour les intérêts de cette somme 13 fr. 50 que je lui ai comptés. J'ai payé en fournissant à S/O/ une traite de 1,000 fr. sur Moulis, à 2 mois, sous déduction de 6 0/0 d'escompte, et le reste en espèces.

21.   Du 22.

J'adresse à M. Cavaillés 5 barriques de vin contenant
ensemble 1,775 litres, à 25 fr. 50 l'hectolitre. Le port qui est
de 42 fr. 50, est à ma charge. Je le paye, en donnant à Pierre,
roulier, M/B/ à S/ O/ à vue, sur Cros, mon banquier. Je paye,
en outre, aux porte-faix 3 fr. 75. Pour me couvrir du montant de cette vente, j'ai fourni sur M. Cavaillés, et à l'ordre
de M. Cros, un mandat, au premier juin. La vente est faite
à 4 0/0 d'escompte.

22.   Du 24.

M. Cavaillés me renvoie 2 des 5 barriques que je lui ai
adressées, elles contiennent ensemble 725 litres. J'ai payé
pour le port 15 fr. 25. J'ai remplacé ces deux barriques par
deux autres contenant ensemble 800 litres, à 28 fr. l'hectolitre, 5 0/0 d'escompte. J'ai payé 16 fr. 80 pour frais de
transport.

23.   Du 26.

J'adresse à M. Sagne et Cie, 4,000 fr. en M/ B/ à S/ O/ au
1er mai; plus 500 kilos café, à 3 fr. le kilo. Enfin, je lui ai ouvert, sur M. Cros, mon banquier, un crédit de 20,000 fr. Ces
diverses sommes forment ma mise de fonds de la Société
que nous avons faite. J'ai payé 20 fr. pour le port du café.

Solution des questions qui précèdent.

1	Divers à Divers, fr. 4,559 50.	
	Pertes et profits à M{ses}	59 50
	B/ Recev. à M{ses}	2,915 50
	B/ Recev. à P. Pertes	61 50
	B/ Recev. à Cros	1,523 00
2	Divers à Divers, fr. 4,500 50	
	Cavaillés à B. Recev.	4,448 75
	P. et Profits à B. Recev.	51 25
	F. Généraux à Caisse	50
3	Divers à Divers, fr. 6,716.	
	P. et Profits à M{ses}	216
	B/ Payer à M{ses}	3,384
	B/ Payer à Sagnes	3,116 -
4	Marchandises à Divers, fr. 6,930.	
	A P. et Pertes	207 90
	A Tesseyre	2,000
	A B. Payer	4,722 10

Divers à Divers, fr. 3,032 48.

5 B. à Recev. à { Prof. et Pertes. . . . 37 50 } 3,000 00
   { B / Payer. . . . . 1,370 58 }
   { Marchandises. . . . 1,594 92 }

Pert. et Profits à M^{ses}. 32 48

6 Divers à Divers, fr. 652 25
   M^{ses} à Prof. et Pertes. 12 25
   M^{ses} à Elles-mêmes. 600 25
   P. Profits à M^{ses}. 19 20
   Caisse à M^{ses}. 20 55
7 Tesseyre à Divers, fr. 2,006 25.
   A Caisse. 1,000
   A Cros. 500
   A Penary. 506 25
8 Divers à Divers, fr. 510 80.
   Penary à M^{ses}. 349 20
   Penary à Caisse. 150 80
   P. et Prof. à M^{ses}. 10 80
9 Moulis à Cros, fr. 1,000. 1,000
10 Divers à Divers, fr. 1,272 05.
   P. et Prof. à M^{ses}. 22 05
   B. Recev. à M^{ses}. 712 95
   B/R/ à P. Pert. 25
   B/R à Caisse. 512 05
11 Viviés à B / Payer, fr. 2,000. 2,000
12 Divers à Divers, fr. 2,418 20.
   Giraud à M^{ses}. 401 80
   P. et Prof. à M^{ses}. 8 20
   Giraud à B. Payer. 1,998 20
   P. Profits à B. Payer. 10
13 Divers à Divers, fr. 1,002 50.
   Caisse à P. Pertes. 2 50
   Caisse à Moulis. 200
   Mobilier à Moulis. 800
14 B. Recev. à Divers, fr. 3,500.
   A P. Pertes. 31 50
   A Cros. 3,468 50
15 Divers à Divers, fr. 4,302 60.
   Immeubles à Baron. 802 60
   Immeubles à B. Recev. 2,197 40
   P. et Prof. à B. Recev. 21 58
   B. Recev. à Eux-mêmes. 1,281 02
16 Divers à Caisse, fr. 3,504 40.
   B. Recev. 3,500
   F. Généraux. 4 40

```
17  Houlez à Divers, fr. 3,504 60.
      A B/Recev. . . . . . . . . . . . . . . . . . 3,500
      A F. Génér. (protêt). . . . . . . . . . . . . .   4 40
      A Caisse (port de lettre). . . . . . . . . . .    0 20
18  Divers à Divers, fr. 1,718 50.
      Barthas à Mˢᵉˢ. . . . . . . . . . . . . . . .     700
      Viviés à Mˢᵉˢ. . . . . . . . . . . . . . . . . 1,000
      F. Génér. à Caisse. . . . . . . . . . . . . .    18 50
19  Divers à Divers, fr. 831 00.
      P. Prof. à Mˢᵉˢ. . . . . . . . . . . . . . . .    31
      B. Recev. à Mˢᶜˢ. . . . . . . . . . . . . . .    589
      B. Recev. à Caisse.. . . . . . . . . . . . .    206 78
      B. Recev. à P. Pert. . . . . . . . . . . . .      4 22
20  Divers à Divers, fr. 1,218 50.
      Viviés à Moulis.. . . . . . . . . . . . . . .    990
      P. Profits à Moulis.. . . . . . . . . . . . .     10
      Viviés à Caisse.. . . . . . . . . . . . . . .   218 50
21  Divers à Divers, fr. 498 87.
      Cros à Mˢᵉˢ Gˡᵉˢ. . . . . . . . . . . . . . .   434 52
      P. et Prof. à Mˢᶜˢ. . . . . . . . . . . . . .    18 10
      F. Génér. à Caisse.. . . . . . . . . . . . .      3 75
      Frais génér. à Cros. . . . . . . . . . . . .     42 50
22  Divers à Divers, fr. 263 45.
      March. à P. Pert. , . . . . . . . . . . . . .     7 40
      March. à Elles-mêmes. . . . . . . . . . . .     177 47
      P. Prof. à Mˢᵉˢ. . . . . . . . . . . . . . . .    11 20
      Cavaillés à Mˢᵉˢ.. . . . . . . . . . . . . . .    35 33
      Frais généraux à Caisse.. . . . . . . . . .      32 05
23  Divers à Divers, fr. 25,520.
      (1) Sagne et Cˡᵉ à B. Payer. . . . . . . . . . 4,000
                A Marchandises.. . . . . . . . . . . 1,500
                A Cros. . . . . . . . . . . . . . .20,000
      Frais généraux à Caisse. . . . . . . . . . . .    20
```

Remarques.

PREMIÈRE REMARQUE.— A chaque article l'élève doit s'adresser les questions suivantes : Y a-t-il des comptes généraux qui reçoivent, qui fournissent? Reçoivent-ils, fournissent-ils la somme entière? Mêmes questions pour les comptes particuliers. Appliquant ensuite la *règle générale* aux réponses, il aura la manière dont l'article doit être passé sur le journal.

DEUXIÈME REMARQUE.— La solution de l'article étant trouvée, l'élève doit, avant de le transcrire sur les livres, en faire la preuve, c'est-à-

(1) Nous désignons M. Sagne par Sagne et Cⁱᵉ pour ne pas confondre les opérations de Sagne agissant *comme associé*, avec ses opérations agissant pour *son compte* personnel.

dire s'assurer que la règle générale a été régulièrement appliquée. Voici comment il devra procéder.

Prenons un article quelconque : le n° 18, par exemple : Les marchandises ont fourni 1,700 fr., il leur est donc dû cette somme ; or, Barthas *doit* 700 fr., et Viviés 1,000, total 1,700. La caisse a payé 18 fr. 50 qui lui sont dus par les Frais généraux ; Viviés, *qui n'a rien donné*, doit les 1,000 fr. qu'il a reçus. Quant à Barthas, il est évident qu'il ne doit plus que 700 fr., puisqu'on a *fourni* sur lui pour 1,000 fr. ; il est donc débité de cette somme. Chaque livre *doit* donc ce qu'il a *reçu ;* et il est dû à chaque livre *ce qu'il a fourni*. Donc l'article est bien passé.

TROISIÈME REMARQUE. — L'élève doit se demander encore : Y a-t-il une facture, une lettre de voiture, une traite à faire, un billet à enregistrer, une lettre à écrire, une facture à inscrire sur le carnet des échéances, etc. ?

Magasinier.

Entrée.

DATES.	NATURE DE LA MARCHANDISE.	ESCOMPTE.	QUANTITÉS exprimées EN UNITÉS.	PRIX de L'UNITÉ fr.	c.	PRIX TOTAL fr.	c.
Janv. 2	Vin de Cette	5 0/0	50 bar.	35		1,750	
3	Savon	2 0/0	2,500 kil.	0	80	2,000	
»	Eau-de-vie de Condom.		100 hect.	125		12,500	
4	Vermouth	3 0/0	100 cais.	22		2,200	
»	Huile fine de Nice		2,500 kil.	1	75	4,375	
6	Café		2,500 kil.	2	50	6,250	
7	Huile de colza	2 0/0	3,000 kil.	1	10	3,300	
11	Rhum	6 0/0	15 hect.	300		4,500	
13	Vin de Marseille	2 0/0	70 bar.	34		2,380	

Sortie.

DATES.	NATURE DE LA MARCHANDISE.	ESCOMPTE.	QUANTITÉS exprimées EN UNITÉS.		PRIX de L'UNITÉ fr.	c.	PRIX TOTAL fr.	c.	QUANTITÉ EN MAGASIN.	
Janv. 5	Vin de Cette	2 0/0	10 bar.		47		470		40 bar.	
9	Eau-de-vie de Condom.	2 0/0	9 hect.	50	215		2,042	50	90 hect.	50
»	Huile d'olive		160 kil.		2	15	344		2,340	
10	Savon blanc		475 kil.		1	10	528	40	2,025	
11	Eau-de-vie	2 0/0	14 hect.		175		2,450		76	50
12	Vermouth		12 cais.		26		312		88 cais.	
13	Vin de Cette		25 bar.		50	50	1,262		15	
14	Savon		400 kil.		1	25	505	75	1,625	
15	Eau-de-vie	2 0/0	15		218		3,270		61	50
15	Savon		875		1	45	1,006	25	750	
19	Eau-de-vie		9	70	210		2,037		51	80
27	Rhum	2 0/0	210 lit.		3	90	819		12 hect.	90

Carnet des Échéances.

Sommés à Recevoir.   Sommes à Payer.

DATES.	NOM DU SOUSCRIPTEUR DU TIRÉ OU DU DÉBITEUR.	Nos des Billets.	SOMMES.	Observations.	DATES.	NOM DU CRÉANCIER.	Nos des Billets.	SOMMES.	Observations.
						Janvier.			
Janv 31	Tesseyre (vente).....		1,001 65		Janv. 31	Cavaillés...........		2,332 40	
						Février.			
Févr. 10	B/ Léon de Castres..		300	Remis le 20 à Cros.	Févr. 2	Giraud M/ facture..		662 50	
12	Moulis (vente)......		312		6	Viviès M/ facture....		3,750	
15	Tesseyre (vente).....		762 50						
14	Barthas (vente).....		505 70	Fourni sur lui le 22 Janvier.					
13	B/ Gatimel.........		1,860	Remis à Cros le 20 Janvier.					
15	Tesseyre (vente)....		1,006 25						
19	Penary (vente)......		996 76			**Mars.**			
Mars. 10	T/ S/ Curvale.......		528 40	Remis à Cros le 21 Janvier.	Mars. 1	M/ B/ O Cahuzac....	3	1,000	Payé le 19 Janvier.
						Avril.			
					Avril. 3	Sagnes M/ facture..		1,900	
					1	M. B/ O/ Debax....	1	6,500	
					4	Cavaillés M/ facture.		134	Payé le 15 Janvier.
					6	M/ B/ O/ Viviès.....	2	500	
					7	Ma facture Houlez.		1,617	
					7	T/ Houlez (acceptée).		2,000	

DES COMPTES EN PARTICIPATION.

Nous définissons les sociétés en participation celles qui ont pour objet une ou plusieurs opérations de commerce.

Nous appellerons comptes en participation soit *l'ensemble* des écritures d'une société en participation, soit les comptes des *participants*.

Nous allons établir une comptabilité de ce genre.

Lorsque la société est faite par *deux personnes*, elle est dite de *compte à demi;* elle est de compte à *tiers*, s'il y a trois associés; de compte à *quart*, s'il y en a quatre, etc.

Un principe unique régit la tenue des livres en participation, à savoir :

Que les écritures des divers participants doivent être absolument les mêmes — et comme des copies les unes des autres.

Ce qui implique *l'obligation*, pour chaque participant, de faire connaître toutes ses opérations aux *co-associés.*

Cela posé, supposons l'opération suivante :

M. Pierre de Bordeaux et M. Benoit de Lyon conviennent de spéculer sur la soie et sur les cafés ; ils fixent à 800,000 fr., par exemple, le chiffre des achats et conviennent de se tenir mutuellement compte de l'intérêt à 6 0/0, pour les sommes qu'ils auront fournies. Il n'y a pas d'ailleurs de capital social. Les deux maisons sont riches et s'inspirent une confiance réciproque. Néanmoins, comme la maison de Bordeaux a un crédit ouvert chez M. Noël de Paris, elle est autorisée à fournir sur Paris *pour le compte de la Société.* Ces données comprises, commençons les opérations.

Puisque les écritures des deux participants doivent être identiques, nous nous occuperons de celles de l'un d'eux seulement, de celles de Pierre, par exemple.

Mais, pour ne pas confondre les opérations personnelles de Pierre avec celles de la Société en participation, nous désignerons le compte de Benoit par : *Benoit compte à 1/2 P et B.* Ces deux lettres sont les initiales des noms des deux associés. Le compte de la Société sera désigné : *Compte à 1/2 P et B. Sans autre.* Il pourra être assimilé à un individu pour lequel on ferait des opérations.

Entrons en matière, et procédons à la rédaction du Brouillard, du Journal et du Grand-Livre.

Brouillard.

1865.

(1) Janv., 1er. J'achète au comptant pour le compte à
1/2 P. B., 10,000 kilos café, à 2 fr. le kilo.   20,000

(Valeur 1er janvier.)

(2)   8. M. Benoit m'annonce (lettre du 6) qu'il
a acheté 45,000 fr. de soie pour le compte
de la Société.   45,000

(Valeur 12 mai.)

(3) Mars, 12. J'ai acheté au comptant pour 100,000 fr.
de café, Es^{te} 2 0/0 (pour la Société). . .   98,000

(Valeur 12 mars).

(4)   12. J'ai fourni sur M. Noel, de Paris, pour
la Société, valeur au 15 mai, une traite
de 100,000 fr.   100,000

(Valeur 15 mai.)

(5) Mars, 15. J'ai négocié la traite ci-dessus à 1/8 0/0
de commission et 60 /0 d'intérêt. . .   98,875

(Valeur 15 mars.)

(6)   16. J'ai acheté au comptant 500 balles de
café, à 100 fr. l'une.   50,000

(Valeur 16 mars.)

(7)   17. M. Benoit (lettre du 14) a fait une
opération de 250,000 fr. de soie. . . .   250,000

(Valeur au 12 avril.)

(8) Avril, 25. J'ai acheté au comptant, pour la Société, pour 75,000 fr. de café.   75,000

(Valeur 25 avril.)

(9)   11. M. Benoit fournit sur moi, au 10 mai,
une traite de 50,000 fr. que j'accepte. .   50,000

(Valeur au 10 mai.)

(10) Mai, 1er. Vendu au comptant, pour la Société,
80,000 fr. de café. . . . . . . , .   80,000

(Valeur 1er mai.)

(11)   15. Vendu en bloc et au comptant, à
M. L. de Londres, tout le café que j'avais
en magasin, en 330,000 fr.   330,000

(Valeur de ce jour.)

(12)   18.   M. BENOIT a vendu (lettre du 10) pour 200,000 fr. de soie; il a fourni sur son acheteur une traite sur la négociation de laquelle il a perdu 500 fr., il reste net 199,500 fr. **199,500**

(Valeur 10 mai.)

(13) Juin, 1er.   J'ai payé une T/ de 100,000 fr. que M. NOEL a fournie sur moi pour le compte de la Société. **100,000**

(Valeur 25 mai.)

(14)   1er.   J'ai payé pour le magasinage du café.   **250**

(Valeur 1er juin.)

(15)   12.   M. BENOIT m'annonce qu'il a vendu à une compagnie anglaise tout ce qui lui restait de soie à 140,000 fr., et qu'il a fourni une traite de pareille somme sur la négociation de laquelle il a perdu 370 fr.; reste net, pour la vente, 139,630 fr.   **139,630**

(Valeur 8 juin.)

(16)   Même lettre (10 juin), il m'annonce qu'il s'est crédité de 300 fr. pour le magasinage. **300**

(17) Juin, 30.   Il est dû à NOEL pour intérêts. . . .   **166**   **66**

(18)   30.   Il est dû à BENOIT   id. **1,027**   **76**

(19)   11.   Il m'est dû   id.   id. **753**   **03**

(20)   Il est dû à BENOIT pour sa part de bénéfices. **103,753** **775**

(21)   30.   Il m'est dû pour ma part de bénéfices. **103,753** **775**

Journal.

——————— Du 1er janvier 1865. ———————

1. *Compte à 1/2 P. et B. à Caisse.*
     F. 20,000.
  J'achète au comptant, etc. (copier le brouillard.) 20,000
     (Valeur au 1er janvier.)

——————— Du 8. ———————

2. *Compte à 1/2 P. et B. à Benoit, C*te *1/2 P. B.*
     F. 45,000.
  M. Benoit, etc. (copier le brouillard.) 45,000
     (Valeur 12 mai.)

——————— Du 12 mars. ———————

3. *Compte à 1/2 P. B. à Caisse.*
     F. 98,000.
  J'ai acheté, etc. (copier le brouillard.) 98,000
     (Valeur 12 mars.)

——————— Dudit. ———————

4. *Compte 1/2 P. B. à Noël.*
     F. 100,000.
  J'ai fourni sur M. Noël, etc. (copier le brouillard), 100,000
     (Valeur au 15 mai.)

——————— Du 15. ———————

5. *Caisse à Compte à 1/2 P. et B.*
     F. 98,875.
  (Copier le brouillard.) 98,875
     (Valeur 15 mars.)

——————— Du 16. ———————

6. *Compte à 1/2 P. B. à Caisse.*
     F. 50,000.
  (Copier le brouillard.) 50,000
     (Valeur 16 mars.)

——————— Du 17. ———————

7. *Compte à 1/2 P. B. à Benoit, C*te à *1/2 P. B.*
     F. 250,000.
  (Copier le brouillard.) 250,000
     (Valeur 12 avril.)

_____________ Du 25 avril. _____________

8.   *Compte à 1/2 P. et B. à Caisse.*
F. 75,000.
(Copier le brouillard.)   75,000
(Valeur 25 avril.)

_____________ Du 25. _____________

9.   *Benoit Cte à 1/2 P. B. à Cte à 1/2 P. B.*
F. 50,000.
(Copier le brouillard.)   50,000
(Valeur 10 mai.)

_____________ Dudit. _____________

9.   *Compte à 1/2 P. B. à B. à Payer.*
F. 50,000.
(Copier le brouillard, même article que le précéd.)   50,000
(Valeur 10 mai.)

_____________ Du 1er mai. _____________

10.   *Caisse à Compte à 1/2 P. et B.*
F. 80,000.
(Copier le brouillard.)   80,000
(Valeur 1er mai.)

_____________ Du 15. _____________

11.   *Caisse à Compte à 1/2 P. B.*
F. 330,000.
(Copier le brouillard.)   330,000
(Valeur 15 mai.)

_____________ Du 18. _____________

12.   *Benoit Compte à 1/2 P. et B. à Cte à 1/2 P. B.*
F. 199,500.
(Copier le brouillard.)   199,500
(Valeur 10 mai.)

_____________ Du 1er juin. _____________

13.   *Noël à Compte à 1/2 P. B.*
F. 100,000.
(Copier le brouillard.)   100,000
(Valeur 25 mai.)

_____________ Dudit. _____________

13.   *Compte à 1/2 P. B. à Caisse.*
F. 100,000.
(Copier le brouillard, même article que le précéd.)   102,000
(Valeur 25 mai.)

——————— Dudit. ———————

14.   *Compte à 1/2 P. et B. à Caisse.*
         F. 250.
         (Copier le brouillard.)   250
              (Valeur au 1er juin.)

——————— Du 12. ———————

15. *Benoit Cte à 1/2 P. B. à Compte à 1/2 P. B.*
         F. 139,630.
         (Copier le brouillard.)   139,630
              (Valeur 8 juin.)

——————— Dudit. ———————

16.   *Compte à 1/2 P. B. à Benoit.*
         F. 300.
         (Copier le brouillard.)   300

——————— Du 30. ———————

17.   *Compte à 1/2 P. B. à Noël.*
         F. 166 66.
         (Copier le brouillard.)   166   66

——————— Dudit. ———————

18. *Compte à 1/2 P. B. à Benoit, Cte à 1/2 P. P.*
         F. 1,027 76.
         (Copier le brouillard.)   1,027   76

——————— Dudit. ———————

19.   *Compte à 1/2 P. B. à P. et Pertes.*
         F. 753 03.
         (Copier le brouillard.)   753   03

——————— Du 30 juin. ———————

20. *Compte à 1/2 P. B. à Benoit, Cte à 1/2 P. et B.*
         F. 103,753 775.
         (Copier le brouillard.)   103,753 775 ¹

——————— Dudit. ———————

21.   *Compte à 1/2 P. B. à P. et Pertes.*
         F. 103,753 775.
         (Copier le brouillard.)   103,753 775

(1) Nous portons les bénéfices 103,753 fr. 775 jusqu'au 3e chiffre décimal pour que le partage soit fait *exactement.*

Grand Livre.

Compte de Noël, de Paris.

Mai,	25.	A Cte à 1/2 P. et B/ sa traite.	100,000		Mars,	12.	Compte à 1/2 P. et B. .	100,000	
		Solde créditeur. . . .	166	66	Juin,	30.	Par Cte à 1/2 P. B./ intér	166	66
			100,166	66				100,166	66

Compte de Benoit.

Avril,	15.	A Cte à 1/2, 10 mai.. .	50,000		Janv.,	8.	P. Cte à 1/2, 12 mai. . .	45,000	
Mai,	18.	A Cte à 1/2, 10 mai.. .	139,630		Mars,	17.	P. Cte à 1/2, 12 avril..	230,000	
Juin,	12.	A Cte à 1/2, 8 juin.. .	199,500		Juin,	30.	P. Cte à 1/2 (intérêts)..	300	
							P. Cte à 1/2 (bénéfices).	1,027	76
							P. Cte à 1/2 (magasin.).	103,753	775
			389,130					400,081	553
		Solde créditeur. . .	10,951	535					
			400,081	553				400,081	53

Compte de Pierre, de Bordeaux.

Mars,	15.	A Cte à 1/2, 15 mars. .	98,875		Janv.,	1er.	P. Cte à 1/2, 1er janv. .	20,000	
	12.	A Cte à 1/2, 1er mai. .	80,000		Mars,	12.	P. Cte à 1/2, 12 mars..	98,000	
Mai,	15.	A Cte à 1/2, 15 mai. .	330,000		Mars,	16.	P. Cte à 1/2, 16 mars..	50,000	
					Avril,	25.	P. Cte à 1/2, 15 avril. .	75,000	
						25.	P. Cte à 1/2, 10 mai. .	50,000	
					Juin,	1er.	P. Cte à 1/2, 25 mai. .	100,000	
						1er.	P. Cte à 1/2, 1er juin. .	250	
						30.	P. Cte à 1/2 (intérêts)..	753	03
						30.	P. Cte à 1/2 (bénéfices).	103,753	775
			508,875				Solde débiteur. . . .	11,118	195
								508,875	

Compte de Compte à 1/2 P. B.

Janv.,	1er.	A Pierre.	20,000		Mars,	15.	Par Pierre..	98,875	
	8.	A Benoit.	45,000		Avril,	25.	Par Benoit.	50,000	
Mars,	12.	A Pierre.	98,000		Mai,	1er.	Par Pierre.. . . .	80,000	
	1er.	A Noël...	100,000			15.	Par Pierre.. . . .	330,000	
	16.	A Pierre.	50,000		Juin,	1er.	Par Noël.	199,500	
	17.	A Benoit.	250,000			12.	Par Benoit.	100,000	
Avril,	25.	A Pierre.	75,000		Mai,	18.	Par Benoit.. . . .	139,630	
	»	A Pierre.	50,000						
Juin,	1er.	A Pierre.	100,000						
		A Pierre (magasinage)..	250						
		A Benoit (magasinage)..	300						
	30.	A Noël (intérêts).. . .	166	66					
		A Benoit (intérêts). . .	1,027	76					
		A Pierre (intérêts). . .	753	03					
		A Benoit (bénéfices). .	103,753	775					
		A Pierre (idem). . . .	103,753	775					
			998,005					998,005	

Maintenant qu'il ne reste plus de marchandises en magasin, que l'opération est terminée, il faut procéder au partage des bénéfices, et

Établir la position de chaque participant. Or, d'après les conventions stipulées, Pierre et Benoit doivent se tenir mutuellement compte de l'intérêt à 6 0/0 pour toutes les sommes qu'ils ont fournies, il faut donc faire leur compte courant avec compte à 1/2 P B.

Ces deux comptes donnent 1,027 76 pour Benoit, 753 03 pour Pierre et 166 66 pour Noël. Mais qui payera ces trois sommes? Évidemment elles seront prises sur les bénéfices, et le compte à 1/2 P B en sera débité au profit de Benoit, de Pierre et de Noël.

Nous avons maintenant tous les éléments pour établir le compte à 1/2 P R. Il nous donne pour différence entre le doit et l'avoir une somme de 207,507 55 dont la moitié pour chacun des participants est de 103,753 775. Cette somme portée à l'avoir de chacun des comptes, Benoit compte à 1/2 P B et Pierre compte à 1/2 P B, donne pour Pierre un solde débiteur définitif de 11,118 195, et pour Benoit un solde créditeur de 10,951 535. Le solde débiteur de Pierre se divisera, savoir : 10,951 535 pour Benoit, et 166 66 pour Noël.

Pierre devra faire compte de ces deux sommes à chacun des intéressés.

EXERCICES SUR LES COMPTES EN PARTICIPATION.

M. Paul de Bordeaux, Noël de Béziers, et Jules de Paris, conviennent d'une société en participation à tiers, pour spéculer sur les sucres, sur les vins et sur les cotons.

Ils ont fait les opérations suivantes, consignées sur les livres de Paul.

Brouillard de Paul.

Janvier 1ᵉʳ. M. Noël m'annonce qu'il a acheté 5,000 hectolitres de vin à 15 fr. l'hectolitre.

(Valeur 15 mai.)

— 2   M. Jules m'annonce, lettre d'aujourd'hui, qu'il a acheté pour 220,000 fr. de coton. Escompte 2 0/0.

(Valeur 2 mars.)

— 5   J'ai acheté à Léopold pour 70,000 fr. de sucre. J'ai payé par mon Billet à s/ordre, au 5 mars.

(Valeur 5 mars.)

— 7   J'ai reçu avis de M. Noël qu'il avait fait une affaire de 10,000 hectolitres de vin à 13 fr. 50 l'hectolitre. Escompte 5 0/0.

(Valeur 7 juin.)

— 10   J'ai accepté une traite de 50,000 fr. que M. Noël a fournie sur moi pour le compte en participation.

(Valeur 15 mai.)

— 25 M. Jules m'annonce (lettre du 14) qu'il a acheté, au comptant, 3 0/0 d'escompte, 250,000 fr. de coton. Il m'annonce qu'il a fourni sur M. Noël, et pour le compte en participation, une T/ de 100,000 fr. dont ce dernier doit être crédité.

(Valeur 20 janvier.)

Février 4 J'ai acheté à M. Arquier, de Libourne, 100,000 kilog. de sucre à 125 fr. les 100 kilos, escompte 3 0/0, au comptant. J'ai fourni *à vue*, et à l'ordre de mon vendeur, une T/ de 60,000 fr. sur M. Noël, de Béziers.

(Valeur 6 février.)

— 6 M. Noël m'annonce (lettre du 1er) qu'il a vendu à M. Hely d'Alger, 10,000 hectolitres de vin, à 16 fr. 45 l'hectolitre, sans escompte. Le payement lui en a été fait, savoir : la moitié au comptant, l'autre moitié en une traite sur Jules de Paris au 1er avril.

(Valeur 1er avril et 1er février.)

— 8 M. Jules a vendu (lettre du 6) pour 180,000 fr. de coton au comptant. Sur cette somme il a envoyé à Noël 100,000 fr. en une traite sur le comptoir de Béziers. Il a payé pour cette traite 1/4 de commission.

(Valeur 6 février et 8 février.)

— 15 Je vends à M. Crozes pour 25,000 fr. de sucre, escompte 2 0/0. Il me donne en payement une traite de pareille somme sur M. Louis de Toulouse.

(Valeur 15 mars.)

— 26 M. Noël m'annonce qu'il a vendu ce qui lui restait de vin, en 76,000 fr., escompte 2 0/0. Il a été payé en une traite de 50,000 fr., valeur au 26 mai, et le reste en espèces.

(Valeur 26 février et 26 mai.)

Mars 15 M. Jules m'annonce (lettre du 10 mars) qu'il a vendu à Pierre, d'Alger, pour 300,000 fr. de vin, payable moitié comptant, moitié le 15 mai.

(Valeur 15 mars et 15 mai.)

— 20 J'achète au comptant à M. Deville pour 180,000 fr. de sucre, escompte 3 0/0.

(Valeur 20 mars.)

— 28 J'ai vendu à M. Barthélemy, de Marseille, pour 140,000 fr. de sucre qu'il m'a payés, savoir : 40,000 fr. en espèces, et le reste en une traite au 15 avril sur la Banque de France.

(Valeur 28 mars et 15 avril.)

Avril 20 M. Jules a vendu (lettre du 15 avril) ce qui lui restait de coton pour 100,000 fr., payables le 12 juillet. Il a négocié une traite de pareille somme sur son acheteur sur laquelle il a perdu 1/4 de commission, soit 250 fr.

(Valeur 12 avril.)

Mai 25 J'ai vendu à M. Dullers, de Genève, et au comptant, tout ce qui me restait de sucre en magasin, pour la somme de 195,000 fr. Il m'a donné 95,000 fr. en espèces et 100,000 fr. en une traite sur le comptoir d'escompte de Paris.

(Valeur 25 mai et 20 juin.)

Solution des Exercices du compte en participation à tiers.

1.   *Compte à 1/3 J. P. N. à Noël, Compte à 1/3 J. P. N.*   75,000
(Valeur 15 mai.)

2.   *Compte à 1/3 J. P. N. à Jules, Compte à 1/3 J. P. N.*   215,600
(Valeur 2 mars.)

3.   *Compte à 1/3 J. P. N. à B/ à Payer.*   70,000
(Valeur 5 mars.)

4.   *Compte à 1/3 J. P. N. à Noël, Compte à 1/3 J. P. N.*   128,250
(7 juin.)

5.   *Compte à 1/3 J. P. N. à B/ Payer.*   50,000
(15 mai.)
Noël Compte à 1/3 J. P. N., à Compte à 1/3 J. P. N.   50,000
(15 mai.)

6.   *Compte à 1/3 J. P. N., à Jules Compte à 1/3 J. P. N.*   242,500
(20 janvier.)
Jules Compte à 1/3 J. P. N., à Noël Cte à 1/3 J. P. N.   100,000
(20 janvier.)

7.   *Compte à 1/3 J. P. N., à Noël Compte à 1/3 J. P. N.*   60,000
(6 février.)
Compte à 1/3 J. P. N. à Caisse.   61,250
(Valeur 4 février.)

8.   *Noël Compte à 1/3 J. P. N., à Compte à 1/3 J. P. N.*   82,250
(Valeur 1er février.)
id. . . . . id. . . . . id. . . . id. . .   82,250
(Valeur 1er avril.)

9.   *Jules Compte à 1/3 J. P. N., à Compte à 1/3 J. P. N.*   79,875
(6 février.)
Noël Compte à 1/3 J. P. N., à Compte à 1/3 J. P. N.   100,000
(8 février.)

10.   *B. Recevoir à Compte à 1/3 J. P. N..*   24,500
(15 mars.)

11.
{ *Noël Compte à 1/3 J. P. N., à Compte à 1/3 J. P. N.*   50,000
            (26 mai.)
{ id. . . . . id. . . . id. . . . id. . .   24,480
            (Valeur 26 février.)

12.
{ *Jules Compte à 1/3 J. P. N., à Compte à 1/3 J. P. N*   150,000
            (15 mars.)
{ id. . . . id. . . . id. . . . id. . .   150,000
            (Valeur 15 mai.)

13.   *Compte à 1/3 J. P. N. à Caisse.* 174,600
            (20 mars.)

14.
{ *Caisse à Compte à 1/3 J. P. N.* 40,000
            (28 mars.)
{ *B/. Recevoir à Compte à 1/3 J. P. N.* 100,000
            (15 avril.)

15.   *Jules Compte à 1/3 J. P. N., à Compte à 1/3 J. P. N.*   99,750
            (12 avril.)

16.
{ *Caisse à Compte à 1/3 J. P. N.* 95,000
            (25 mai.)
{ *B. Recevoir à Compte à 1/3 J. P. N.* 100,000
            (20 juin.)

Résultat de la spéculation.

Les bénéfices ont été de.   . . . . 148,249 fr. 14 c.
Soit, pour chacun.   . . . . . . 49,416 fr. 38 c.
Paul a eu d'intérêt. . . . . 3,140 fr.
Jules. . . . . 1,080 fr. 40 c.
Noël au contraire a eu à faire compte à la participation de 1,564 fr. 54 c. pour les intérêts.
De sorte que,
Jules doit. . . . . 71,028 fr. 22 c
       Savoir :
A Noël.. . . . . . 22,121 84 }
A Paul.. . . . . . 48,906 38 } 71,182 fr. 90 c.

Nota. Dans les intérêts de Paul on a négligé 3 centimes.

UN MOT SUR LA COMPTABILITÉ INDUSTRIELLE ET MANUFACTURIÈRE, ET SUR LA MANIÈRE DE L'ÉTABLIR.

De l'Industrie. — On peut dire, d'une manière générale, que l'Industrie consiste dans la *transformation* de la matière *première* en marchandise destinée à la consommation.

La comptabilité industrielle diffère de la comptabilité commerciale.

La comptabilité commerciale, dégagée de toutes les opérations qui en rendent quelquefois l'application difficile, se réduit, en dernière analyse, à *établir*, PAR DES LIVRES, *le bénéfice ou la perte que l'on fait sur une* MARCHANDISE *que l'on* REVEND *après l'avoir* ACHETÉE.

La comptabilité industrielle, également dégagée de toute opération, se réduit à *établir*, PAR DES LIVRES, *le bénéfice ou la perte que l'on fait sur une* MATIÈRE PREMIÈRE *que l'on* REVEND *transformée à l'état de* MARCHANDISE.

Or, pour calculer ce bénéfice ou cette perte deux choses sont indispensables : le *prix de vente*; le *prix d'achat*.

Prix de vente. — Le prix de vente sera fourni par les comptes de la comptabilité commerciale.

Prix d'achat. — Mais, le prix d'achat, qui n'est autre que le prix de revient, ne pourra être donné que par des livres *spéciaux* différents pour chaque industrie.

Posons tout d'abord quelques chiffres pour établir un prix de revient, d'abord par le calcul, avant de l'*établir* par les livres.

Bien que ces chiffres n'aient qu'un intérêt secondaire dans ce travail, néanmoins nous les donnons comme exacts, parce que nous les avons puisés à bonne source. Les voici :

1° La laine, achetée en suint, perd au lavage et au séchage, suivant qualité, de 30 à 80 $\%$. Nous supposerons un rendement de 40 $\%$ ou une perte de 60 $\%$.

2° Elle perd en outre au batteusage et au triage de 2 à 3 $\%$.

3° Enfin, au tissage, elle perd encore de 1 à 2 $\%$.

Les frais donnent les chiffres suivants :

1° Lavage et séchage (par kilo de rendement).	0 fr.	10 c.
2° Triage et batteusage. id.	»	40
3° Teinture. id.	2	
4° Filature. id.	»	80
5° Tissage (par mètre).	0	40
6° Apprêts (foulage, pliage, rame, etc.)	»	70

Le mètre de drap de bonne fabrication doit peser 700 grammes.

Établissons maintenant d'après ces données et *par le calcul*, le prix de revient du mètre de drap.

Supposons qu'un fabricant ait pris une fourniture de drap pour l'armée, et qu'il veuille se rendre un compte exact du prix de revient. Supposons, en outre, qu'il fasse l'expérience sur 3,000 k. laine d'Afrique qu'il achètera en suint, à raison de 2 fr. 50 c. le kilogramme.

Ces 3,000 k. donneront, après séchage,   1,200 kilos
après batteusage,   1,164 id.
après tissage,   1,130 id.

et, enfin, 1,614 mètres de drap. $\dfrac{1,130,000}{700}$ *

Le mètre de drap pour l'armée a un poids déterminé. Nous l'avons supposé de 700 grammes.

Établissons maintenant la dépense.

1° La matière 1re coûtera :	3,000×2,50	7,500 fr.	
2° Le séchage.	0,10×1,200	120	
3° Batteusage et triage.	0,40×1,164	465	60
4° Teinture.	2,00×1,164	2,328	
5° Filature.	0,80×1,164	931	20
6° Tissage.	0,40×1,614	645	60
7° Apprêts.	0,70×1,614	1,129	80
	Total :	13,120 fr. 20 c.	

Ce qui donne pour prix de revient du mètre $\dfrac{13,120}{1,614} = 8,13$.

Voilà ce que le *calcul* nous fournit. Voyons comment nous le retrouverons sur les livres.

Nous *ajouterons* aux comptes du Grand-Livre, *un nouveau compte général*, celui de FABRICATION. Nous le considérerons comme un individu chargé spécialement de *payer tous les frais* occasionnés par la *fabrication*. Il sera donc en rapport avec le lavage, le triage, etc. auxquels il faudra *ouvrir* un compte soit sur le Grand-Livre, soit sur un livre à part; et en rapport avec la Caisse, qui lui fournira les fonds pour effectuer tous ces payements.

La comptabilité industrielle nécessitera donc la création d'un compte de

Matières premières ;
Lavage et séchage ;
Batteusage et triage ;
Teinture ;
Filature ;
Tissage ;
Apprêts.

Nous pouvons maintenant dresser le Journal et le Grand-Livre de cette comptabilité.

---

* 1,130,000 grammes provenant du tissage divisé par 700 grammes — poids du mètre de drap.

Journal.

— Du 1er mai 1865. —

Acheté au comptant 3,000 kilos laine suint Afrique, à 2 fr. 50 le kilo. Ensemble 7,500 fr.

Fabrication à Caisse : F. 7,500. — 7,500

— Dudit. —

Matières premières à fabrication. — 3,000

Article précédent.

— Du 2 dit. —

Lavage et séchage à matières premières.

Envoyé au lavage les 3,000 kilos ci-dessus. — 3,000

— Du 5. —

Batteusage et triage à lavage et séchage. — 1,200

Remis au batteusage 1,200 kilos provenant du lavage.

— Du 10. —

Teinture à batteusage et triage. — 1,164

Remis à la teinture 1,164 kilos provenant du batteusage.

— Du 12. —

Filature à teinture. — 1,164

Remis à la filature les 1,164 kilos laine provenant de la teinture.

— Du 15. —

Tissage à filature. — 1,164

Remis au tissage 1,164 kilos laine, qui ont produit 1,614 mètres de drap, ou en poids 1,130 kilos de matière fabriquée.

— Du 18. —

Apprêts à tissage. — 1,614 mèt.

Envoyé aux apprêts 1,614 mètres de drap provenant des 1,164 kilos de laine filée.

— Du 20. —

Marchandises à Divers : F.

A matières premières. Achat de laine.	7,500		
A lavage et séchage.	120		
A batteusage et triage.	465	60	
A teinture.	2,328		13,120 20
A filature.	931	20	
A tissage.	645	60	
A apprêts.	1,129	80	

Envoyé au magasin les 1,614 mètres de drap provenant des apprêts.

— Du 20 dit. —

Fabrication à Caisse : F. 5,620 20.

Pris à la caisse 5,620 fr. 20 pour les paiements ci-après. — 5,620   20

— Du 20 dit. —

Divers à Fabrication : F. 5,620 20.

Lavage et séchage.	120		
Batteusage et triage.	465	60	
Teinture.	2,328		5,620 20
Filature.	931	20	
Tissage.	645	60	
Apprêts.	1,129	80	

Grand-Livre.

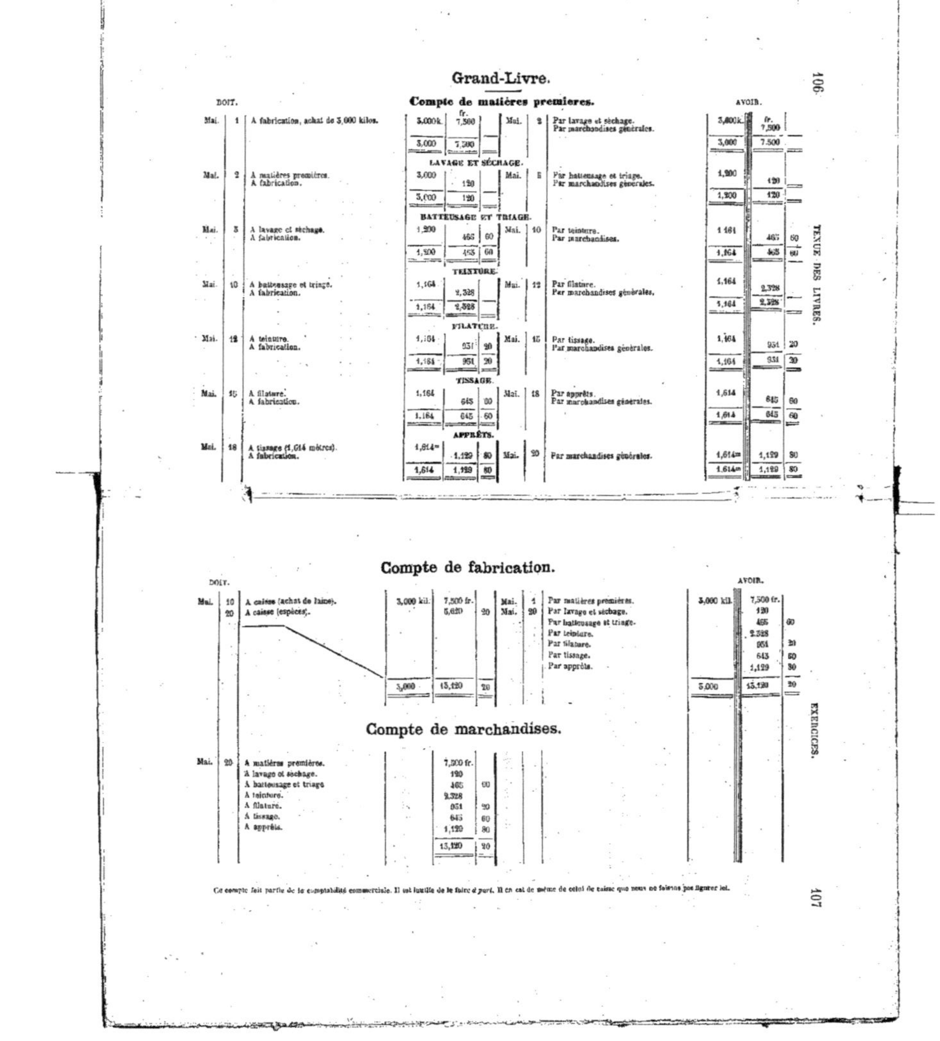

Compte de matières premières.

DOIT			fr.		AVOIR			fr.	
Mai 1	A fabrication, achat de 3,000 kilos.	3,000k	7,500		Mai 2	Par lavage et séchage. / Par marchandises générales.	3,000k	7,500	
		3,000	7,500				3,000	7,500	

LAVAGE ET SÉCHAGE.

DOIT					AVOIR				
Mai 2	A matières premières. / A fabrication.	3,000	120		Mai 5	Par batteusage et triage. / Par marchandises générales.	1,200	120	
		3,000	120				1,200	120	

BATTEUSAGE ET TRIAGE.

DOIT					AVOIR				
Mai 5	A lavage et séchage. / A fabrication.	1,200	465	60	Mai 10	Par teinture. / Par marchandises.	1,164	465	60
		1,200	465	60			1,164	465	60

TEINTURE.

DOIT					AVOIR				
Mai 10	A batteusage et triage. / A fabrication.	1,164	2,328		Mai 12	Par filature. / Par marchandises générales.	1,164	2,328	
		1,164	2,328				1,164	2,328	

FILATURE.

DOIT					AVOIR				
Mai 12	A teinture. / A fabrication.	1,164	951	20	Mai 15	Par tissage. / Par marchandises générales.	1,164	951	20
		1,164	951	20			1,164	951	20

TISSAGE.

DOIT					AVOIR				
Mai 15	A filature. / A fabrication.	1,164	645	60	Mai 18	Par apprêts. / Par marchandises générales.	1,614	645	60
		1,164	645	60			1,614	645	60

APPRÊTS.

DOIT					AVOIR				
Mai 18	A tissage (1,614 mètres). / A fabrication.	1,614m	1,129	80	Mai 20	Par marchandises générales.	1,614m	1,129	80
		1,614	1,129	80			1,614m	1,129	80

Compte de fabrication.

DOIT					AVOIR				
Mai 10	A caisse (achat de laine).	3,000 kil.	7,500 fr.		Mai 1	Par matières premières.	3,000 kil.	7,500 fr.	
Mai 20	A caisse (espèces).		5,620	20	Mai 20	Par lavage et séchage.		120	
						Par batteusage et triage.		465	60
						Par teinture.		2,328	
						Par filature.		951	20
						Par tissage.		645	60
						Par apprêts.		1,129	30
		3,000	13,120	20			5,000	13,120	20

Compte de marchandises.

DOIT			fr.	
Mai 20	A matières premières.		7,500 fr.	
	A lavage et séchage.		120	
	A batteusage et triage		465	60
	A teinture.		2,328	
	A filature.		951	20
	A tissage.		645	60
	A apprêts.		1,129	80
			13,120	20

Ce compte fait partie de la comptabilité commerciale. Il est inutile de le faire à part. Il en est de même de celui de caisse que nous ne faisons pas figurer ici.

Remarques sur le Grand-Livre.

Compte de *lavage*. Ce compte fait voir qu'il a reçu :

1° 3,000 kilos laine suint.   (Doit).

2°   120 francs.   (Doit).

3° Et qu'il n'a donné que 1,200 kilos de laine (Avoir). C'est-à-dire que la laine a *perdu* 1,800 kilos (3,000-1,200) ou 60 °/₀ — et qu'elle a coûté de lavage 120 francs.

Compte de batteusage. — Ce compte indique aussi une entrée de 1,200 kilos et une sortie de 1,164 — soit une *perte* de 36 kilos ou 3 °/₀. — Il fait connaître encore le *coût* de cette opération. Il en est de même des autres comptes, ils *indiquent la perte que subit la matière première dans les diverses transformations qu'elle subit, et le coût de chaque opération.*

Avantage de ces livres. — On comprend de quelle utilité sont ces livres pour le fabricant; ils lui permettent, lorsqu'il opère sur une laine qu'il a déjà expérimentée, d'en connaître, *par avance*, le rendement, et, par suite, le prix de revient du *mètre.*

Quant au compte de fabrication, il se trouve toujours soldé, puisqu'à mesure qu'il est débité par caisse, il est crédité par les comptes de lavage, teinture, etc., auxquels il *distribue* l'argent qu'*il* reçoit de la Caisse.

Enfin, le compte de Marchandises (comptabilité commerciale) devra être *débité au profit de chaque compte*, de la part qui revient à chacun dans la fabrication de la marchandise.

De ce qui précède *il* résulte :

Que pour établir une comptabilité industrielle il faut : — AJOUTER aux comptes généraux du Grand-Livre — un compte de FABRICATION; *ouvrir*, soit sur le Grand-Livre, soit sur un registre à part des comptes à chacune des opérations, que comporte la fabrication; *mettre* ces comptes en rapport avec Fabrication (ce *dernier seul*, avec le compte de *Caisse*); enfin, *solder* les comptes représentant les diverses opérations, par celui de Marchandises générales.

OBSERVATION. — Au prix de revient, tel que nous venons de le calculer, il conviendrait d'ajouter un tant °/₀ pour dépréciation du mobilier; un tant °/₀ pour l'intérêt des capitaux engagés; mais, ces deux éléments sont mieux à leur place dans la *cote* de la marchandise à *la vente.*

Ce que nous venons de faire pour l'industrie des draps, nous le ferions pour une industrie quelconque. Nous avons choisi celle-là à cause du grand nombre d'opérations qu'elle comporte.

Cet exemple suffira, nous l'espérons, pour faire comprendre comment on établit une comptabilité industrielle.

EXERCICES.

Comptes courants.

*M. B. doit à M. A. son compte courant et d'intérêts réglé à 6 0/0 l'an
au 30 juin.*

Doit.

7 Janvier. — Facture. — Valeur.			7 Mars.	275.75
12 Mars.	—	—	12 Mai.	4287.30
19 Avril.	—	—	15 Juin.	740.35
5 Mai.	—	—	5 Juillet.	948.75
17 Juin.	—	—	17 Août.	1730.85
20 Juin. — Espèces.	—		20 Juin.	678

Avoir.

9 Février. — Billet. — Valeur.	14 Mai.	475	} 2210,40
— — —	18 Juin.	1735.40	}
18 Mars. — Traite.	—	18 Août.	4710,50
12 Mai. — Mandat.	—	1er Sept.	500
13 Juin. — Espèces.	—	13 Juin.	2000

Régler ce compte :

1° Par la méthode ancienne.
2° Par la méthode nouvelle.
3° Par la méthode hambourgoise.

M. P. a Remis à N. B. le compte courant suivant réglé à 5 0/0 l'an.
Le 31 décembre il prend 1/4 pour *débours* de caisse sur toutes les sommes qu'il a remises à B ou qu'il a payées pour lui ; — il prend en outre une commission qui varie suivant les places, — pour toutes les valeurs qu'il a reçues. — Voici la situation de B.

Doit.

1er Juillet. — Solde de l'ancien compte, valeur.	1er Juillet.	187.95
13 Juillet. — Espèces.	13 Juillet.	2435
7 Août. — Paye une traite.	7 Août.	985.75
14 Sept. — Remis en espèces.	14 Sept.	2300
19 Oct. —	19 Oct.	4730
25 Nov. —	25 Nov.	2130.55
14 Déc. — Payé en compte.	14 Déc.	75.80

Avoir.

25 Juillet. — Sa remise. — Valeur.	9 Décemb. 2125.10 com^{on} 1/8
7 Sept. — —	14 Mars. 4530.80 — 1/4

<table>
<tr><td>12 Oct.</td><td>—</td><td>{</td><td>1 17 Janvier.</td><td>370.85</td><td>—</td><td>1/6</td></tr>
<tr><td></td><td></td><td></td><td>19 Mars.</td><td>3000.70</td><td>—</td><td>1/4</td></tr>
<tr><td></td><td></td><td>{</td><td>7 Janvier.</td><td>17.40</td><td>—</td><td>1/8</td></tr>
<tr><td>13 Sept.</td><td>—</td><td></td><td>12 Déc.</td><td>119.50</td><td>—</td><td>1/6</td></tr>
<tr><td></td><td></td><td></td><td>13 Mars.</td><td>375</td><td>—</td><td>3/4</td></tr>
<tr><td></td><td></td><td>(</td><td>15 Avril.</td><td>860</td><td>—</td><td>3/8</td></tr>
</table>

Régler ce compte par chacune des 3 méthodes.

Journal.

—

Avril.   **Du 1er avril.**

1 J'achète à M. A de Bordeaux, pour le compte B de Paris, 1,000 kilos (de march.) à 5 fr. 75 le kilo, escompte 3 0/0. Je donne en
payement le B/ Paul sur Jules à M/ O/ au 10 avril de 900 fr.
Je paye le reste en espèces.

Du 2 avril.

2 M. A me remet deux effets nᵒˢ 2107 et 2108, le 1er de 4,000 francs
15 mai, sur Bordeaux, le 2e de 3,500 francs au 17 juin, sur Nantes. Je les lui escompte à 6 0/0 et une commission de 1/4 0/0
sur Bordeaux et 2/5 0/0 sur Nantes. Je porte à son avoir 3,400 fr.
Je lui solde le reste par M/ B/ à vue à S/ O/ sur C, mon banquier.

Du 3 avril.

3 M. B m'envoie son compte courant conforme à mes livres. Il se
solde par 2,745 75, dont 310 95 pour les intérêts et les commissions. Je lui en compte le montant en lui souscrivant un billet
de pareille somme augmentée de, intérêts à 6 0/0 jusqu'à son
échéance, 15 mai.

Du 4 avril.

4 J'ai réglé avec D deux lettres de voiture s'élevant à F. 206 50. J'ai
retenu sur cette somme 75,20 montant d'une avarie.

Du 4 avril.

5 B m'annonce qu'il a vendu à C au prix de 250 75 la marchandise
que D nous avait laissée pour compte et dont il était débité sur
livres Fr. 255,85.

Du 5 avril.

6 P m'envoie les 3,400 kilos de (march. quelconque) que je lui avais
achetés à raison de 1,80 le kilo, escompte 3 0/0. J'ai payé 265 40
pour la lettre de voiture. Je lui donne en payement un B/ sur
R. Nᵒ 3450 — au 15 juin de 5,000 fr. sous déduction de 6 0/0
d'escompte. Je lui solde la facture en lui donnant une lettre de
crédit de l'excédant sur C mon banquier.

Du 5 avril.

7   J'ai adressé à B 500 kilos (march.) à 125,75 les 0/0 kilos, escompte
2 0/0. J'ai fourni en même temps sur B à M/ O/ un mandat
n° 3456 au 1ᵉʳ juin de 300 fr., et pour le surplus, un autre mandat, à la même échéance, à l'ordre de C mon banquier. J'ai
crédité Léon, qui a fait cette vente, de 2 0/0 de commission.

Du 6 avril.

8   J'ai accédé au concordat de la faillite de Bon — à raison de 60 0/0.
J'ai reçu, à cet effet, un Billet de Fr.... fin courant sur X liqui-
dateur. Je solde le compte de Bon, qui s'élevait à 8,340 fr. 50.
N° du Billet 3456.

Du 7 avril.

9   J'ai escompté à M. H une traite de 10,000 fr. au 25 juin. Je lui ai
donné en payement le Billet n° 3456 ci-dessus. Nous nous te-
nons mutuellement compte de l'intérêt à courir à raison de
6 0/0 l'an. Je lui solde le reste en espèces.

Du 8 avril.

10   J'ai adressé à B son compte courant se soldant en sa faveur par
2,375 05. Les intérêts et les commissions en ma faveur s'élèvent
à Fr. 727 95 valeur du 1ᵉʳ avril.

Du 9 avril.

11   M. B m'a chargé de payer pour lui à M. D une somme de 1,200 75.
J'ai effectué ce payement en lui donnant un mandat, n° 3111 au
10 juin sur E de 1,500 80 dont j'ai distrait l'escompte 6 0/0 jusqu'à l'échéance. Il m'a remboursé l'excédant en un mandat à
vue n° 3457 sur Philippe.

Du 9 avril.

12   J'ai encaissé les deux billets nᵒˢ..... s'élevant à Fr. 2,375 87, sur
lesquels je n'ai reçu que 2,375 85.

Du 10 avril.

13   B me renvoie les 500 kilos (march.) que je lui ai expédiés le 5 sur
l'ordre de Léon. J'ai payé 18 francs pour le port.

Du 11 avril.

14   C, banquier, me renvoie le mandat n° 3456 que j'avais fourni sur
B le 5. Les frais de protêt et autres se sont élevés à 6 15.

Du 12 avril.

15   M. D me prête une somme de 2,000 fr. que je m'engage à lui rembourser dans 90 jours avec l'intérêt à 6 0/0. Je lui souscris à cet
effet M/ B. N° 3458 à S/ O/ au 12 juillet.

Du 13 avril.

16   Je rectifie la facture R portée à 2,425 au lieu de 2,245 francs qui
est le chiffre véritable.

Du 14 avril.

17   B me renvoie l'emballage coté 4,50 sur facture. Il me solde cette facture qui s'élève à 425 fr. en retenant 3 0/0 pour les 37 jours à courir.

Du 15 avril.

18   B me donne un billet de 1,200 fr. sur D, n° 3459 — à 45 jours. Je le lui escompte à 5 0/0 et 1/4 de commission. Je lui donne en payement un Billet Jean n° 3007 fin courant de 1,500 francs — dont je déduis l'escompte 5 0/0. Enfin, il me donne l'excédant en une barrique d'eau-de-vie de 450 fr. Escompte 2 0/0. Je lui solde la différence en espèces.

Du 16 avril.

19   J'ai acheté à P, de compte à demi avec A, pour 16,000 francs de marchandises. J'en ai effectué le payement comme il suit :
9,000 francs par le Billet n° 3001 sur Jules à M/ O/ fin courant
5,000 par M/ B/ à S/O/ n° 3460 sur C, mon banquier, fin courant et le reste en espèces. La vente est faite à 3 0/0 d'escompte. A a fait prendre immédiatement sa part.

Du 17 avril.

20   Je vends à B pour 6,000 francs de marchandises, 2 0/0 d'escompte. Il me donne en payement M/ B/ O/ P n° 3460 de 5,000 francs. Je l'accepte sous déduction de 6 0/0 d'escompte et un B/, à vue, sur Léon n° 3461. Je lui rembourse l'excédant en espèces.

Du 18 avril.

21   A m'annonce qu'il a payé pour moi à R le solde de mon compte courant s'élevant à Fr. 2,320 75 et qui se compose, savoir : 2,100 fr. en capital et 220,75 intérêts et commissions.

Du 19 avril.

22   J'ai renvoyé à B l'emballage coté 12,10 sur la facture de mars — s'élevant en totalité à 2,000 50 — payables au 25 mai. J'en ai déduit l'escompte 3 0/0 pour tout le temps à courir. J'ai fourni à cet effet à S/ O/ sur C., banquier, une traite de pareille somme à 5 jours de vue.

Du 20 avril.

23   J'ai vendu à B de Lyon 3,000 francs de vin, escompte 3 0/0 ; il m'a donné en payement 4,500 fr. de bougies, escompte 2 0/0. Je lui ai fait compte de l'excédant en souscrivant à S/ O/ à un mois un Billet n° 5462 de la différence — à 60 jours et augmenté de l'intérêt à 6 0/0.

Du 22 avril.

24   J'ai fourni sur B de Toulouse — et à l'ordre de C mon banquier — une traite de francs 2,500 — en payement de sa facture du avril de Fr. 2,500 25, et pour solde.

Du 23 avril.

25 J'ai reçu de B 2,500 75 de marchandises — que j'ai cédées à D moyennant un bénéfice de 5 0/0 — valeur 15 mai.

Du 23 avril.

26 J'ai acheté à R de Lyon 1000 kilos de 1,75 le kilo 12 0/0 escompte. Je paye 3,000 francs en espèces — et le reste en M/ B/ à S/ O/ sur N.

Du 24 avril.

27 B me donne par sa lettre d'aujourd'hui rectification de sa facture d'hier sur laquelle figuraient 17,25 de trop.

Du 26 avril.

28 B me charge de payer à C pour son compte 2,500. Je fais ce payement en souscrivant à C M/ B/ de 2,000 francs au 24 mai. Augmenté de l'intérêt 6 0/0. — Je paye le reste en espèces.

Du 25 avril.

29 J'ai envoyé à B 1000 kilos de...... à 5 20 pour être vendus pour mon compte — avec commission de 2 0/0 sur le prix de vente. J'ai payé pour le port 48,75.

Du 26 avril.

30 M. B m'a rendu les 500 fr. que je lui avais prêtés, plus 5,10 pour les intérêts. Il m'a remis à cet effet une valeur n° 3463 de 350 francs, sur X, à vue, et le reste en espèces.

Du 28 avril.

31 J'ai payé à R mon loyer — 600 francs. — Il a pris en payement des futailles vides pour 80 francs. Je lui ai donné le reste en espèces.

Du 30 avril.

32 J'ai payé — pour divers frais — sur mon procès avec F : 250 francs. J'ai été condamné à un rabais de 3 0/0, soit 734 55 — au profit de F.

NOTA. — Dans ces exercices nous n'avons donné que des initiales. Les maîtres pourront les remplacer par des noms propres. Nous nous sommes abstenus également de désigner l'espèce de marchandise.

CHAPITRE III

Notions sur les Chemins de fer, les Banques et Sociétés de crédit, les Docks, les Warrants, le Drawbach et les Chèques, le Budget et les Rentes sur l'État, les opérations de Bourse, les matières d'or et d'argent, le Change, les Caisses de retraite pour la vieillesse et les assurances sur la vie.

CHEMINS DE FER.

Les deux **premières grandes lignes** de chemin de fer établies en France sont celles de Paris à Orléans et de Paris à Rouen; elles remontent à 1838 et 1840. Déjà, depuis longtemps, à cette époque, les nations voisines et notamment l'Angleterre, la Belgique et l'Allemagne avaient leurs voies ferrées.

Ordinairement, les chemins de fer **sont construits par des Compagnies**, auxquelles le gouvernement accorde des subventions plus ou moins considérables, selon que le revenu présumé de la ligne, eu égard aux frais d'établissement, est plus ou moins élevé.

Ces Compagnies, à la tête desquelles figurent les plus riches capitalistes, divisent le capital présumé à employer, en **actions**, qui sont d'ordinaire de 500 fr. Si la ligne projetée donne l'espoir d'un bon revenu, les actions sont bien vite placées; dans le cas contraire, le placement devient plus difficile et l'État doit, pour le succès de l'entreprise, **garantir aux actionnaires** un revenu *minimum* de 4 0/0, soit de 20 francs par action de 500 fr.

La concession est faite, ordinairement, pour une durée de 100 ans. A l'expiration des cent ans, toutes les lignes appartiendront à l'État.

Le kilomètre de voie ferrée **coûte**, en moyenne, en France, 428,000 fr., dont 357,000 à la charge des compagnies, et 71,000 fr. à la charge de l'État. En Angleterre, ce coût est de 530,000 fr.; en Belgique de 270,000 fr.; de 210,000 fr. en Allemagne, et de 126,000 fr. aux États-Unis.

Le **développement** total des voies ferrées en France a, jusqu'à ce jour, nécessité de la part de l'État une subvention de plus d'un milliard.

Les **frais d'exploitation** sont évalués à 43 0/0 de la recette brute. On compte 5 0/0 pour le renouvellement de la voie, estimée à 130,000 fr. par kilomètre, 5 0/0 pour le renouvellement du matériel, sur une estimation de 60,000 fr. par kilomètre.

Le **revenu brut moyen** des chemins de fer a été, pour 1863, de

45,000 fr. par kilomètre; or, comme les recettes dépendent du **nombre des voyageurs** et de la **quantité de marchandises** transportées, c'est-à-dire du développement industriel et commercial d'un pays, ce revenu kilométrique est essentiellement variable, et partant, le *dividende* ou le bénéfice *net*, attribué à chaque action, varie tous les ans; c'est pourquoi les actions des chemins de fer, dont la vente est autorisée à la Bourse, font partie de la *spéculation*.

De la **différence de revenu** découle la **différence de prix** des actions. Aussi, tandis quele chemin de fer du Nord était coté, en 1865, à 1,065 avec un revenu de 67 par action, celui de l'Ouest, d'un revenu de 39 fr., ne coûtait que 520 fr. En règle générale, le prix d'une valeur quelconque est en raison du revenu qu'elle donne.

Le revenu net attribué à chaque action, ou le *dividende*, est distribué **tous les six mois**. Voici ce qu'il a été pour les deux semestres de 1864. Orléans 100 fr.; Nord 67 fr.; Est 33 fr.; Paris-Lyon-Méditerranée 65 fr.; Midi 42,50 fr.; Ouest 39 fr.

Droits de l'État. — L'État s'est réservé le droit, quinze ans après la concession, de prendre possession, à quelque époque que ce soit, des lignes concédées, moyennant une indemnité, pour chacune des années à courir. Cette indemnité sera calculée sur la moyenne des recettes des sept dernières années, qui précéderont la prise de possession.

Charges des Compagnies. — Les obligations des compagnies sont les suivantes : 1° obligation de rendre la ligne en bon état à l'expiration de la concession; 2° réduction des 3/4 sur le prix de transport de la troupe; 3° transport des dépêches, à raison de 75 centimes par voiture et par kilomètre, et avec une vitesse qui ne peut être moindre de 40 kilomètres à l'heure; 4° organisation d'un service télégraphique sur toutes les lignes.

Garanties de l'État. — Les lignes concédées, depuis 1859, constituent le nouveau réseau. Ces lignes comprennent un grand nombre d'embranchements secondaires, qui sont onéreux aux compagnies et qui font que le revenu kilométrique des nouvelles voies est loin d'égaler celui de l'ancien réseau. Aussi, l'État garantit aux compagnies concessionnaires du nouveau réseau un intérêt de 4 fr. 65 0/0, sur le capital dépensé. Ce revenu de 4 fr. 65 0/0 est obtenu :

1° Par la recette ordinaire;

2° Par l'excédant de revenu kilométrique de l'ancien réseau, au-dessus d'un chiffre qui varie suivant les lignes;

3° Enfin, par l'État.

Si les revenus du nouveau réseau augmentent de manière à donner un revenu supérieur à 4 fr. 65 0/0, l'excédant sera employé à *rembourser à l'État* les avances qu'il aura faites, avec les intérêts calculés à 4 0/0.

Si, à l'expiration de la concession, l'État est créancier, les sommes qui lui seront dues seront prises en déduction, sur le prix du matériel.

En outre, des obligations ci-dessus, les compagnies sont *tenues de soumettre à l'approbation ministérielle les prix de transport,* soit pour les voyageurs, soit pour les marchandises.

Voici ce tarif :

Voyageurs	1ʳᵉ classe	2ᵉ classe	3ᵉ classe	Chiens
par kilomètre	0,10	0,075	0,055	0,045

Bagages   0,36 par tonne et par kilomètre.

Bestiaux   0,10 {par tête et par kilomètre pour la race chevaline et bovine.

Veaux   0,04 par tête et par kilomètre.

Espèce ovine   0,016 par tête et par kilomètre.

Marchandises	1ʳᵉ classe	2ᵉ classe	3ᵉ classe	4ᵉ classe
par tonne et par kil.	0,07	0,17	0,10	0,18

(moyenne 10 centimes).

Nombre de kilomètres exploités ou en voie de construction :

Europe.	85,712
Amérique du Nord.	83,343
— du Sud.	2,819
Asie.	9,303
Afrique.	953
Océanie.	310

182,480.

La *dépense de construction* est évaluée à 50 milliards.

Dans les 85,712 kilomètres, afférents à l'Europe,

La France figure pour.	20,506
L'Angleterre.	22,630
L'Allemagne.	20,397
L'Espagne.	5,240
La Belgique..	2,158
La Russie.	4,407
L'Italie.	635
Le Portugal..	723
La Suisse.	1,131
La Turquie.	1,203

Obligations. — Il arrive souvent que des travaux d'agrandissement, l'achèvement d'une ligne, la construction d'un embranchement nécessitent des dépenses très-considérables. L'administration du chemin de fer sollicite alors de l'État l'autorisation de faire un emprunt, au moyen d'obligations qu'elle souscrit.

Ces obligations sont des effets remboursables par la voie du sort et *avec prime;* elles portent un intérêt *fixe,* qui est presque toujours égal à 5 0/0. Le taux de l'émission est d'ordinaire à 300 fr., et l'intérêt

égal à 15 fr. payés par semestre. Elles sont remboursables à 500 fr.,
c'est-à-dire avec 200 fr. de prime.

L'intérêt de l'obligation étant *invariable*, le prix de cette valeur sera
presque sans variation. L'obligation doit donc être écartée de la spéculation; mais elle doit être recherchée comme *placement;* et, en effet,
l'obligation présente les avantages suivants : 1° intérêt 5 0/0, souvent
supérieur; 2° prime de 200 fr. au remboursement; 3° privilége pour
le remboursement et pour le payement de l'intérêt sur tout le matériel
de la Compagnie, et souvent même garantie de l'État. Il est peu de
valeurs qui présentent ces avantages; aussi les obligations sont-elles
recherchées par les capitalistes, qui ne veulent pas employer leurs fonds
à la spéculation.

Nous terminerons ce que nous avons à dire sur les chemins de fer,
en donnant le prix moyen de transport de diverses marchandises et des
voyageurs.

Les compagnies ont chacune un tarif approuvé par le Gouvernement,
et dont elles ne peuvent s'écarter. Il est à peu près le même pour tous
les chemins français; il diffère seulement par la classification des marchandises.

Le **prix moyen de transport** par *kilomètre* et par *voyageur* est de,
savoir : 1ʳᵉ classe, 0,105; 2ᵉ classe, 0,077; 3ᵉ classe, 0,057. Les che-
vaux, les mulets, bœufs et vaches payent 0,105 ; les veaux et les porcs,
0,041 ; les moutons et les chèvres, 0,020.

Quant aux **marchandises,** on peut prendre *pour moyenne* 0,10 par
tonne (mille kilos) et par kilomètre.

BANQUES ET SOCIÉTÉS DE CRÉDIT.

On peut **définir les banques:** Des institutions de Crédit, destinées
à favoriser le développement du commerce et de l'industrie. Leur **but
principal** est de suppléer à l'insuffisance et à l'incommodité du numéraire.

On appelle banques *publiques,* celles qui sont placées sous la surveillance de l'État; banques *privées,* celles qui sont affranchies de cette
surveillance.

Elles consistent à *négocier* des effets et à les *escompter;* à *ouvrir* des
crédits; à *faciliter* le change d'une place à l'autre au moyen de lettres
de change; le tout, en prélevant un droit de commission.

Banque de France.

La **création** de la Banque de France remonte au Consulat, mais
elle ne fut réellement constituée qu'en 1808. La pensée du Premier
Consul fut de fournir aux commerçants le moyen d'obtenir, *à peu de*

frais, le recouvrement de leurs valeurs. Son capital, qui, dès l'origine, n'était que de 45,000,000, a été augmenté successivement; il est aujourd'hui de 182,000,000 fr.

La Banque a seule le **privilége** d'émettre des billets au porteur; ces billets, d'abord de 1,000 fr. et de 500 fr., admettent aujourd'hui des coupures de 200 fr., de 100 fr. et de 50 fr. Le *chiffre* des billets émis était, au 24 août 1865, de 879,828,000 fr. On comprend facilement qu'avec un capital *fictif* aussi considérable, mais qui inspire autant de confiance qu'un *capital réel*, la Banque puisse escompter, à un taux relativement bien faible, les valeurs qu'on lui présente, ce que ne peuvent faire les banques privées, qui n'ont à leur disposition que des monnaies métalliques.

Les **actions** furent d'abord de 1,000 francs; mais, les dividendes ayant augmenté d'une manière presque continue, elles atteignirent et dépassèrent même 4,000 fr. On les dédoubla; moyennant un versement de 1,000 fr., chaque action donna droit à 2 actions nouvelles. Le cours, en août 1865, était de 3,600 fr.; en juin 1865, de 3,575.

Le **taux** auquel les effets de commerce sont escomptés, dépend de la quantité de numéraire que la Banque possède. Par la nature de ses opérations, s'il arrive que son *encaisse métallique* diminue d'une manière notable, le *taux* de l'escompte *s'élève;* s'il augmente, alors le taux de l'escompte *diminue*. Il n'est pas rare de voir, dans la même année, le taux de l'escompte varier de 3 à 7 et même 9 0/0.

Modifications de l'escompte. — Une **crise monétaire,** dans un pays voisin, peut être une cause de modification de l'Escompte. Ainsi, la situation de la Banque d'Angleterre n'est pas sans influence sur l'Escompte de la Banque de France. Supposons que l'encaisse métallique de notre banque permît de maintenir à 6 0/0 le *taux de l'escompte*, tandis que la Banque d'Angleterre aura élevé le sien à 8 0/0; la Banque de France, pour défendre son encaisse, devra porter au moins à 7 0/0 son escompte; car, en présence d'une différence de 2 0/0, les négociants anglais feraient escompter toutes leurs valeurs en France.

Opérations de la Banque. — La Banque de France escompte, à un taux qui *varie*, les effets de commerce portant *trois* signatures *solvables;* elle fait des *avances* sur *dépôt*, de fonds *publics* (rentes, chemins de fer, etc.), de *lingots* et de *monnaies* étrangères; elle tient une caisse de dépôts *volontaires* pour toutes sortes de *titres* et pour lingots d'or et d'argent, monnaies étrangères, diamants, etc., etc., moyennant un droit de *garde* calculé sur la *valeur estimative* à raison de 1/8 p. 100 pour *six mois;* elle fait des avances au *Trésor;* elle se charge des recouvrements *des effets de commerce;* elle reçoit en *compte courant*, les sommes versées par les négociants et les établissements publics. Enfin, d'après un décret tout récent, elle a le droit, et en même temps elle est dans l'obligation, de *créer* une succursale *dans chaque département*. Depuis peu de temps, la Banque a admis l'usage du chèque.

Services qu'elle rend. — Le capital considérable de la Banque lui permet, dans des moments de crise, de rendre de grands services au Gouvernement. C'est ainsi, par exemple, que le 31 mars 1848, elle prêtait à l'État une somme de 50,000,000, et, au mois de mai suivant, 30 millions. Dans le courant de la même année, elle prenait l'engagement envers le Gouvernement de lui avancer 150,000,000; elle prêtait 10 millions à la ville de Paris; 3 à Marseille; plus tard, encore, 20 millions à la ville de Paris, etc.

L'exemple suivant fera ressortir, *pour le commerce,* **les avantages** de cette institution.

M. Pierre a sur Paris une valeur de 10,000 fr. à trois mois. S'il la négocie à un banquier, il aura à payer pour intérêt à 6 0/0, 150 fr.; pour commission 1/8, qui est le minimum, 12 fr. 50 : total, 162 fr. 50. En s'adressant à la Banque ou à une succursale, il payera : pour l'intérêt à 4 0/0 (le taux étant supposé 4 0/0) 100 francs; pas de commission. Différence 62 fr. 50.

Succursales. — Les succursales de la Banque de France étaient, dès le principe, des banques privées, établies dans quelques villes importantes et qu'un décret du Gouvernement provisoire a réunies à la Banque de France.

Les plus importantes sont :

Marseille qui fait, à peu près, pour 600 millions;
Lyon et Bordeaux,   300;
Le Havre et Lille,   250;
Rouen et Nantes,   150.

De quoi dépend la prospérité de la Banque? — Les opérations de la Banque dépendent de la tranquillité du pays et de la confiance que le Gouvernement inspire; car, cette tranquillité et cette confiance ont pour conséquence le développement du commerce et de l'industrie.

La prospérité de la Banque alla toujours croissant jusqu'à 1812, époque de la guerre de Russie. A partir de ce moment, les affaires se ralentirent jusqu'en 1814; mais, à cette date, le portefeuille, c'est-à-dire le chiffre des affaires était tombé si bas, que la Banque brûla ses billets, et invita ceux qui avaient des comptes courants à retirer leurs fonds.

Le chiffre *des transactions annuelles,* en y comprenant les succursales, dépasse 6 milliards. Les *succursales* figurent pour *moitié* environ dans cette somme.

Le dividende, pour 1864, a été de 200 fr. par action.

Les fonds de la Banque sont déposés dans des caves fermées par des portes en fer, qui s'ouvrent au moyen de trois clés, déposées entre les mains du Gouverneur, du Censeur et du Caissier principal : ces caves, en cas d'incendie, peuvent être inondées en quelques instants.

Société générale du Crédit industriel et commercial.

Cette société fondée en 1859, par une réunion de capitalistes français et étrangers, est une institution de crédit destinée à rendre de grands services au commerce et à l'industrie.

Ses opérations. — Ses principales opérations consistent à *escompter* les effets de commerce, les warrants, délivrés par les Docks, surveillés par l'État, et, en général, *toute sorte d'engagement à échéance fixe*, résultant de transactions *commerciales et industrielles ;* faire des *avances* sur rentes françaises ; sur actions et obligations industrielles, mais seulement pour un délai qui ne passe pas 90 jours et jusqu'à concurrence de 2/3 de la valeur, calculée au cours de la Bourse ; à faire des avances aux *sociétés françaises* de commerce, moyennant garanties, soit par dépôt de *connaissements* ou de valeurs mobilières, soit par *hypothèque privilégiée* sur immeubles ; à recevoir en compte courant les fonds qui lui seront versés, et à un taux fixé par l'administration.

C'est de toutes les sociétés de crédit, celle qui offre le plus de ressources aux commerçants et aux industriels.

Service des chèques. — Une des premières, sinon la première, elle a organisé un véritable service de *chèques*, qui fonctionne déjà depuis 3 ans, et dont l'usage, mieux compris et plus répandu, doit transformer notre crédit, et partant notre commerce et notre industrie.

Son capital. — Le capital social est de 60 millions, divisé en 120,000 actions de 500 francs chacune, sur lesquelles il n'a été versé que 125 fr. Le dividende, au dernier exercice, a été de 11 fr. Les actions sont cotées 725 fr.

Crédit foncier de France.

Le Crédit Foncier de France est une institution de crédit, créée par le Gouvernement et destinée à venir en aide aux propriétaires, en leur prêtant à des taux, relativement minimes, les sommes dont ils peuvent avoir besoin.

Son origine. — Fondée à Paris, en février 1852, sous le nom de Banque foncière de Paris, elle recevait, en même temps, le privilége exclusif d'étendre ses opérations sur les départements du ressort de la Cour de Paris. Et, au mois de décembre de la même année, un décret lui accordait une subvention de 10 millions, qui devaient lui être comptés proportionnellement aux prêts effectués.

Les **statuts,** plusieurs fois modifiés, furent définitivement arrêtés par un décret de 1854, qui organisa la Société sur les mêmes bases que la Banque de France.

Son **Capital social** est aujourd'hui de 6,0000,000 ; il est divisé en 120,000 actions de 500 francs chacune, sur lesquelles il n'a été versé que 250 francs.

Les **principales opérations** du Crédit Foncier sont : les *Prêts*, les *Obligations* et les *Dépôts*.

Des Prêts.

Les *prêts* sont de deux natures : 1° Ceux qui sont faits à longue échéance et remboursables en annuités ; 2° ceux à courte échéance, et remboursables en une seule somme.

Prêts à long terme. — Le *taux* de l'intérêt, pour les prêts à long terme, se compose de deux parties : 1° du taux de l'intérêt de la somme prêtée; 2° du taux qui doit produire l'amortissement et payer les frais d'administration : il est, conséquemment, supérieur au taux de l'intérêt, pour les prêts à courte échéance.

Avantages de cette institution. — L'intérêt consacré à l'amortissement se capitalisant tous les ans, diminue progressivement la dette : c'est un *premier avantage* pour l'emprunteur, qui se trouve placé dans la position de faire, malgré lui, des économies. Un *second avantage* résulte de la faculté qu'a le débiteur de rembourser, quand il veut, tout ou partie de sa dette; enfin, un *troisième avantage* pour l'emprunteur ressort de la non-exigibilité du capital, moyennant le payement régulier des intérêts.

Prêts à court terme. — Quant aux prêts à court terme, c'est-à-dire sans amortissement, ils sont très-peu nombreux; ils conviennent aux propriétaires dont les revenus seraient insuffisants pour payer l'annuité nécessaire à l'amortissement du capital.

Emprunts. — Lorsqu'un propriétaire veut faire un emprunt, il peut s'adresser, soit au Directeur du Crédit Foncier, soit aux Receveurs particuliers des Finances, ses représentants dans les départements. Il doit désigner le notaire qui retiendra l'acte.

Garanties exigées de l'emprunteur. — La première condition de l'emprunteur, c'est d'offrir, en garantie à la Société, des immeubles d'un revenu certain et durable, tels que maisons, terres, etc. Néanmoins, quelle que soit la valeur de la propriété, quels qu'en soient les revenus, la somme prêtée ne peut jamais dépasser la moitié de la valeur de l'immeuble, sur lequel doit reposer l'hypothèque. Cette valeur est appréciée par un délégué de la Compagnie qui, si c'est nécessaire, se transporte sur les lieux et procède à l'expertise. Les frais de déplacement et d'expertise sont à la charge de l'emprunteur.

Minimum des Prêts. — Les prêts ne peuvent être *moindres* de 300 francs. L'expertise ayant fait connaître la valeur de la propriété, la société remet à l'emprunteur non de l'argent, mais des lettres de gage ou obligations foncières, pour le montant de la somme empruntée.

Obligations.

Les obligations sont de deux espèces : sans lots ou avec lots.

Obligations sans lots. — Elles sont de 500 fr., et donnent droit à 25 fr. d'intérêt, payables par semestre, le 1er mai et le 1er novembre.

Obligations avec lots. — Elles ne donnent droit qu'à un intérêt de 3 ou 4 0/0, payable, également par semestre, le 1er mai et le 1er novembre.

Si l'emprunteur veut réaliser, en espèces, la valeur des obligations, il peut les faire vendre à la Bourse par un agent de change, ou les confier à l'administration du Crédit Foncier, qui se fait un devoir d'en opérer le placement sans aucune rétribution.

Les frais occasionnés par les emprunts, de quelque nature qu'ils soient, sont toujours à la charge de l'emprunteur.

Annuités.

C'est par les annuités que la Société paye l'intérêt de ses propres obligations ; il faut donc pour que ce payement soit fait d'une manière régulière, que les débiteurs versent, très-exactement, le montant de leurs annuités.

Versements. — Les versements sont faits *par moitié*, le 31 janvier et le 31 juillet, c'est à-dire *trois mois* avant l'époque où la société paye l'intérêt de ses obligations. Ils sont reçus, à Paris, à la direction ; en province, chez les Receveurs généraux et les Receveurs particuliers des Finances. Dans les départements, les payements sont effectués, le 10 janvier et le 10 juillet. Tout retard donne lieu à un intérêt de 5 0/0 en faveur de la Société.

PRÊTS EN OBLIGATIONS A 5 0/0.

Taux de l'annuité sur 100 francs.

DURÉE du PRÊT.	ANNUITÉS PAYABLES PAR MOITIÉ et PAR SEMESTRE.	DURÉE du PRÊT.	ANNUITÉS payables PAR MOITIÉ et PAR SEMESTRE.	DURÉE du PRÊT.	ANNUITÉS payables PAR MOITIÉ et PAR SEMESTRE.	DURÉE du PRÊT.	ANNUITÉS payables PAR MOITIÉ et PAR SEMESTRE.
années.	fr.	années.	fr.	années.	fr.	années.	fr.
10	13.424926	21	8.345762	31	6.896493	43	6.279266
11	12.529320	22	8.146074	33	6.818798	44	6.242332
12	11.782364	23	7.963552	34	6.746602	45	6.207618
13	11.153750	24	7.801200	35	6.679424	46	6.174971
14	10.617586	25	7.651612	36	6.610854	47	6.144252
15	10.155528	26	7.514894	37	6.558446	48	6.115524
16	9.753664	27	7.589598	38	6.503912	49	6.088070
17	9.401360	28	7.274486	39	6.452928	50	6.060000
18	9.090316	29	7.168190	40	6.405210	60	5.870000
19	8.814024	30	7.070681	41	6.360510		
20	8.567248	31	6.980252	42	6.318396		

L'annuité, nous l'avons déjà dit, se compose de deux parties : 1° de l'intérêt de la somme prêtée; 2° d'une somme destinée à amortir la dette. La 1ʳᵉ est invariable ; la deuxième, au contraire, dépendra de la durée du prêt. C'est ce qui explique pourquoi (tableau ci-dessus) il suffit de payer 6,06 pendant 50 ans, pour rembourser un capital de 100 fr.; tandis qu'il faut verser 13 fr. 43 pendant 10 ans, pour éteindre le même capital de cent francs.

Avantages des obligations, sécurité de placement. — Le capital des obligations émises est toujours égal au total des sommes prêtées. Elles sont d'ailleurs remboursables aux mêmes époques que les prêts auxquels elles ont servi. Or, comme la somme prêtée ne peut pas dépasser la moitié de la valeur des immeubles hypothéqués, on peut dire que chaque obligation est garantie par un immeuble d'une valeur double.

Leur négociation. — L'obligation foncière n'est pas, comme les titres de rentes et comme les obligations des chemins de fer, soumise à la formalité du transfert. La négociation en est extrêmement facile. Si elle est au porteur, la *cession* peut en être faite *de la main à la main;* si elle est nominative, elle s'opère par *endossement*.

Priviléges de l'obligation. — L'obligation donne droit à un intérêt fixe payable, par moitié, chez les Receveurs généraux et chez les Receveurs particuliers des Finances. Elles sont exemptes de l'impôt, établi en 1857 sur les obligations des chemins de fer. Enfin, certaines catégories d'obligations participent aux tirages qui ont lieu tous les trois mois.

Les obligations de 500 fr., qui ne participent point au tirage des lots, jouissent de 25 fr. d'intérêt; celles de 1,000, rapportant un intérêt de 4 0/0, prennent part au tirage des lots, dont le 1ᵉʳ est de 100,000 fr.; elles admettent des coupures de 500 fr. et de 100 fr. qui participent aux mêmes tirages, mais qui n'ont droit qu'à la moitié ou au dixième des lots gagnés. Enfin, les obligations de 500 fr., émises en 1863, ont droit à un tirage qui a lieu, tous les trois mois, et à la totalité des lots.

Elles se vendent à la Bourse. — Toutes ces obligations sont cotées à la Bourse et peuvent être vendues, comme les autres valeurs, par les agents de change (1). En province, les Receveurs généraux et les Receveurs particuliers se chargent, sans autres droits que ceux de la négociation à la Bourse, de l'achat de ces obligations.

Lots. — La somme affectée annuellement aux tirages des lots, est de 800,000 fr. répartis en quatre tirages qui ont lieu le 22 mars, le 22 juin, le 22 septembre et le 22 décembre. Le tirage de décembre absorbe à lui seul 290,000 fr.

---

(1) Il faut en excepter néanmoins les obligations de 500 fr. portant 25 fr. d'intérêt. Elles ne figurent pas sur la cote de la Bourse.

Dépôts.

Le Crédit Foncier est autorisé à recevoir *en dépôt* soit du *numéraire*, soit des *coupons de rente*, soit des *obligations de chemin de fer*. L'intérêt des sommes déposées, en compte courant, est fixé tous les six mois par la Direction; il est d'ordinaire de 3 0/0.

Bons de caisse, chèques. — La Société remet au déposant un cahier de mandats imprimés, au moyen desquels il peut fournir sur la Société. Elle lui remet encore des Bons de Caisse de 100 fr., 500 fr. et 1000 fr. payables à trois jours de vue et rapportant 50 centimes d'intérêt tous les 10 jours.

En outre du carnet de compte et des bons de caisse, le déposant peut *fournir* sur la Société au moyen de *chèques*. (Voir page 131.)

Les comptes courants sont réglés le 30 juin et le 31 décembre de chaque année; néanmoins, la Société s'est réservé le droit de les arrêter à quelque époque que ce soit, et d'en modifier les conditions.

Du non-payement de l'annuité. — En cas de retard du débiteur, la Société peut, en vertu d'une ordonnance rendue par le Président du tribunal civil de première instance, *quinze jours après une mise en demeure*, prendre possession des immeubles hypothéqués, aux frais et risques du *débiteur en retard*.

Dans le même cas de non-payement d'une annuité, et toutes les fois que le capital intégral, par suite de détériorations du gage, est devenu exigible, la vente de l'immeuble peut être poursuivie.

S'il y a contestation, il est statué par le tribunal de la situation des biens. Le jugement est sans appel.

La Société fait signifier un commandement au débiteur. *A défaut de payement dans la quinzaine*, il est fait, dans les six semaines qui suivent, six insertions dans les journaux d'annonces, et deux appositions d'affiches, à quinze jours d'intervalle.

Quinze jours après l'accomplissement de ces formalités, il est procédé à la vente aux enchères de l'immeuble hypothéqué. (Décret du 28 février 1852.)

Le système des obligations et le patronage du Gouvernement ont donné aux actions du Crédit Foncier une valeur qui les a fait rechercher des capitalistes. Elles étaient cotées, en juin 1865: 1,252 fr. 50.

Société générale du Crédit mobilier.

Le Crédit Mobilier a été fondé le 18 décembre 1852, au capital de 60 millions, divisé en 120,000 actions de 500 francs chacune.

Les principales *opérations* consistent :

1° A *souscrire* ou à *acquérir* des effets publics, des actions, des obligations de toutes sociétés anonymes, soit industrielles, soit de crédit;

2° à *émettre* des *obligations* pour une somme égale au montant des valeurs acquises (actions, obligations, effets publics, etc.) ; 3° *à donner* comme nantissement d'emprunts, tous effets, actions et obligations acquises ; 4° à *souscrire* des emprunts et à les réaliser ; 5° *à faire* des entreprises de travaux publics ; 6° *à prêter* sur dépôt de titres, actions, obligations et effets publics ; 7° *à ouvrir* des comptes courants sur dépôts de ces titres ; 8° *à recevoir* des sommes en compte courant ; 9° à *payer* des coupons d'intérêts, des dividendes de diverses compagnies, etc.

Il lui est expressément *défendu* de faire des ventes à *découvert* et des *achats à prime*.

Les obligations émises ne pourront, dans aucun cas, excéder *dix fois* le capital souscrit.

Le partage des bénéfices a lieu comme suit : 5 0/0 pour le capital émis ; 5 0/0 pour la réserve. Le reste est attribué, savoir 1/10 à l'administration, et 9/10 aux actionnaires, pour former le dividende annuel.

Les 5 0/0 de la réserve cesseront d'être prélevés lorsqu'elle aura atteint le chiffre de 2 millions.

La Société peut être dissoute dans le cas de *perte* du capital social.

Le Crédit Mobilier est intéressé dans un grand nombre de valeurs étrangères, telles que : les chemins de fer Autrichiens et Russes, les chemins de fer du Nord de l'Espagne, le Crédit Mobilier espagnol, les chemins de fer Suisses, la Banque ottomane, etc.

En France, il patrone la *Compagnie Parisienne* pour l'éclairage et le chauffage par le gaz, la *Compagnie Transatlantique*, la *Société des Omnibus*. Il a réalisé les *emprunts* des villes de Paris et de Marseille.

Les dividendes sont extrêmement variables ; ils ont été dans les dernières années de 25 0/0 du capital souscrit, soit de 125 fr. par action ; le dividende de 1855 a été de plus de 40 0/0. Fin juin 1865, les actions étaient cotées 715 fr. ; elles ont atteint près de 2,000 fr., en 1856. De toutes les valeurs, le Crédit Mobilier est celle qui subit les plus grandes fluctuations. C'est ainsi qu'en 1855 les cours ont varié

entre	1650 et 720	avec une différence de 930
En 1856	1982 et 1140	— 842
1857	1487 et 670	— 817
1862	1285 et 705	— 580
1863		1320 et 890 — 430

Cela tient à ce que les valeurs qu'il possède sont disséminées dans presque toutes les nations de l'Europe.

———

DOCKS, WARRANTS, DRAWBACK ET CHÈQUES.

Docks.

Les Docks sont de vastes magasins publics dans lesquels, moyennant des sommes très-minimes, les propriétaires, les industriels, les fabricants et les négociants peuvent déposer leurs produits ou leurs marchandises.

Leur utilité. — Le dernier traité de commerce avec l'Angleterre a rendu nécessaire, indispensable même dans toutes les parties de la France, l'établissement de magasins généraux. Le libre-échange, en effet, doit avoir cette double conséquence : 1° que les nations étrangères nous demanderont nos produits par grandes quantités ; 2° qu'elles s'adresseront de préférence, pour leurs achats, aux établissements qui leur présenteront plus de sécurité et plus de loyauté ; et sous ce double point de vue, *rien* ne saurait valoir mieux que les Docks.

Leur but. — Par la création des Docks, le Gouvernement s'est proposé deux choses, savoir : 1° de mobiliser la marchandise, c'est-à-dire d'en faciliter la circulation et de la rendre facilement réalisable ; 2° de permettre aux propriétaires, aux industriels, aux négociants, d'emprunter facilement, et d'offrir en même temps aux prêteurs les plus grandes garanties pour leurs créances.

Leurs priviléges. — Placés sous la surveillance de l'État, les docks sont considérés comme des établissements publics, et, en cette qualité, ils jouissent des priviléges suivants : 1° suspension du payement des droits de *douane* et d'*octroi* jusqu'au moment où la marchandise est *vendue* ; 2° faculté donnée aux directeurs de délivrer des Récépissés et des Warrants *transmissibles par simple endossement.*

Administrateurs, leur responsabilité. — Les administrateurs sont nommés par l'Empereur. Ils sont responsables de la garde des marchandises, qu'ils sont obligés de remettre en *nature* aux déposants, quand ils en font la demande. Néanmoins, leur responsabilité cesse dans le *cas de la force majeure*, qu'il n'a pas été en leur pouvoir d'empêcher.

Leurs droits. — Un décret de 1859 leur donne le droit de se charger de toutes les opérations qui concernent le commerce, le transport des marchandises par terre et par eau, par conséquent, de se mettre en rapport avec les douanes, les contributions indirectes, les préposés de l'octroi, les armateurs, les commissionnaires de roulage, etc., etc. Toute spéculation sur la marchandise déposée leur est *formellement interdite ;* il leur est encore défendu de *prêter sur warrant.* Enfin, ils ne doivent faire *aucune préférence*, à qui que ce soit, pour le magasinage et pour la vente de la marchandise qui leur est confiée. Une infraction au règlement, de nature à nuire au commerce d'une manière grave, peut amener la fermeture de l'établissement.

Warrants.

Le **Warrant** est le titre *représentatif de la marchandise*. Pour se faire une idée bien exacte des avantages que le commerce peut en retirer, il est nécessaire de l'étudier dans les pays où il fonctionne depuis longtemps, en Angleterre, par exemple, où il a pris naissance.

Dès que la marchandise est débarquée, les négociants anglais la font remettre à l'administration des docks qui la fait placer dans ses magasins généraux, et qui donne en échange aux déposants un warrant et un récépissé, à la fois **titre** de *vente* et de *crédit*.

D'ordinaire, les négociants déposent leur warrant chez leurs banquiers, qui leur ouvrent un crédit, ou qui le prennent en compte courant. Quand ils ont besoin de fonds, soit pour des achats, soit pour des payements, ils fournissent sur leurs banquiers au moyen d'un *bon* appelé *chèque*.

Néanmoins, bien que le banquier soit dépositaire du warrant et en même temps *créancier*, il n'est jamais *propriétaire* de la marchandise, qui appartient *toujours* au déposant. La *cession seule* du Récépissé opère la totalité de la vente.

La somme avancée sur warrant, c'est-à-dire que l'on prête sur ce titre, dépend naturellement de la nature de la marchandise, des fluctuations de hausse ou de baisse auxquelles elle est exposée; il est rare néanmoins que le crédit soit *au-dessous* de 80 0/0.

Voyons maintenant **comment on procède** en France.

Au lieu d'un seul titre, comme en Angleterre, l'administration des Docks donne aux déposants français un Warrant *et* un Récépissé dont la destination est bien différente, quoique *transmissibles* l'un et l'autre *par endossement.*

Le Warrant est le **titre** de *vente;* le Récépissé le **titre** de *crédit.* L'endossement du premier constitue un *nantissement* (1); l'endossement du second transfère la *propriété* de la marchandise.

Pour donner à l'endossement une date *certaine*, en même temps qu'*authentique*, la Loi a voulu que le *premier* endossement fût *transcrit* sur les *registres* des magasins. Cette transcription n'est pas nécessaire pour les autres endossements, qui ne sont que des *transferts*. La transcription du Récépissé (titre de vente) est soumise à un *droit fixe* de un franc; celle du Warrant est *sans frais.*

Priviléges du Warrant. — Les Warrants délivrés par les docks placés sous la surveillance de l'État, *ont privilége* sur l'entier prix de la marchandise, jusqu'à concurrence néanmoins de la somme prêtée; la faillite même du commerçant ne peut faire cesser ce privilége. Toutefois, les droits de garde, de douane et d'octroi sont toujours prélevés, avant toutes créances, sur le prix de la vente.

---

(1) Le nantissement est un contrat par lequel un débiteur remet une chose à son créancier pour sûreté de sa dette. (Code civil, 2071.)

Usage du warrant et du récépissé. — Ces deux titres, nous l'avons déjà dit, ont chacun leur destination particulière. Le warrant est destiné à la *négociation*, le récépissé à la *vente*. L'un et l'autre sont extraits d'un journal à souche; ils énoncent : 1° le nom du déposant; 2° sa profession; 3° son domicile; 4° la nature de la marchandise; 5° la valeur de cette marchandise.

Par le récépissé, le déposant peut vendre; par le warrant, il peut transmettre la marchandise. Cette vente et cette transmission se font par un *simple endossement*.

Si la quantité de marchandise déposée est très-considérable, le déposant, s'il le désire, peut se faire délivrer plusieurs warrants, jusqu'à concurrence de la valeur totale de la marchandise.

Négociation du warrant. — Si le déposant *ne veut pas vendre* sa marchandise, et s'il veut néanmoins se livrer à d'autres spéculations, il négocie son warrant. Il s'adresse à une grande maison de crédit, comme le Comptoir national d'escompte, par exemple, qui lui fait une avance des 4/5 environ de la somme portée sur ce titre. Pour obtenir cette somme, il lui *suffit d'endosser son warrant*. Mais, avant d'être endossé, le warrant doit être *timbré*, à raison de 50 centimes, pour chaque 1,000 francs qui doivent y figurer.

L'endossement doit *indiquer* : 1° la somme garantie (capital et intérêts) *en toutes lettres*; 2° l'échéance; 3° le nom du créancier, son domicile. Le cessionnaire fait transcrire l'endossement sur les registres des docks et délivre des fonds.

Échéance du warrant. — L'échéance du warrant ne dépasse jamais 90 *jours;* mais, si le déposant n'est pas en mesure de s'acquitter à l'expiration du terme, *il le fait renouveler*, ce qui ne présente aucun inconvénient; d'abord, parce que ce titre n'est pas, comme le B/ à O/, soumis, pour le payement, à des délais urgents, ensuite parce qu'il a privilége unique sur la marchandise.

Il ne peut être fait d'opposition au payement d'un warrant en circulation.

Pour donner encore plus de **garanties** aux prêteurs, les règlements des Docks obligent les déposants à assurer leurs marchandises contre l'incendie, de sorte que si un sinistre survient, le porteur du warrant conserve tous ses droits sur les indemnités dues en pareil cas et ne court aucun risque.

Droits du débiteur. — Le débiteur a le droit d'*anticiper le payement* de son warrant; son créancier lui doit tenir compte des intérêts à courir, sauf néanmoins une déduction de huit jours *en faveur de la maison de crédit*. Quant au récépissé, *titre de vente*, il reste entre les mains du déposant.

La circulation des warrants ne *lie en rien le porteur du récépissé*, qui peut vendre tout ou partie de la marchandise, à la condition par lui de déposer entre les mains de l'administration des docks, *qui est obligée de la recevoir*, la somme garantie par les warrants.

Du payement des warrants. — A l'échéance du warrant, si le porteur veut être payé, il le fait protester, et *huit jours après* il fait procéder à la vente publique et en gros de la marchandise qui garantissait son warrant. Il est payé directement de sa créance, sans formalité aucune, et *par privilége* sur tous autres créanciers. On déduit seulement du prix de vente les sommes dues par la marchandise à l'établissement des Docks, à l'octroi et à la douane.

Si le prix excède la somme prêtée, le surplus est laissé en consignation aux docks qui le remettent au propriétaire.

Si le prix est inférieur à la créance, le porteur du warrant exerce ses droits en garantie *contre les endosseurs,* qui procèdent absolument comme pour un effet de commerce.

On voit, par ce qui précède, qu'il est peu de créances entourées de plus grandes garanties que les prêts sur warrants.

Prenons un exemple qui fasse ressortir les **avantages** des Docks.

Supposons deux commerçants disposant chacun d'une somme de 100,000 fr.; le premier opérant dans ses magasins, le second faisant usage des magasins généraux. Ils achèteront l'un et l'autre pour 100,000 fr. de marchandises, qu'ils revendront dans un délai de trois mois avec un bénéfice de 12 0/0.

Le bénéfice du premier sera douze mille francs, ci. . . . 12,000
d'où il faut déduire pour 3 mois d'intérêt à 6 0/0. . . . 1,500
                    Bénéfice net. 10,500

Le second négociant dépose les 100,000 fr. de marchandises aux Docks; il se fait délivrer un warrant à l'aide duquel il emprunte 80,000 francs (4/5) qui lui servent à un second achat. La nouvelle marchandise étant déposée aux docks, lui procure un second warrant sur lequel il trouve une somme de 64,000 fr. En procédant de la même manière et en s'arrêtant à des achats de 6 à 7,000 francs, il pourra acheter *au comptant, avec ce même capital de cent mille francs,* quatre cent soixante mille francs de marchandises environ; c'est-à-dire qu'il spécule sur une somme de 4 à 5 fois plus grande. Et comme les chances de gain sont les mêmes pour les deux négociants, le bénéfice de celui qui aura fait usage des docks sera de 4 à 5 fois plus grand.

Des Ventes.

Leur but, avantages qu'elles réalisent. — L'institution des Docks serait incomplète sans les ventes publiques. C'est grâce à ces ventes, en effet, que peut être résolu en partie le problème toujours pendant de la vie à bon marché. Elles ont pour but de dégrever la marchandise de la plus grande partie des frais qu'elle supporte avant d'entrer dans la consommation. Voyons ce qui se passe *ordinairement.* Prenons une denrée coloniale, du sucre, par exemple. Presque toujours la cargaison entière est achetée par les grandes maisons de commerce, placées sur le littoral, où viennent s'approvisionner les gros commerçants, éloignés du lieu de débarquement. Ceux-ci vendent aux petits commerçants qui, enfin, font passer la marchandise dans la consommation. Or, sans tenir compte des frais de déplacement, qui le plus souvent sont très-considérables, lorsque la marchandise est remise au consommateur elle a supporté une triple augmentation, puisqu'elle a donné lieu à *trois* bénéfices distincts. Les ventes publiques sont destinées à faire disparaître, en grande partie du moins, ces charges multiples qui pèsent sur la marchandise.

Fractionnement de la marchandise. — Pour attendre ce but, il fallait les rendre accessibles au petit commerce, c'est-à-dire autoriser la vente par *petits lots*. Par le fractionnement, en effet, la marchandise se trouve en présence d'un plus grand nombre d'acheteurs, ce qui est un avantage pour le déposant; et, d'un autre côté, le petit commerçant la recevant, dégrevée des bénéfices des grandes maisons, peut la livrer à plus bas prix au consommateur. La loi autorise les ventes par lots de 500 fr. et au-dessous même, si les circonstances et les localités le réclament.

Les ventes sont où *volontaires* ou *forcées*.

Ventes volontaires. — Elles sont le fait de la volonté du propriétaire, qui n'a besoin d'aucune espèce d'autorisation. Elles sont faites par des courtiers et annoncées, trois jours à l'avance, à la Bourse et dans les journaux désignés pour l'insertion des annonces judiciaires. Le public est admis, deux jours au moins avant la vente, à la vérification de la marchandise qui doit être vendue.

Le propriétaire *fixe lui-même la mise à prix;* et si le chiffre des enchères ne lui convient pas, il peut retirer la marchandise. En d'autres termes, la vente n'a jamais lieu sans adhésion.

Ventes forcées. — Ce sont celles qui ont lieu sur *warrants protestés*. Elles ne dépendent pas comme les premières de la volonté du déposant. Les administrateurs des Docks sont tenus de donner toutes les facilités désirables aux courtiers chargés de ces ventes et, notamment, de fractionner la marchandise en autant de lots qu'ils le désirent. Les courtiers sont obligés de dresser un *procès-verbal* de ces ventes et de le faire enregistrer. Le droit d'enregistrement est fixé à 10 centimes par 100 francs.

Les **droits** à payer aux docks *pour location de la salle de vente* sont de 10 fr. pour 5,000 fr. de vente; de 20 fr. pour 10,000; de 30 fr. pour 30,000; et enfin de 60 fr. pour toutes ventes dépassant 50,000 fr.

Les Docks sont donc un puissant moyen de crédit, et les commerçants qui en feront usage auront nécessairement de grands avantages sur ceux qui opéreront dans leurs magasins particuliers.

Du Drawback.

Le Drawback est une prime *particulière*, accordée seulement aux produits français fabriqués avec des matières provenant de l'étranger.

Cette prime est égale aux *droits acquittés* par ces matières à leur entrée en France.

On peut donc le **définir :** une *restitution* à l'*exportation* des droits perçus à l'*importation*.

Le sucre, les tissus de fil et de coton, les soufres, etc., etc., jouissent du drawback.

Du Chèque (1).

Ses usages. — Le chèque, nous l'avons déjà dit, est un bon tiré par un déposant, négociant ou rentier, sur un *banquier dépositaire* de ses fonds, avec lequel il est en *compte courant*.

En Angleterre, l'usage des chèques est tellement répandu, que le numéraire n'entre que pour une quantité extrêmement faible dans les transactions. Les négociants payent leurs achats, leurs fournisseurs et jusqu'à leurs ouvriers, au moyen de ces bons ; d'où résulte pour eux une grande économie, car leurs capitaux, déposés chez leurs banquiers,

(1) La loi sur les *chèques* votée par le Corps législatif est ainsi conçue :

Art. 1er. Le chèque est l'écrit qui, sous la forme d'un mandat de payement, sert au tireur à effectuer le retrait, à son profit ou au profit d'un tiers, de tout ou partie de fonds, portés au crédit de son compte chez le tiré et disponibles.

Il est signé par le tireur et porte la date du jour où il est tiré.

Il ne peut être tiré qu'à vue.

Il peut être souscrit au porteur ou au profit d'une personne dénommée.

Il peut être souscrit à ordre et transmis, même par voie d'endossement en blanc. (Séance du 5 mai 1865).

Art. 2. — Le chèque ne peut être tiré que sur un tiers ayant provision préalable ; il est payable à présentation. (Séance du 5 mai 1865).

Art. 3. — Le chèque peut être tiré d'un lieu sur un autre ou sur la même place. (Séance du 5 mai 1865).

Art. 4. — L'émission d'un chèque, même lorsqu'il est tiré d'un lieu sur un autre, ne constitue pas, par sa nature, un acte de commerce.

Toutefois, les dispositions du Code de commerce relatives à la garantie solidaire du tireur et des endosseurs, au protêt et à l'exercice de l'action en garantie, en matières de lettres de change, sont applicables aux chèques. (Séance du 23 mai 1865).

Art. 5. — Le porteur d'un chèque doit en réclamer le payement, dans le délai de cinq jours, y compris le jour de la date, si le chèque est tiré de la place sur laquelle il est payable, et dans le délai de huit jours, y compris le jour de la date, s'il est tiré d'un autre lieu.

Le porteur d'un chèque qui n'en réclame pas le payement dans les délais ci-dessus, perd son recours contre les endosseurs ; il perd aussi son recours contre le tireur, si la provision a péri, par le fait du tiré, après lesdits délais. (Séance du 23 mai 1865).

Art. 6. — Le tireur qui émet un chèque sans date ou qui le revêt d'une fausse date est passible d'une amende égale à 6 0/0 de la somme pour laquelle le chèque est tiré.

L'émission d'un chèque sans provision préalable est passible de la même amende, sans préjudice de l'application des lois pénales, s'il y a lieu. (Séance du 23 mai 1865).

Art. 7. — Les chèques sont exempts de tout droit de timbre pendant dix ans, à dater de la promulgation de la présente loi. (Séance du 6 mai 1865).

ne restent pas un seul instant improductifs d'intérêt. Tous les banquiers anglais ont adopté l'usage des chèques; il n'en est pas encore ainsi en France. Néanmoins, quelques grandes maisons de crédit ont adopté le système anglais, notamment, le Comptoir d'escompte, le Crédit Foncier, le Crédit industriel et commercial.

Ces diverses sociétés reçoivent des dépôts en compte courant et délivrent des reçus, coupons ou chèques dont leurs clients peuvent faire usage dans leurs payements de toute nature.

Carnet de chèques, carnet de comptes. — Ces chèques sont extraits d'un carnet délivré par la Société de crédit et qu'on nomme *carnet de chèques*. Il est composé de feuillets divisés en deux parties, dont l'une, le chèque, sert à la circulation et doit, par conséquent, être détachée, tandis que l'autre est destinée à former *souche*.

La Société délivre encore un autre carnet appelé *carnet de compte*. Sur la page de droite, le caissier inscrit de sa main toutes les sommes qu'il reçoit, tandis que sur celle de gauche le déposant inscrit aussi de sa main toutes les sommes dont il dispose sur la Société. Ce carnet a l'avantage de faire connaître au déposant sa position vis-à-vis de la Maison de crédit.

Le chèque est daté et signé; il **énonce en toutes lettres** et en chiffres connus la somme à payer par la Société; il porte en outre un n° d'ordre. La date, la somme, le n° d'ordre doivent être reproduits sur la souche quand on détache le chèque du carnet.

Les **avantages** réalisés par le chèque peuvent se résumer ainsi : 1° économie de risques et de frais ; 2° économie de capital; 3° augmentation de revenu.

1° L'économie de risques résulte de ce fait, que le déposant n'ayant jamais de valeurs chez lui, ne peut être ni volé ni incendié. Quant aux frais, il est évident qu'il n'a besoin d'aucun personnel pour faire ses payements. Le banquier lui tient lieu de commis : il lui remet tous les chèques, toutes les valeurs, tous les fonds qu'il reçoit, et il fournit sur lui toutes les fois qu'il a à effectuer quelque payement.

2° L'économie de capital est une conséquence forcée de l'usage des chèques. D'autant que les maisons de crédit, pour payer les valeurs fournies sur elles, n'ont souvent qu'à échanger des chèques. Les chiffres suivants donneront une idée de l'économie de capital réalisé par l'usage de ces bons.

L'Angleterre fait annuellement pour *quatre vingts milliards* d'affaires, et elle emploie en espèces un capital de *cinq à six cents millions ;* la France qui ne fait que *quarante milliards*, emploie pour *quatre milliards* de numéraire. L'Angleterre emprunte donc au capital 1/160, la France, 1/10.

3° Le troisième point ne se démontre pas. Puisque la banque de dépôt payè un intérêt, pour toutes les valeurs, à partir du jour où elle les reçoit, l'argent ne reste pas un jour improductif d'intérêt; il y a donc augmentation de revenu.

BUDGET.

On entend par **Budget** un aperçu *présumé* des Dépenses et des Recettes.

Tout budget comprend deux parties : les *Dépenses* et les *Recettes*. Le Budget d'un État est l'exposé présumé de ses Dépenses et de ses Recettes.

Les **Dépenses** comprennent : *la dette publique, les dotations, les services généraux des divers ministères, les frais de régie, de perception des impôts et revenus publics, les remboursements et restitutions, non-valeurs, primes et escomptes.*

Les **Recettes** se divisent en : *contributions directes, enregistrement, timbre et domaines, produits des forêts et de la pêche, douanes et sels, contributions indirectes, recettes diverses, produit des postes.*

Les Recettes sont généralement désignées sous le nom d'*impôts*. Ces impôts se divisent en impôts *directs* et en impôts *indirects*.

Les impôts directs sont ceux qui sont établis sur la *terre*, sur les *propriétés* et sur les *personnes*.

Les impôts indirects comprennent toutes les autres recettes.

Perception des impôts. — La perception de tous ces impôts se fait de la manière suivante.

Des *percepteurs* reçoivent tous les mois les impôts *directs* et les versent aux Receveurs particuliers, placés dans les chefs-lieux d'arrondissement, qui les versent, à leur tour, aux Receveurs généraux placés aux chefs-lieux des départements.

Les receveurs des impôts indirects, à quelque administration qu'ils appartiennent, versent également dans la caisse des Receveurs particuliers les fonds qu'ils ont reçus.

Les impôts directs dont le chiffre peut être fixé d'avance sont exigibles tous les mois. Les Receveurs généraux sont tenus d'en tenir, tous les mois, le douzième à la disposition du Gouvernement.

Ils sont débités *tous les dix jours* de toutes les sommes qu'ils ont reçues *dans la dizaine*, quelle qu'en soit la provenance; et ils en payent même l'*intérêt* jusqu'au jour où ils les *versent* pour l'acquittement des services publics.

D'un autre côté, le jour où ils payent pour l'État une somme quelconque qu'ils ne doivent pas, il leur est tenu compte des intérêts. De sorte que les Receveurs généraux peuvent être considérés comme des banquiers, en compte courant avec l'État, et obligés de lui fournir les fonds dont il peut avoir besoin.

Équilibre du budget. — Lorsque le chiffre des recettes est égal à celui des dépenses, on dit que le budget *s'équilibre*. Si les dépenses sont supérieures aux recettes, le budget se solde par un *déficit*.

Le déficit peut être occasionné, soit par une diminution dans les recettes, soit par une augmentation dans les dépenses. Les déficits sont l'objet d'un nouveau budget qu'on appelle budget *supplémentaire*. Le budget en France est discuté et voté par les députés au Corps législatif.

Budget des principales nations européennes :

France	2,300 millions
Angleterre	1,800 —
Russie	1,400 —
Autriche	de 1,500 à 1,600 millions
Prusse	517 millions
Espagne	926 —
Italie	963 —
Turquie	400 —

Lorsque le déficit est trop considérable, le Gouvernement, pour rétablir l'équilibre, a recours à des emprunts. Ces emprunts sont réalisés par la création d'une certaine quantité de rentes.

RENTES.

On appelle rentes sur l'État un *intérêt* servi annuellement par le Gouvernement, en échange de capitaux qu'il a reçus et dont on ne peut jamais lui *demander* le remboursement. Cet intérêt est payé par moitié tous les *six mois*. La rente 3 0/0 a le privilége d'être payée par quart tous les *trois mois*.

Il est difficile de préciser exactement l'**origine de la rente**. L'histoire nous apprend que François Ier donna à ses prêteurs hypothèque privilégiée sur l'Hôtel-de-Ville. Il faudrait donc faire remonter à ce règne les obligations contractées par les gouvernements vis-à-vis des prêteurs; mais, la rente d'*aujourd'hui* diffère essentiellement de celle d'*autrefois* : il n'y a pas d'*immeuble* qui garantisse les créances; c'est le **Budget,** c'est-à-dire *toute la Nation* qui est responsable.

Emissions de rente. — Quand un État a besoin d'argent, il s'adresse ou à des *Capitalistes* ou à la *Nation* elle-même, comme dans les derniers emprunts; il *fixe*, dans ce dernier cas, la somme qu'il *exige* en échange de l'intérêt qu'il s'engage à payer. Cette somme se nomme *taux de l'émission*.

Inscription de rente. — Les Créanciers reçoivent un titre portant e chiffre de la rente qui leur est due tous les ans. Ce titre est *nominatif* ou au *porteur;* il est *inscrit* sur un livre appelé *Livre de la Dette Publique* ou *Grand Livre*. Ce titre constitue une *Inscription de rente*.

Le titre est **nominatif,** lorsqu'il indique le nom du propriétaire; il est au **porteur,** lorsque cette indication manque.

Pour faciliter aux Créanciers le moyen de retirer leur capital, le

Gouvernement autorise **la vente des titres** qu'il délivre ; peu lui importe, en effet, de payer à Pierre ou à Paul. Cette vente ne peut néanmoins être faite qu'à certaines heures et dans un local *spécial* appelé **Bourse**. Elle a lieu par l'intermédiaire d'agents officiels, nommés par le chef de l'État et appelés Agents de Change.

Les **Agents de change** ont le droit de *négocier :* 1° les effets publics *français ;* 2° les effets publics *étrangers ;* 3° les lettres de change et tous les effets transmissibles par endossement ; 4° ils ont *mission de fixer* le cours des effets publics, des valeurs métalliques, du change, etc.

Droits de Courtage. — Les droits de courtage sont fixés par la *Chambre syndicale* des agents de change, savoir : 1/8 0/0 sur *toutes* les valeurs *françaises,* 1/4 0/0 sur toutes les valeurs *étrangères.* Sur les Opérations à *terme,* le courtage est modifié comme suit : *Vingt* francs pour *quinze cents* francs de *rente* 3 0/0; *vingt* francs pour *deux mille deux cent cinquante* francs de *rente* 4 1/2 0/0; 40 fr. pour 3,000 de rente 3 0/0 ; 40 fr. pour 4,500 fr. de rente 4 1/2 ; et ainsi de suite toujours dans la même proportion.

Ces droits **s'élèvent** annuellement à la somme de *quatre-vingt millions* répartis entre les 60 agents de change de la Capitale ; ce qui constitue pour chacun d'eux un revenu de *un million trois cent mille francs* environ.

Dans les dernières années de la Restauration, les **charges d'agent de change** valaient 400,000 fr. ; elles valurent 1,000,000 sous Louis-Philippe ; elles se sont vendues depuis jusqu'à *deux millions.* Elles ont maintenant une tendance à la baisse.

Les agents de change sont **responsables** de la *livraison* et du *payement* de ce qu'ils ont *vendu* et *acheté ;* ils *garantissent* pour *cinq ans* la *validité* des transferts de rentes et d'actions de la Banque de France, *en ce qui concerne le propriétaire,* la validité des *signatures* et des *pièces* produites. Leur cautionnement est affecté, *par privilège,* aux créanciers, ainsi que le prix de vente de *l'office.*

Un décret du 1er octobre 1862 fixe le **cautionnement** des Agents de Change, savoir : pour Paris, à *cent cinquante mille* francs ; pour Lyon, à *quarante mille* francs ; pour Marseille et Bordeaux, à *trente mille* francs ; pour Toulouse et Lille, à *douze mille* francs.

Des rentes françaises.

La rente est un placement sûr.—Depuis les derniers emprunts, la rente est extrêmement divisée. Le nombre des intéressés au payement régulier de la rente est si considérable, qu'un gouvernement, quel qu'il soit, ne voudrait pas s'exposer à mécontenter un si grand nombre de familles, dont la plupart appartiennent à une classe modeste de la société, en refusant le payement régulier des titres de rente. La sécurité tient donc au *nombre* et à la *qualité* des rentiers.

Il n'en a pas toujours été ainsi. Sully *réduisit* les intérêts payés aux créanciers de l'État; Desmarets, sous Louis XIV, suspendit le payement de bon nombre de créances; Louis XV, après la chute de la Banque de Law, fit une réduction arbitraire des dettes de l'État; les *Assignats*, sous la Révolution, subirent une si grande dépréciation que l'on eut peine à les faire accepter; enfin, le ministre Ramel réduisit la Dette Publique des *deux tiers*. Le *troisième* tiers laissé aux créanciers, et dont les intérêts ne furent servis que fort *irrégulièrement*, fut converti en rente *Cinq pour Cent*, sous le premier Empire. Cette conversion, connue encore de nos jours sous le nom de **Tiers Consolidé**, est l'origine du 5 0/0.

Le Gouvernement a l'intention d'**unifier** la rente. Néanmoins, il ne sera pas sans intérêt de connaître les diverses transformations qu'elle a subies.

On distingue **quatre espèces** de rentes : le 4 1/2 ancien; le 4 1/2 nouveau; le 4 0/0 et le 3 0/0.

Quatre et demi ancien. — Il provient d'une conversion du 5 0/0 opérée en 1825. Le chiffre est insignifiant, 884,560 francs.

Quatre et demi nouveau. — C'est l'ancien 5 0/0, qu'un décret de 1852 réduisit de un *dixième*. Cette réduction, acceptée par les porteurs de titres, auxquels fut laissée la faculté de se faire rembourser au *pair*, eut pour résultat de diminuer de *dix-huit millions* les charges de l'État. Il figure aujourd'hui, avec le 4 1/2 ancien, pour 39,236,885 fr.

Quatre pour cent. — Son origine est un emprunt de 1840. Il figurait au budget pour une somme de 2,353,568 fr. ; il n'y figure aujourd'hui que pour 456,236 francs.

Trois pour cent. — Le milliard payé aux *émigrés* est l'origine du 3 0/0. On sait qu'en 1792 et 1793 un grand nombre de familles, attachées à la maison de Bourbon, suivirent dans l'exil la dynastie qui venait de tomber. La *Convention Nationale* décréta la vente de tous les biens des émigrés, au profit de la *Nation*. Mais, en 1815, après les *cent jours*, les émigrés, rentrés en France avec Louis XVIII, ne cessèrent de réclamer les domaines qu'on leur avait confisqués; or, ces domaines étaient déjà passés dans plusieurs mains; il eût été impolitique, peut-être même impossible, de déposséder les nouveaux propriétaires; on se borna donc à payer le *revenu* de ces propriétés. D'après l'état qui fut dressé, les biens confisqués furent estimés un milliard (environ); ce qui occasionna, à raison de 3 0/0, *qui est le revenu ordinaire de la propriété*, la création de 29,000,000 de rentes. La loi sur le milliard ne fut rendue qu'en 1825.

Obligations du Trésor dites trentenaires. — La création de ces obligations remonte à 1857. L'État, à cette époque, devait aux diverses Compagnies de Chemins de fer 200,000,000 qui devaient être payés en *douze* années. Sur cette somme, 12 millions étaient exigibles, en 1857, et 30 l'année suivante. *Pour ne point faire figurer ces deux* *sommes aux budgets de ces deux années*, le Gouvernement *créa vingt mille* obligations, portant un intérêt de 20 francs. Il inscrivit en même temps au budget une somme de 6 fr. 50 c. par 100 francs, ce qui, après *trente* années, amène l'amortissement des obligations. Le taux de l'émission fut de 444 fr. 49. — En 1860, 200,000 obligations nouvelles furent émises. Enfin, une troisième émission de 300,000 obligations eut lieu le 4 juillet 1861, au cours de 440 fr., remboursables à 500 fr. et portant 20 fr. d'intérêt. — Le chiffre total des obligations émises fut de 711,482.

Bons du Trésor. Les Bons du Trésor, autrefois Bons Royaux, sont des effets à courte échéance, délivrés par le gouvernement, en échange de sommes qu'on lui prête. Le taux de l'intérêt varie suivant les époques du remboursement, et aussi suivant la rareté du numéraire.

But. Leur émission a pour but de faire face à des nécessités momentanées et de subvenir à des dépenses imprévues. L'État a-t-il à faire des avances pour des entreprises d'un intérêt public? a-t-il à rembourser des cautionnements? il émet une certaine quantité de Bons du Trésor. Néanmoins, le chiffre de l'émission est indiqué par le Budget. On peut dire avec raison que ces Bons permettent d'escompter les revenus de l'impôt. Ils forment la majeure partie de la dette flottante.

Conversion du 4 1/2 0/0, du 4 0/0 et des obligations trentenaires. — Cette conversion est l'œuvre de M. Fould; elle porte la date du 6 mars 1862. Le Ministre des finances se proposa deux choses : 1° *unifier* la Rente pour faire cesser la concurrence que se font le 3 0/0 et le 4 1/2 0/0; 2° un bénéfice pour l'État.

Le mode adopté par M. Fould fut le suivant : Chaque rentier *pouvait* échanger son titre contre un titre nouveau, représentant en 3 0/0 *la même* quantité de rente qu'il possédait, à la condition par lui de verser une certaine somme nommée *soulte*. Cette *soulte* fut de 5,40 pour le 4 1/2 et de 1 fr. 20 pour le 4 0/0. Ainsi, pour conserver le même chiffre de rentes, les porteurs furent obligés de verser autant de fois 5 fr. 40 qu'ils avaient de fois 4 fr. 50 de rente. Le bénéfice pour le Trésor fut de 157 millions.

Les Obligations Trentenaires n'eurent pas de soulte à payer; elles ne furent admises à la Conversion qu'entièrement libérées. Le résultat de la Conversion fut le suivant :

Rentes 4 1/2 0/0, 131,821,331 de rentes déposées par 412,292 porteurs.
Rentes 4 0/0,   1,632,614   —   1,929 porteurs.
Obligations Trenten., 604,439.

Les titres non convertis s'élèvent à : Rente 4 1/2 0/0, 40,241,185 fr. : Rente 4 0/0, 456,236 fr. : Obligations Trentenaires, 70,721; de sorte que la rente à payer annuellement par l'État s'élève, à partir du 1er janvier 1863, savoir :

3 0/0	346,913,080 fr.	
4 1/2 0/0	40,241,185	387,610,501.
4 0/0	456,236	

Dette publique. — La *Dette publique* se divise en Dette consolidée et Dette flottante.

La Dette *consolidée* consiste en inscriptions de rentes. La dernière conversion, en diminuant l'intérêt de la dette en a augmenté le capital nominal.

Ce capital est aujourd'hui de 10,803 millions nécessitant un intérêt de 380 millions environ.

La Dette flottante est principalement composée d'émissions de bons du trésor. Le chiffre en est peu élevé aujourd'hui.

Tableau de la dette publique des principaux États européens.

France. . .	11,500	millions
Angleterre. .	19,600	—
Russie. . .	7,000	environ.
Autriche. . .	7,000	—
Prusse. . .	1,000	—
Espagne. . .	4,000	—
Italie. . . .	4,000	—
Turquie. . .	7,171	— (1)

Observation.

Il ne faudrait pas considérer le chiffre élevé de la Dette Publique comme un embarras certain des finances d'un État.

L'Angleterre, par exemple, dont la dette s'élève à 20 milliards environ, a ses finances en si bon état, que les budgets se soldent très-souvent par un reliquat de recettes, qui permet de diminuer le chiffre de la Dette publique, tandis que l'Autriche, qui ne doit que 7 milliards, solde toujours ses budgets par un déficit qui grossit, tous les ans, la Dette publique (2).

OPÉRATIONS DE BOURSE.

Les opérations auxquelles donnent lieu les valeurs cotées à la Bourse peuvent être considérées sous un **double point de vue :** comme *Placement* de fonds et comme *Spéculation*.

Placement. — Comme *placement*, ces opérations sont d'une grande facilité. On achète, contre espèces, à un prix convenu, un titre de rente que l'on vous délivre immédiatement *s'il est au porteur*, et dans *cinq jours* s'il est soumis à la formalité du *transfert*. C'est absolument

(1) Extrait des documents publiés en 1864.
(2) Voir à l'Appendice, page 167.

comme l'achat d'une certaine quantité de marchandise. La seule différence, c'est que la vente ne peut être faite que par un agent de change.

Le transfert consiste à passer un titre de rente d'un nom sur un autre nom.

Spéculation. — Comme *spéculation*, les opérations donnent lieu à diverses combinaisons, à divers *marchés* ou jeux. Nous allons indiquer les principaux.

Différentes espèces de Marchés.

On peut diviser les marchés en marchés *au Comptant* et en marchés *à Terme.*

Marchés au Comptant. — Ce genre de marché n'est guère usité par les grands joueurs. Il est plutôt considéré comme placement que comme spéculation; néanmoins, on peut jouer au comptant. Il consiste à échanger des titres contre espèces. La *transmission des titres* peut se faire par simple *endossement,* s'ils sont au porteur, et dans *cinq jours,* s'ils sont nominatifs.

Opérations au cours moyen. — Ce marché, qui est quelquefois à terme, est *presque toujours* au comptant. Voici en quoi il consiste : Pierre achète, *au cours moyen*, dix actions de la Banque de France. Ces actions font 2990-2980, le cours moyen sera $\dfrac{2990+2980}{2} = 2985$. S'il y eût eu *trois* cours différents, on en aurait fait la somme et on l'aurait divisée par 3. C'est donc une somme de 2985×10 ou 29,850 fr., plus le *courtage*, que M. Pierre aura à payer.

Marché à Terme. — On distingue plusieurs marchés à terme; mais, avant de les passer en revue, faisons comprendre cette opération par un exemple. Pierre vend à Paul, *livrable fin courant*, une valeur quelconque, 1,500 fr. de rente 3 0/0 par exemple, au cours de 70. *A la fin du mois*, Pierre sera *obligé* de délivrer à Paul les 1,500 fr. de rente qu'il lui a vendus, *quel que soit* d'ailleurs le cours du 3 0/0. C'est une opération à terme.

Marché Libre. — Dans les marchés à terme, il est rare que l'on ait à livrer les titres; on se contente *le plus souvent* de payer la différence entre les cours. Dans l'exemple qui précède, si le 3 0/0 eût été coté 69 25, par exemple, Paul aurait simplement payé la différence 0 fr. 75 c. *pour chaque* 3 fr. de rente, et l'opération aurait été annulée. La même facilité n'est pas laissée au vendeur; si Paul avait exigé les titres, Pierre aurait été obligé de les lui livrer. Ce genre de marché, qui laisse l'acheteur libre d'annuler son opération, se nomme *marché libre.* Il peut être **défini** : celui qui *n'engage que le vendeur.*

Marché Ferme. — Le marché ferme est celui qui engage à la fois le *vendeur* et l'*acheteur.*

Pierre achète de Paul une inscription de 3,000 fr. de rente 3 0/0, au cours de 70, livrable à la prochaine liquidation. Quelques jours après, les cours s'élèvent à 72, par exemple; il s'empresse aussitôt de vendre à Jules, je suppose, ce qu'il vient d'acheter, et réalise ainsi un bénéfice de 2,000 fr., moins le courtage, car il retire 72,000 fr. de l'inscription qu'il avait payée 70,000. Or, pour faire cette opération, Pierre n'a pas eu besoin de titre. Que peut-il arriver en effet? Si Jules exige la livraison du titre, il l'exigera à son tour de Paul. Si ce dernier exige la levée du titre, il l'exigera également de son acheteur. De quelque manière donc que tourne l'opération, il sera en mesure de faire face à ses engagements.

On comprend que dans ce genre de marché **les pertes et les gains puissent être très-considérables ;** car, d'une liquidation à l'autre, il peut survenir des événements qui *modifient*, singulièrement, le cours des valeurs cotées à la Bourse. Ces chances de trop grandes pertes ont fait imaginer le marché à *prime*, dont il sera parlé plus loin.

Marché à Découvert. — Si dans le marché précédent, Pierre, au lieu de commencer par acheter, eût vendu, sans les avoir, les 3,000 fr. de rente, il aurait fait un marché *à découvert*. C'est une des opérations plus dangereuses. En effet, supposons que Pierre, croyant à une baisse, ait vendu du 3 0/0 à 70 fr. ; ses prévisions ne se réalisent pas ; au lieu de baisser, les rentes montent à 71 fr., 72 fr. ; il n'a aucun intérêt à acheter à ce cours ce qu'il a vendu 70 fr. Cependant, la fin du mois arrive, et, à la liquidation, il se trouvera en face d'une différence énorme. L'acheteur, d'ailleurs, pourra exiger la livraison des titres et le mettre ainsi dans un grand embarras, dont il ne pourra se tirer qu'au moyen du report, dont il sera parlé plus bas.

Si les prévisions de Pierre se fussent réalisées, c'est-à-dire si la baisse eût eu lieu, il se serait empressé *d'acheter* la *même* quantité de rente qu'il avait vendue, et bénéficiait de la différence entre le prix de vente et le prix d'achat.

Marché à Prime. — On désigne sous ce nom des marchés que les *acheteurs* ont le *droit d'annuler*, moyennant l'abandon d'une certaine somme, *fixée d'avance*, et que l'on nomme *prime*. Je suppose que Pierre achète à Paul 40 actions du chemin de fer du Midi, à raison de 700 fr. et qu'il veuille limiter sa perte à 20 fr. par action. Cette condition sera relatée sur la cote de la Bourse de la manière suivante : Midi. Fin courant 700 fr. *DONT* 20.

Si à la liquidation, le Midi tombe à 680 fr., Pierre n'a aucun avantage à *lever*, ni à payer la différence ; si le cours est au-dessus de 680 fr., il a intérêt à prendre livraison, car en revendant immédiatement, il perd moins de 20 fr. par action ; si au contraire le cours est *au-dessous*, il a tout intérêt à *abandonner* sa prime, puisque la différence entre le cours du jour et celui auquel il a acheté est supérieure à 20 fr.

Dans ce genre de marché *l'avantage est pour l'acheteur*, car le vendeur *n'est pas libre* d'annuler *son* opération. Ainsi, si au lieu de 680 le cours eût été de **710,730**, Pierre aurait pu exiger la livraison des titres; son vendeur n'aurait pu s'y refuser.

Celui qui achète pour revendre plus cher *joue à la hausse*, on l'appelle **Haussier**; celui qui vend dans l'espoir d'acheter meilleur marché *joue à la baisse*, c'est un **Baissier.**

Comme nous l'avons déjà dit, les opérations à terme ne sont que fictives, et par conséquent qu'un *jeu*; de là l'expression : *jouer à la bourse*.

Escompte. — On peut définir l'Escompte, la *livraison, contre espèces*, et avant l'échéance convenue, des effets vendus à terme. L'acheteur a toujours le droit d'exiger de son vendeur la livraison des titres, tandis que le vendeur ne peut *jamais* l'obliger à prendre livraison *avant* l'époque convenue; de sorte que le vendeur est toujours à la *disposition* de l'acheteur. Il est vrai que le vendeur est *toujours censé* posséder les titres qu'il vend; et dès lors il a avantage à être escompté, puisqu'il reçoit *d'avance* le prix *intégral* de ce qu'il a vendu.

Si beaucoup de vendeurs à découvert sont obligés de lever leurs titres, les valeurs au comptant *qu'ils sont obligés de se procurer*, deviennent rares, et les cours subissent une hausse d'autant plus grande, que le nombre de titres escomptés est plus considérable. L'Escompte est un *moyen employé quelquefois* par les haussiers, pour élever le cours des valeurs qu'ils ont à vendre.

Coulisse. — On appelle *coulisse* un lieu placé hors du *Parquet* des agents de change, et où il se fait des affaires sur les effets publics, *avant* et *après* l'heure des négociations *régulières*. On nomme *coulissiers* ceux qui se livrent à ces sortes de transactions. Ce sont des espèces de Courtiers-marrons.

La spéculation ne porte que sur les valeurs suivantes et sur leurs multiples : 3 0/0, 1,500 de rente; 4 1/2 0/0, 2,250; 25 actions des compagnies diverses : Chemins de Fer, Crédit Foncier, etc., etc.

Couverture. — Quand nous avons dit que Pierre achetait à Paul, nous sous-entendions : *l'agent de change de Pierre* achète à *l'agent de change de Paul*, les agents de change ayant seuls la faculté de vendre et d'acheter; or, dans les marchés à terme, l'opération se réduisant presque toujours au payement des *différences*, les agents de change, pour faire face à ce payement, exigent toujours des joueurs le dépôt entre leurs mains d'une certaine somme que l'on désigne sous le nom de *couverture*.

Liquidation. — Toutes les opérations *à terme* ont une *échéance déterminée* : la fin du mois courant, ou la fin du mois prochain, pour les rentes; et le quinze du mois courant, ou le quinze du mois prochain, pour les chemins de fer. A ces époques, on procède à la liquidation. — Elle a pour **but** de faire connaître, parmi les agents de change, quels sont ceux qui, en définitive, sont créanciers ou débiteurs, depuis la *dernière liquidation*. En consultant les *ordres* de ses clients, chaque agent de change sait, d'avance, quels sont les titres qu'il doit lever, les primes qu'il doit abandonner; il règle donc, d'abord, avec eux et procède ensuite aux compensations avec ses collègues. — La **liquidation est faite** par six commissaires et un agent comptable, assistés de trois agents de change. *Elle dure quatre jours.* Le 1er jour est employé à la liquidation des rentes françaises 4 1/2, 4 et 3 0/0; le 2me, à tous les effets publics, autres que les rentes françaises; le 3me jour, les agents de change balancent leurs comptes, puis, conviennent des effets qu'ils ont à se livrer et des différences à payer; le 4me jour est consacré aux payements et à la livraison des titres.

La Liquidation est l'œuvre de l'agent comptable. Les agents de change débiteurs *versent à la Banque* les sommes qu'ils ont à payer; celle-ci leur donne un reçu qui est remis à l'agent comptable, *ainsi que les titres transférés*, aux noms des agents de change, qui prennent livraison. Les payements faits et les effets livrés, l'agent comptable remet à chaque agent de change les titres qu'il a levés, et donne à la Banque le nom des agents de change créanciers.

On procède de la même manière pour la liquidation des chemins de fer qui a lieu le 2 et le 16 de chaque mois.

Exécution. Si l'acheteur n'est pas en mesure de tenir ses engagements, à l'égard du vendeur *ferme*, celui-ci négocie *ses titres* au *cours du jour*, et l'acheteur paye la différence entre le prix de la 1re vente et de la 2me. Cette 2me vente se nomme l'*exécution de l'acheteur*. Le vendeur pourrait être lui aussi exécuté; seulement, on procéderait dans un ordre inverse. Les joueurs retardent cette exécution, qui est regardée comme la *faillite* de l'homme de Bourse, au moyen du *Report*.

Report. — Le **report** est une opération de Bourse qui a pour objet l'ajournement de l'exécution d'un marché.

Pierre achète à Paul pour 3,000 fr. de rente 3 0/0, livrables, fin courant. A la fin du mois, il n'est pas en mesure de prendre livraison des titres et voudrait *reporter*, à la fin du mois suivant, l'exécution de son marché; il le pourra au moyen du *report*.

Le report *consiste* à acheter et à vendre *en même temps* et *à la même personne la même valeur*. Supposons, dans l'exemple ci-dessus, que Paul exige que les titres soient levés. Pierre s'adresse à son agent de change, qui lui trouve un capitaliste, M. Léon, par exemple, qui consent à prendre livraison des titres achetés par Pierre, *à la condition de les lui revendre à terme*, pour la prochaine liquidation et à un prix plus élevé. Si l'achat a été fait à 65,25, je suppose, la vente sera à 65, 75 avec une différence de 50 centimes. Cette différence de 50 centimes entre l'achat au comptant et la vente à terme, se nomme aussi le report, de sorte que le report **pourrait être défini** : *la différence entre le cours à terme et le cours au comptant. A qui profite le report?* A Léon d'abord, qui y trouve l'emploi de ses capitaux, avec une rémunération plus ou moins considérable, et qu'il n'aurait pu placer ailleurs s'il ne pouvait en disposer que pour peu de temps. A Pierre aussi, qui, par ce moyen, échappe à une exécution, et qui, si une hausse survient, pourra relever sa position.

Le report est un moyen de crédit. — Les opérations du report n'ont pas toujours lieu en vue d'échapper à une exécution, c'est aussi un moyen de crédit. Pierre est porteur d'un titre de rente de 3000 fr. ; il aurait besoin d'une certaine somme, *avant la fin du mois*, époque où il doit lui-même toucher des fonds ; il voudrait trouver à *emprunter* sur ce titre. Paul voudrait *acheter*, mais au comptant, seulement la même quantité de rente ; il est évident que Pierre et Paul ne *peuvent* traiter ensemble. Mais supposons que Léon, *acheteur à terme* de 3,000 de rente, désire renoncer à son opération ; Pierre *vendra* aussitôt *à Paul au comptant*, et *rachètera à terme*, à Léon. Par ce moyen, il *conservera* son titre et se *procurera* l'argent qui lui est nécessaire.

Report sur prime. — Le *report sur prime* est une opération qui consiste à acheter *ferme* et à revendre avec prime à la même échéance une *même valeur*.

Pierre achète *ferme*, fin courant, 3000 fr. de rente 3 0/0 à 65 fr. qu'il revend, aussitôt, à *terme* 65,75 *dont* 50. Qu'arrivera-t-il à la liquidation ? Si on *prend* livraison, on lui payera 65,75 ce qui ne lui coûte que 65, et si on *abandonne* la prime, il profite des 50 centimes, ce qui réduit le prix de son achat à 64,50.

Le report offre aux capitalistes un placement temporaire et souvent très-avantageux, eu égard surtout au peu de temps pendant lequel ils veulent placer leur argent.

Déport. — Le report est un prêt d'argent ; le *déport* est un prêt de titres.

Pierre, *vendeur à découvert*, arrive à la liquidation sans avoir le titre qu'il a vendu, ni l'argent pour l'acheter, et néanmoins son acheteur veut *prendre livraison*. Que fera-t-il ? Son agent de change lui procurera un porteur de *titres* qui lui vendra au *comptant* et lui rachètera *à terme* et à un prix *inférieur*, les 3000 fr. de rente qu'il doit livrer. La vente sera faite à 65 fr. je suppose, et le rachat à 64,50. Les 50 centimes de différence constituent le *déport*.

De ce qui précède il résulte : qu'il y a report, *toutes les fois que le cours à terme est plus élevé* que le *cours au comptant*, et qu'il y a *déport*, lorsque le *cours à terme* est *moins élevé* que le cours au *comptant*.

Le *report* est souvent employé par les joueurs pour *déterminer une hausse*.

Pierre et Paul sont deux grands capitalistes, ils ont un grand nombre d'actions, *d'une valeur quelconque*, dont ils veulent relever le cours. Ils achèteront *ferme* autant d'actions qu'ils pourront s'en procurer, et à la liquidation prendront livraison des titres. Tous les vendeurs *à découvert* seront obligés de se procurer les titres, les demandes deviendront nombreuses et les cours s'élèveront. Pierre et Paul profiteront de ce moment de faveur pour se défaire des actions qu'ils possèdent ; — car plus d'un joueur croyant réelle, cette faveur qui n'est que factice, se fera *spéculateur* à la hausse.

Il résulte de ce qui précède qu'il y a *report* toutes les fois que l'argent est moins abondant que les titres, et *déport* lorsque les titres *manquent*. Le report donne lieu à des spéculations importantes qui ne sauraient être indiquées ici.

Arbitrage sur les effets publics. — L'arbitrage est une opération qui consiste à *échanger une valeur* contre une autre valeur. Cette opération repose sur ce principe : *que toutes les valeurs ne sont pas cotées au même taux.*

Exemple d'un arbitrage. A. possède 1,500 de rente 3 0/0 coté 85 fr. tandis que le 4 1/2 est coté 99,50. Il vend son inscription et rachète du 4 1/2. Les 42,500 qu'il retire de la vente lui permettent d'acheter 1,922 fr. de rente, d'où il résulte pour lui une augmentation de revenu de 422 fr. C'est un arbitrage.

Résumons ce que nous venons de dire sur les jeux de Bourse en traitant la question suivante :

Pierre, qui dispose d'un capital de 100,000 fr., veut jouer sur les fonds publics. Comment pourra-t-il jouer? Quelles seront ses chances de gain; ses chances de perte?

1° Il pourra jouer au *comptant* en achetant un titre de rente dont le capital s'élève à *cent mille* fr. — *Chances de gain.* Si l'achat est fait à 70 fr., par exemple, et que quelques jours après il s'élève à 70,50 je suppose, il vendra son inscription, profitera de la différence 50 cent. par chaque 3 francs de rente, et achètera un nouveau titre qu'il revendra quand surviendra une nouvelle hausse. — *Chances de perte.* Si la vente *baissait*, Pierre garderait son inscription, toucherait les intérêts tous les trois mois, et la différence de l'intérêt à 5 0/0, *qui est le taux ordinaire des placements*, et 4,50, taux de l'intérêt de la rente au cours 70, serait sa seule chance de perte.

2° *A terme ferme.* Il déposera ses *cent mille* francs comme *couverture* chez son agent de change, qui lui achètera, pour fin courant, une inscription de la même valeur. Supposons que l'achat soit fait à 70,50 et qu'à la liquidation le cours soit de 71, il aura un bénéfice de 50 centimes par 3 fr. de rente, moins toutefois le courtage. Si la baisse avait eu lieu, le bénéfice se changeait en perte.

3° *A découvert.* — Pierre croit à une baisse, à une *baisse soutenue ;* il fait vendre 100,000 fr. de rente fin courant au cours 70 je suppose. Le lendemain, ou quelques jours après, le 3 0/0 n'est coté que 69,50; il fait acheter aussitôt une inscription de 100,000 fr. livrables fin courant et bénéficie de 50 cent. par chaque 3 fr. de rente. Quoique cette opération soit à terme, elle n'est pas moins terminée pour Pierre par son achat. Sa couverture se trouvant dégagée, il peut recommencer sa spéculation et faire un nouveau bénéfice. Ce genre de marché, si les chances sont favorables, permet de réaliser des gains considérables avec le *même capital*. Mais où seront les chances de perte?

Supposons que la hausse eût lieu; que le 3 0/0 eût fait 71;71,50;72 à la liquidation. La différence à payer eût été de 1; 1,50; 2 fr. par chaque 3 francs de rente, plus les droits de courtage, c'est-à-dire que le *tiers*, la *moitié*, les *deux tiers* du capital étaient perdus.

4° Enfin, Pierre peut adopter le marché *à primes*.

Il achètera, je suppose, à 70,50 dont 50 c. 100,000 f. de rente 3 0/0. Si, à la liquidation, le 3 0/0 est à 70,50, son opération sera sans perte comme sans bénéfice ; s'il est au-dessus de ce chiffre, il profitera de la différence ; s'il est au-dessous de 70, il abandonnera sa prime, car il serait plus onéreux pour lui de prendre livraison que de faire cet abandon.

Les joueurs combinent entre eux ces divers marchés, ce qui donne lieu à des spéculations dont l'étude sortirait du cadre de ce cours.

Quoi qu'il en soit, et pour résumer ce que nous avons dit sur la *spéculation*, nous dirons que les *jeux de Bourse*, en outre qu'ils ne *produisent rien* pour la société, sont une cause de ruine pour bien des gens et la désolation de bien des familles. Il suffit, en effet, d'un moment, d'un accident, d'un événement politique de quelque importance, pour engloutir une fortune. Mais, l'essence même des rentes c'est de pouvoir être vendues publiquement.

Les opérations de Bourse sont donc des jeux que la société *doit subir*, mais dont la prudence conseille de *s'abstenir*.

DES MATIÈRES D'OR ET D'ARGENT.

L'or et **l'argent** sont deux métaux que toutes les nations civilisées ont choisis pour la représentation de leurs monnaies. On les trouve assez profondément dans la terre et presque toujours combinés avec d'autres substances.

Leur extraction et leur séparation d'avec les autres matières, occasionnent des dépenses qui constituent leur *prix de revient* et qui ont servi de base pour établir leur valeur *relative*.

Rapport de la valeur des deux métaux.—Dès le principe, il fut établi, que l'extraction de l'or coûtait quinze fois et demie plus que celle de l'argent ; de là, la valeur 15 1/2 fois moindre donnée à ce dernier.

La découverte de nouvelles mines aurifères, soit en Californie, soit en Australie, a considérablement modifié ce rapport ; néanmoins, on le conserve toujours à cause des difficultés nombreuses qu'occasionnerait un changement sous ce rapport.

Production de l'or.

Voici d'après M. Leber, cité par M. J. Garnier (1), la quantité d'or qu'on a retirée de la terre :

Au XVIe siècle, on a retiré par an   60 millions d'or.
  « XVIIe   80

(1) Premières notions d'économie politique.

Au XVIIIᵉ	180 millions d'or.
« XIXᵉ (au commencement).	270
Avant la découverte des mines cali-forniennes.	340

Depuis 1849, la production est plus considérable encore.

Lieux de production. — Les principales mines aurifères exploitées de nos jours sont : Les mines *Californiennes* et *Australiennes*, celles du *Brésil*, du *Chili*, de la *Colombie*, du *Mexique*, de la *Sibérie* et de l'*Oural*.

Les principales mines argentifères sont : *Guanaxato* (Mexique) (les plus riches de l'Univers), celles du *Pérou*, du *Chili*, des *États-Unis*, de la *Colombie*.

Les mines de *Hongrie*, de *Transylvanie*, de *Saxe*, etc., en Europe, sont encore assez riches, pour pouvoir être exploitées avantageusement.

Néanmoins, l'Amérique fournit à peu près les 9/10 de l'argent qui entre dans le commerce.

Stock. — Ce mot a, à peu près, la signification de *provision*. Le stock des marchandises, c'est la quantité de marchandises disponibles; le stock métallique, c'est la quantité d'argent en circulation ou dans les caisses soit publiques, soit privées. On comprend qu'il soit très-difficile, pour ne pas dire impossible, d'établir le stock métallique d'une nation, non pas seulement d'une manière certaine, mais seulement probable. Aussi, les économistes ne sont-ils guère d'accord sur le stock métallique de la France. Car, tandis que les uns le portent de 5 à 6 milliards, les autres le font descendre à trois. C'est probablement entre ces deux chiffres que se trouve la vérité.

Le stock métallique de l'Angleterre est de beaucoup inférieur au nôtre, ce qui ne l'empêche pas de faire pour 80 milliards d'affaires par an, tandis que nous n'en faisons que pour 40 milliards.

Monnaies.

Une monnaie n'est jamais composée d'une seule matière; l'or et l'argent s'y trouvent toujours combinés avec une certaine quantité de cuivre. La quantité d'or pur ou d'argent pur se nomme le *titre* ou le *fin*. Le cuivre se nomme l'*alliage*. Il est considéré comme n'ayant aucune valeur dans les monnaies; d'où il résulte que la valeur intrinsèque d'une monnaie dépend uniquement de son *titre*.

On peut **définir le titre :** le *rapport* du poids de l'or pur ou de l'argent pur d'une monnaie à son poids total. Ce rapport est exprimé en millièmes. En France, il est égal à 900; c'est-à-dire que sur 1,000 grammes d'argent monnayé, il entre 900 grammes d'or ou d'argent. Mais, toutes les nations n'ont pas adopté ce chiffre; ainsi, l'Espagne donne 950 au lieu de 900. Il résulte de là, qu'à poids égal, la monnaie espagnole vaut plus que la monnaie française. Dans les transactions entre les deux pays, on tient compte de cette différence de titre.

L'or et l'argent **se vendent** tous les jours à la Bourse, comme toute autre marchandise; seulement le prix de vente est *fixé* par la Loi. Néanmoins, lorsque l'or et l'argent sont rares et que le commerce a à effectuer, en *espèces,* des payements considérables à l'étranger, ces deux métaux sont achetés *avec prime.* Cela a lieu, par exemple, lorsque nous faisons des achats dans un pays qui ne reçoit pas en échange nos produits fabriqués. Voici le dernier tarif: or pur, le kilogramme, 3,444 fr. 44; or à 900 millièmes, 3,100 fr.; argent pur, 222 fr. 22 c.; argent à 900 millièmes, 200 fr. Ce prix est modifié comme il suit, lorsqu'on *échange* des lingots ou des monnaies étrangères : or, déduction faite de la retenue, 3,437 fr.; argent, 198 fr. 50.

Le commerce des matières d'or et d'argent est fait par des changeurs. C'est une profession libre.

Dans les achats des monnaies, on doit tout d'abord s'assurer du titre puisque l'alliage est sans valeur; chercher ensuite la quantité de *fin,* et multiplier par le prix du kilogramme. Soit à connaître la valeur de 250 grammes d'or au titre 750. La quantité d'or pur sera évidemment les $\dfrac{750}{1,000}$ de 250 grammes ou $\dfrac{250 \times 750,}{1,000}$ et le prix, à raison de 3 fr. 4444 le gramme, sera $\dfrac{250 \times 750 \times 3,4444.}{1,000} = 187$ fr. 50.

Titre légal des ouvrages d'Orfévrerie. — La Loi a établi 3 titres pour les ouvrages d'orfévrerie : 920 millièmes — 840. — 750. Ces chiffres sont marqués sur les objets avec un poinçon qui porte le n° du titre. L'apposition de ce numéro donne droit à la perception, par l'État, de 20 fr. par hectogramme d'or; et de 2 fr. par hectogramme d'argent.

CHANGE.

Avant d'exposer ce que nous avons à dire sur le change, il nous a paru indispensable de dire un mot du système monétaire des divers États de l'Europe et de la valeur de chaque monnaie rapportée à la valeur du franc.

En France, on compte par *francs* et *centimes;* en Angleterre, par *livres sterlings, schellings* et *deniers;* en Russie, par *roubles* et *copecks;* en Allemagne, par *rixdales, florins* et *kreutzers*; à Naples, par *ducats;* à Hambourg, par *marcs lubs* et *marcs banco;* en Espagne, par *piastres, réaux* et *maravédis;* en Portugal, par *crusades* et par *reis;* en Autriche, par *florins.* Dressons maintenant le tableau de la valeur de ces monnaies.

Tableau des valeurs des monnaies qui entrent dans les problèmes sur les changes.

NOMS.	SUBDIVISIONS.	VALEUR.	
Florin de Vienne. . .	se divise en 60 kreutzers.	2	47
— d'Amsterdam.	se divise en 20 stuyvers ou 40 deniers de gros.	2	14
Rixdale de Vienne. .	égale 1 thaler—égale 1 florin 1/2— se divise en 90 kreutzers.	3	70
— d'Amsterdam.	se divise en 50 stuyvers ou 100 den. de gros—égale 2 florins 1/2.	5	55
— de Berlin. .	égale 1 thaler—se divise en 30 silbergros.	3	70
— de Hambourg.	égale 3 marcs lubs.	5	78
Marc lub.. . . .	se divise en 16 sous lubs ou 192 deniers.	1	88
Rouble.	se divise en 100 copecks.	3	90
Livre sterling. . .	se divise en 20 sous — le sou en 12 deniers.	25	20
(1,000 reis) Lisbonne.	Cruzade 400 reis—le reis ne se divise pas.	5	60
Piastre. Madrid.. .	se divise en 20 réaux.	5	30

Toutes ces monnaies n'existent pas en *nature*; quelques-unes sont *conventionnelles* et servent *d'unité* pour les cours des changes; elles sont appelées *monnaies de change*. Tel est, par exemple, le reis dont les 1,000 ne valent que 5,80.

Le change peut être défini : le commerce sur les effets publics. Le change est *intérieur*, si les valeurs faisant l'objet de la transaction sont payables en France; il est *extérieur*, lorsqu'elles sont payables à l'Étranger.

Supposons que Pierre, négociant à Toulouse, ait à payer à Paris une somme de 10,000 fr., par exemple; au lieu d'envoyer cette somme en espèces, il cherchera des valeurs sur la Capitale; si elles sont abondantes sur la *place*, il les obtiendra à de bonnes conditions; il les payera cher, au contraire, si elles sont rares. Admettons ce dernier cas, et supposons que le change sur Paris soit coté avec 1/8 de bénéfice. Pierre sera donc obligé de donner en plus des 10,000 fr. une bonification de 1/8 0/0 ou 22,50. Si le *papier* eût été abondant et coté avec 1/8 de perte, il eût acheté ses 10,000 fr. avec une diminution de 22,50. Lorsque le papier est coté à sa valeur nominale, on dit que le change est *au pair*.

Le change *intérieur* est toujours indiqué par une perte ou un bénéfice de tant 0/0.

Pour les achats d'effets publics, comme pour les achats de marchandise, il faut, de toute nécessité, connaître le prix de l'unité. De sorte que la question se réduit à ceci : *que prend-on pour unité dans le change avec l'étranger?*

Résolvons la question pour la Bourse de Paris, dans ses relations avec les nations voisines. L'unité (toujours invariable) est, pour Londres, *une livre sterling;* pour Hambourg, 100 *marcs lubs;* pour Vienne, 100 *florins;* pour St-Pétersbourg, 100 *roubles;* pour Berlin, 100 *rixdales;* etc., etc. Ainsi, la cote de Paris portant 25,25 et Berlin 366 1/2, cela signifiera que pour toucher à Londres une livre sterling (25 fr.) il faudra donner à Paris 25,25, tandis qu'il suffira de payer 366,50 pour toucher à Berlin 100 rixdales (370 fr.). Ceci étant bien compris, essayons d'analyser une cote des changes. Une cote des changes est un tableau indicatif du prix de l'argent sur les diverses places de l'Europe. Soit le cours des changes suivant que nous prenons à la date du 8 janvier 1864.

PLACES.	A COURTS JOURS.		A 90 JOURS.	
	PAPIER.	ARGENT.	PAPIER.	ARGENT.
Amsterdam. . . .	213 1/8	212 1/2	210 3/4	210 3/8
Hambourg. . . .	189 3/4	189 1/2	187 1/2	187 1/4
Berlin.			372 1/4	371 3/4
Vienne.	206	. . . .	203	
Londres. . . .	25,24 1/4	25,22 1/2	24,84 1/4	24,83
Saint-Pétersbourg. .	360	357 1/2	350 1/2	350
Madrid.	5,14	5,12 1/2	5,66	5,05
Naples.				

Dans ce tableau, on se dispense de faire figurer l'*unité*, par la raison que les banquiers et les agents de change sont censés la connaître. Il en est, en effet, de cette cote comme d'un prix courant de marchandises. Or, si on lit sur ce dernier : sucre, 82 francs; vin, 19 francs, les négociants comprendront que le premier nombre représente le prix de 100 kilos de sucre, et le second, le prix d'un hectolitre de vin, bien que ces indications ne figurent pas sur le prix courant. La valeur sous-entendue, toujours *fixe, invariable, certaine*, est ce qu'on appelle le *certain*. Procédons maintenant à l'analyse du tableau ci-dessus.

Dans la 1re ligne nous lisons : Amsterdam 213 1/8; 212 1/2, puis 210 3/4, et 210 3/8; cela signifie que le papier *à vue* sur Amsterdam est offert à 213 1/8 (100 florins); mais qu'on n'en offre que 212 1/8; que le papier à 90 jours est offert à 210 3/4, mais qu'on n'en offre que 210 3/8. La seconde ligne nous fait connaître que le papier à vue sur Hambourg est offert à 189 3/4 (100 marcs lubs) et qu'il trouve preneurs à 189 1/2, tandis qu'à 90 jours, il est offert à 187 1/2, et trouve preneurs à 187 1/4.

Problèmes.

Chaque pays à sa cote particulière. — Aussi, pour résoudre les diverses questions relatives au change, il faudrait avoir sous les yeux la cote des diverses places. Disons de plus que Paris donne le *certain* à toutes les autres places; tandis que d'autres, comme celle de Londres, par exemple, donnent tantôt le certain, tantôt l'incertain. Ainsi, Amsterdam, Berlin, Francfort, Gênes, Hambourg, Livourne, Paris, Bordeaux, Vienne et Trieste ont le certain, tandis que les autres places reçoivent l'incertain. Pour les premières, le certain est *une livre sterling* qui n'est pas exprimée sur la cote. Si je lis sur la Bourse de Londres : Paris 25,50, cela signifiera que pour recevoir à Bordeaux la valeur d'une livre sterling (25 fr.), il faudra donner 25,50 à Londres. Pour les autres, le certain varie pour chacune d'elles. Nous ne nous étendrons pas davantage sur les changes, notre but étant de faire connaître les principes généraux sur cette partie de la comptabilité commerciale. Nous résoudrons néanmoins les problèmes suivants comme complément de ce qui précède. Pour résoudre ces problèmes, nous donnerons les cotes des places qui figurent dans les énoncés.

Cote des changes de quelques places.

PARIS.

	INCERTAIN.	CERTAIN.
Amsterdam..	213 fr. pour.	100 florins.
Hambourg..	189 1/2 plus ou moins pour.	100 marcs lubs.
Londres.	25,20 plus ou moins pour.	1 livre sterling.
Vienne..	243 fr. plus ou moins pour.	100 florins.
St-Pétersbourg.	392 1/2 plus ou moins pour.	100 roubles.
Berlin..	369 plus ou moins pour.	100 rixdales.

Paris donne le certain à toutes les places.

COTE D'AMSTERDAM.

	INCERTAIN.	CERTAIN.
Hambourg..	36 florins plus ou moins pour.	40 marcs lubs.
Londres.	12 1/8 plus ou moins pour.	1 livre sterling.
Vienne..	29 7/8 plus ou moins pour.	20 rixdales de 3/2 florins
St-Pétersbourg.	188 1/2 plus ou moins pour.	100 roubles.
Berlin..	172 1/2 plus ou moins pour.	100 rixdales.
Paris..	56 1/4 plus ou moins pour.	120 francs.

Amsterdam donne le certain à toutes les places.

COTE DE HAMBOURG.

	INCERTAIN.	CERTAIN.
Amsterdam..	34 1/2 stuyvers plus ou moins pour.	1 déalder.
Vienne.	180 rixdales de Vienne pour.	100 rixdales banco.
Berlin..	150 rixdales de Prusse pour.	100 rixdales banco.
Paris..	189 francs.	100 marcs lubs.

	CERTAIN.	INCERTAIN.
Londres..	12 marcs lubs, 12 sous lubs pour.	1 livre sterling.
St-Pétersbourg.	35 sous lubs pour.	1 rouble.

3 marcs lubs égalent 1 rixdale—égalent 3/2 déalder.
Hambourg donne le certain aux quatre premières places, et l'incertain aux autres.

LONDRES.

	INCERTAIN.	CERTAIN.
Amsterdam..	12 florins 3 stuyvers plus ou moins.	1 livre sterling.
Hambourg..	12 marcs lubs 5 sous..	id.
Vienne..	12 florins 1/16..	id.
Berlin..	6 rixdales 20 silbergros..	id.
Paris..	25 fr. 50.	id.
St-Pétersbourg.	37 3/4 deniers..	1 rouble argent.

Livre sterling égale 20 sous; le sou 12 deniers.

VIENNE.

	INCERTAIN.	CERTAIN.
Amsterdam.	167 rixdales de Vienne plus ou moins.	250 florins d'Amsterdam.
Hambourg..	179 rixdales de Vienne pour.	300 marcs lubs.
Londres.	12 1/16 florins de Vienne pour.	1 livre sterling.
St-Pétersbourg.	102 rixdales de Vienne pour.	100 roubles.
Berlin.	182 florins de Vienne.	100 rixdales.
Paris.	45 florins.	100 francs.

SAINT-PÉTERSBOURG.

	INCERTAIN.	CERTAIN.
Amsterdam..	196 cents de florin plus ou moins.	1 rouble argent.
Hambourg..	55 sous lubs.	id.
Londres..	58 deniers sterling.	id.
Berlin.	52 silbergros.	id.
Vienne.	112 kreutzers.	id.
Paris.	592 centimes.	id.

BERLIN.

	INCERTAIN.	CERTAIN.
Amsterdam.	143 rixdales ou thalers plus ou moins pour.	250 florins.
Hambourg..	152 rixdales plus ou moins pour.	300 marcs lubs.
Londres..	6 rixdales 7/8 plus ou moins pour.	1 livre sterling.
St-Pétersbourg.	87 rixdales plus ou moins pour.	100 roubles.
Vienne.	84 rixdales 1/2 plus ou moins pour.	150 florins.
Paris.	82 rixdales plus ou moins pour.	300 florins.

1° Combien valent 1,000 francs versés à Paris en florins d'Amsterdam achetés à Londres?

Avec 1,000 fr. versés à Paris on a, en livres sterling, ce qui suit :

Le Londres est coté à Paris 25 fr. pour une livre sterling, d'où

$$\left. \begin{array}{l} 25 \text{ fr.} \dots \dots 1 \text{ liv.} \\ 1,000 \dots \dots x \end{array} \right\} \quad x = \frac{1,000}{25} = a \text{ livres sterling.}$$

L'Amsterdam est coté à Londres 12 flor. 2 stuy pour une livre sterling, d'où

$$\left. \begin{array}{l} 1 \text{ liv. st. donne } \frac{242}{20} \\ a \dots \dots \dots x \end{array} \right\} \text{ de florins (1).} \quad x \, \frac{242 \times a}{20} =$$

$$\frac{242 \times 1,000}{20 \times 25} = \frac{242,000}{500} = 484 \text{ florins.}$$

2° Un négociant de Paris a à payer à Berlin 3000 rixdales; combien payera-t-il; 1° par le change direct? 2° Combien payera-t-il s'il charge un banquier de Londres d'effectuer ce payement en envoyant à Berlin du papier sur Vienne?

1° CHANGE DIRECT.

$$\left. \begin{array}{l} 100 \text{ rixd.} \dots \dots 369 \text{ fr.} \\ 3,000 \dots \dots x \end{array} \right\} \quad x = \frac{369 \times 3,000}{100} = 11,070 \text{ francs.}$$

(1) En convertissant en stuyver ou 20mes de florin.

2° CHANGE INDIRECT.

Berlin — $\dfrac{169}{2}$ rixd. valent   150 florins de Vienne.

$$\begin{array}{ll} 3{,}000 & x \\ \hline \dfrac{169}{2} \ldots\ldots & 150 \\[2mm] 1 \ldots\ldots & \dfrac{150\times 2}{169} \\[3mm] 3{,}000 \ldots\ldots & \dfrac{150\times 2\times 3{,}000}{169} = a \text{ fl. de Vienne.} \end{array}$$

Londres — $\dfrac{193}{16}$ de florins de Vienne, valent 1 livre st.

$$\begin{array}{ll} a \ldots\ldots & x \\ \hline \dfrac{193}{16} \ldots\ldots & 1 \\[2mm] 1 \ldots\ldots & \dfrac{16}{193} \\[3mm] a \ldots\ldots & \dfrac{16\times a}{193} = b \text{ livres sterling.} \end{array}$$

Paris — 1 livre sterl. vaut   25 fr. $X = 25\times b =$

$$\dfrac{25\times 16\times a}{193} = \dfrac{25\times 16\times 150\times 2\times 3.000}{193\times 169} = 11{,}037 \text{ francs.}$$

3° M. N. de Paris a à payer à Saint-Pétersbourg une facture de 7,500 roubles. Quelle somme donnera-t-il : 1° S'il paye directement ? 2° Combien, s'il charge un banquier de Londres de payer cette somme par l'intermédiaire de son correspondant de Vienne ?

DIRECTEMENT.

Paris —   100 roubles valent 392 fr. 50 c.

$$\begin{array}{l} 7{,}500 \ldots\ldots x \\ \hline x = \dfrac{392.50\times 7{,}500}{100} = 29{,}437 \text{ fr. 50 c.} \end{array}$$

PAR LE CHANGE INDIRECT.

Vienne —   100 roub. 102 rixd. $x = \dfrac{102\times 7{,}500}{100}$ rixdale

$$\begin{array}{l} 7{,}500 \ldots x \\ \hline \dfrac{102\times 7{,}500\times 3 \ (1)}{100\times 2} = a \text{ florins de Vienne.} \end{array}$$

(1) La rixdale vaut $\dfrac{3}{2}$ florins.

Lòndres — $\dfrac{193}{16}$ florins   val. 1 livre st.

$$\overline{a.\ \ldots\ldots\ x}\ \Big\}\ x = \frac{16 \times a}{193}\ \text{livres sterling.}$$

$$= b \text{ livres sterling.}$$

Paris — 1 liv. st. vaut 25 fr. $\underset{x}{\overline{\underset{b}{\ }}}$ $X = 25 \times b = \dfrac{25 \times 16\,a}{193} =$

$$\frac{25 \times 16 \times 102 \times 7{,}500 \times 3}{193 \times 100 \times 2} = 23{,}782 \text{ francs.}$$

4° Une maison d'Amsterdam veut faire payer à Paris une somme de 20,000 francs. Combien de florins payera-t-elle :

1° Si elle emploie le change direct ?

2° Combien, si elle paye par Londres ?

3° Combien en employant la place de Berlin et de Vienne ?

1°   120 fr. valent $\dfrac{225}{4}$ de flor. $x = \dfrac{225 \times 20{,}000}{4 \times 120} = 9{,}375$ florins.

20,000. x

2°   25 fr. valent 1 liv.

20,000. . . . . . x $x = \dfrac{20{,}000}{25}$ liv. sterl. $= a$

1 liv. st. vaut $\dfrac{97}{8}$ de flor.

$$a\ \ldots\ldots\ x \qquad X = \frac{97 \times a}{8} = \frac{97 \times 20{,}000}{8 \times 25} =$$

$$= \frac{97 \times 20{,}000}{200} = 9{,}700 \text{ florins.}$$

3°   300 fr. val 82 rixd. de Berlin.

$$20{,}000.\ \ldots\ x\ \Big\}\ x = \frac{82 \times 20{,}000}{300}\ \text{rixd. de Berlin} = a$$

100 rixd. de Berlin 182 florins de Vienne.

$$a.\ \ldots\ldots\ x \qquad \Big\}\ x = \frac{182 \times a}{100} = b \text{ florins de Vienne.}$$

$$\underset{x}{\frac{239}{8}} \text{ florins} = 20 \text{ rixd.} = \underset{b}{\frac{20 \times 3}{2}} \text{ florins de Vienne.}$$

$$X = \frac{239 \times 2 \times b}{8 \times 20 \times 3} = \frac{239 \times 2 \times 182 \times a}{8 \times 20 \times 3 \times 100} = \frac{239 \times 2 \times 182 \times 82 \times 20{,}000}{8 \times 20 \times 3 \times 100 \times 300}$$

$$= \frac{14267344000}{14400000} = 9{,}907 \text{ florins 4 stuyvers.}$$

5° Un négociant de Paris achète une valeur de 4,500 marcs lubs sur Hambourg, au cours de 186 fr. 75. Combien doit-il payer?

6° Quelle différence y a-t-il entre le prix de 500 florins de Vienne et 570 florins d'Amsterdam, le Vienne étant coté 237 3/4, et l'Amsterdam 210 1/2? Quel est le papier le plus cher?

7° Un négociant a à payer 235 livres sterling à Londres; il a une valeur 4,170 florins sur Amsterdam. Il échange cette valeur contre 235 livres sterling. Qu'aura-t-il à recevoir ou à donner, l'Amsterdam étant coté 213 7/8, et le Londres 24 fr. 90?

8° Un négociant de Hambourg veut payer à Londres 215 livres sterling, combien de marcs lubs aura-t-il à donner, le Londres étant coté 12 7/8 à Hambourg?

9° A Paris, le change sur Vienne étant 242 fr. 75, quel devait être celui de Hambourg pour être inférieur de 2 0/0 à celui de Vienne?

10° Le change sur Vienne est plus bas de 1 0/0 que celui de Berlin. La cote de Paris porte le Berlin 368 7/8, combien doit être coté le Vienne?

11° Un négociant de Paris veut payer à Londres 700 livres sterling; il envoie à son créancier, qui l'accepte au cours de Londres, une valeur 8,500 marcs lubs sur Amsterdam; quelle sera la position du débiteur vis-à-vis de son créancier après cette remise? (consulter la cote de Londres).

12° Un négociant de Londres doit payer à Vienne 10,000 florins; lui sera-t-il plus avantageux de faire payer par son correspondant de Paris, et de couvrir ensuite celui-ci par du papier sur France, ou de payer directement? (consulter les cotes du cours).

13° Le Madrid est coté à Londres 49 deniers sterling pour une piastre effective (5 fr. 30). Le Londres est coté à Paris 24 fr. 80, et le Madrid 5 fr. 27 1/2. Sera-t-il plus avantageux pour Paris de payer directement en Espagne ou de faire payer par Londres?

Nota. Dans tous ces problèmes on a négligé de tenir compte du courtage perçu par les agents de change.

CAISSE DE RETRAITES POUR LA VIEILLESSE.

La Caisse de retraites pour la Vieillesse est une institution placée sous la surveillance de l'État, et **destinée à assurer au travailleur** une pension suffisante pour le protéger dans ses vieux jours contre le dénûment.

Les lois sur la mortalité et la capitalisation incessante des intérêts, sont les deux principes sur lesquels **repose** cette institution, une des plus utiles des temps modernes.

La Caisse de retraites forme un service de l'État; sa gestion ne coûte donc rien, d'où il suit qu'elle peut réaliser de plus grands bénéfices que tout autre établissement privé de même nature, et qu'elle doit inspirer la plus grande confiance aux classes laborieuses.

On se constitue une rente viagère pour ses vieux jours en versant à la Caisse une certaine somme.

Des versements.

Il y a deux espèces de versements : Savoir :

1° Avec aliénation du capital ; 2° Avec réserve du capital. L'un et l'autre ne peuvent être moindres de 5 fr. ni supérieurs à 4,000 fr. pour chaque année.

Ils sont reçus : à Paris à la Caisse des Dépôts et Consignations ; en Province, aux Recettes générales et aux Recettes particulières.

Ils sont **facultatifs,** c'est-à-dire qu'ils peuvent être interrompus, au gré du déposant. Il n'y a même pas d'obligation pour lui à les faire entre les mains du même préposé. Car chaque versement donne lieu à une liquidation distincte. Ainsi, les versements commencés dans un département peuvent être continués dans un autre.

L'intérêt, composé du capital versé, est calculé à raison de 4 1/2 0/0 l'an.

Toutes les sommes disponibles, provenant soit des versements des déposants, soit des intérêts perçus par la Caisse, sont successivement et dans les *huit jours* au *plus tard*, employées en achats de rentes sur l'État. Ces rentes sont inscrites au Grand-Livre de la Dette publique au nom de la Caisse des retraites pour la vieillesse.

Des rentes viagères.

Nul ne peut jouir d'une rente viagère avant l'âge de 50 ans.

Le chiffre de la rente allouée **ne peut être moindre** de 5 francs **ni supérieur** à 1,500.

La liquidation est faite à Paris, par les soins de la Caisse des dépôts et consignations.

Sont remboursées, *sans intérêt*, les sommes qui lors de la liquidation définitive, auraient été insuffisantes pour produire une rente viagère de cinq francs, ou qui auraient dépassé soit le versement *maximum* de 4,000 fr. *par année*, soit le capital nécessaire pour constituer une rente de quinze cents francs.

L'entrée en jouissance de la pension viagère est fixée, au choix du déposant, à partir de chaque année d'âge accomplie de *cinquante* à *soixante-cinq ans.*

Dans le cas où les versements sont faits avec *réserve* du capital, à la mort du titulaire, soit avant l'âge où il serait entré en jouissance de sa rente, soit pendant qu'il en jouirait, la Caisse rembourse le capital versé aux ayants droit, mais *sans intérêt.*

La Caisse de Retraites pour la Vieillesse est particulièrement utile aux sociétés de secours mutuels, toujours embarrassées quand elles veulent servir des retraites à leurs membres âgés.

Tableau N° 1.

Rentes viagères pour chaque franc versé avec jouissance à l'âge de :

AGE DU VERSEMENT.	CAPITAL ALIÉNÉ.			CAPITAL RÉSERVÉ.		
	50 ans.	55 ans.	60 ans.	50 ans.	55 ans.	60 ans.
	fr.	fr.	fr.	fr.	fr.	fr.
3 ans.	1.1342	1.7223	2.7991	» 8652	1.3245	2.1354
10 ans.	» 7309	1.1189	1.8039	» 5820	» 8909	1.4363
20 ans.	» 4332	» 6632	1.0692	» 3282	» 5025	» 8101
30 ans.	» 2503	» 3832	» 6178	» 1795	» 2748	» 4914
40 ans.	» 1436	» 2198	» 3544	» 0939	» 1438	» 2319
50 ans.	» 0813	» 1245	» 2608	» 0449	» 0688	» 1109
55 ans.	» »	» 0902	» 1455	» »	» 0450	» 0725
60 ans.	» »	» »	» 1025	» »	» »	» 0450

Explication du Tableau.

La première ligne horizontale commençant par 3 ans signifie que pour chaque franc versé au profit d'une personne âgée de 3 ans, elle aura, à l'âge de 50 ans, une rente viagère de 1,1342; 1,7263, à l'âge de 55 ans; 2,7991, à l'âge de 60 ans — le capital étant aliéné — et seulement 0,8652 —, 1 fr. 3245, et 2 fr. 1354 aux mêmes époques, — le capital étant réservé, — c'est-à-dire passant, au décès, aux héritiers.

Tableau N°. 2.

Rentes viagères produites par le versement annuel de 10 francs avec jouissance à l'âge de :

AGE DU VERSEMENT.	CAPITAL ALIÉNÉ.			CAPITAL RÉSERVÉ.		
	50 ans.	55 ans.	60 ans.	50 ans.	55 ans.	60 ans.
	fr.	fr.	fr.	fr.	fr.	fr.
3 ans.	189.35	295.37	482.57	143.20	222.15	361.19
10 ans.	123.82	195.05	320.83	91.84	143.52	234.43
20 ans.	65.35	105.55	176.55	46.14	73.57	121.65
30 ans.	31.05	53.04	91.89	20.67	34.58	58.80
40 ans.	11.31	22.83	43.18	6.96	13.59	24.96
50 ans.	1.86	5.51	15.25	1.01	2.93	7.76
55 ans.		2.09	6.37		1.03	3.05
60 ans.			2.44			1.05

Le tableau n° 2 nous montre que 10 fr. (capital aliéné) versés chaque année depuis l'âge de 3 ans donnent droit, à 50 ans, à 189 fr. 35 de rente viagère; à 123 fr. 80, si le versement est fai depuis l'âge de 10 ans; à 11 fr. 31 seulement s'il a commencé à l'âge de 40 ans. Avec le capital réservé aux héritiers, et pour les mêmes époques, on aurait 143 fr. 20 — 91,84; 6.96.

Si au lieu de jouir de la rente à 50 ans on voulait n'en jouir qu'à 60, les chiffres seraient 482,57; 320,83; 43,18 (capital aliéné); et 361,19 : 234,43 et 24,96 (capital réservé).

ASSURANCES SUR LA VIE.

Les assurances sur la vie **ont pour but** de donner à une personne ou à ses ayants droit, un capital qui les mette à l'abri du besoin. Le père de famille, soutien indispensable de sa femme et de ses enfants, en faisant assurer son existence est aussi conséquent que le négociant qui assure sa marchandise contre les risques d'un incendie. Les Sociétés ou Compagnies d'assurance sur la Vie sont donc des institutions très-utiles et qui ont déjà rendu de grands et nombreux services.

Généralement, les assurances sur la vie embrassent un certain nombre d'années.

Elles se divisent en :

Assurances pour la vie entière ;

Assurances temporaires;
Assurances différées;
Assurances de survie.

1° Assurances pour la vie entière. Les Compagnies s'engagent : 1° à payer à l'assuré, et à une époque déterminée, une somme convenue. L'assuré, à son tour, prend l'engagement de payer à la Compagnie une *prime* fixée par les tarifs, et qu'il verse soit immédiatement, soit annuellement; — 2° à payer, au décès de l'assuré, *à ses héritiers ou ayants droit*, un capital convenu ; — 3° à payer soit un *capital*, soit seulement une *rente* au premier *survivant*, ou au survivant *désigné* de deux ou plusieurs personnes, une *somme convenue*, toujours à la charge par l'assuré de verser une prime indiquée par les tarifs relatifs à chaque espèce d'assurance.

2° Assurances temporaires. L'assurance temporaire est un contrat par lequel une compagnie s'engage à payer un capital convenu *à la mort de l'assuré, si le décès a lieu dans une période déterminée.* Si l'assuré vit au *delà* du terme fixé, les sommes versées sont acquises à la compagnie, qui n'a rien à payer.

3° Assurances différées. — Par cette assurance, la compagnie s'engage à payer à l'assuré *lui-même*, s'il est encore en vie, un capital convenu à une époque aussi convenue d'avance. Si l'assuré *meurt avant* l'époque fixée, toutes les primes versées sont *la propriété* de la Compagnie.

4° Assurances de survie. L'assurance de survie est un contrat par lequel la compagnie s'engage à payer un capital ou à servir une rente à une personne *désignée par l'assuré*, mais seulement dans le cas où cette personne, qui doit avoir le bénéfice de l'assurance, *survivrait* à *l'assuré.*

Des primes. — Les primes sont les sommes payées par les assurés. Elles varient suivant l'espèce d'assurance. Les compagnies tiennent à la disposition des assurés des tarifs imprimés qui contiennent toutes les indications relatives au payement des primes.

Ces tableaux, gradués suivant l'âge, ont été dressés d'après la loi sur la mortalité et d'après l'*intérêt* des primes *calculé à* 4 0/0, et capitalisé d'année en année.

Participation aux bénéfices. — Généralement, les sociétés d'assurance font participer les assurés aux bénéfices. Cette participation se traduit, au choix de l'assuré, soit par une remise en *argent comptant;* soit en *augmentation de capital;* soit, *enfin, en une réduction sur les primes à payer.*

Du payement des primes. — La prime doit être payée *au plus tard* dans les *trente jours* qui suivent *son échéance.* Passé ce délai, si l'assuré vient à mourir, les héritiers *n'ont rien à réclamer à la compagnie.*

Le tableau suivant, que nous empruntons à la *Compagnie générale,* donnera une idée des tarifs des sociétés d'assurance.

Assurances pour la vie entière, à primes entières et viagères, avec participation de 50 0/0 dans les bénéfices.

PRIMES ANNUELLES ASSURANT UN CAPITAL DE 100 FRANCS.

AGE de L'ASSURÉ.	PRIME ANNUELLE.	AGE de L'ASSURÉ.	PRIME ANNUELLE.	AGE de L'ASSURÉ.	PRIME ANNUELLE.	AGE de L'ASSURÉ.	PRIME ANNUELLE
ans.	fr.	ans.	fr.	ans.	fr.	ans.	fr.
21	2.01	31	2.55	41	3.38	51	4.84
22	2.06	32	2.62	42	3.50	52	5.04
23	2.10	33	2.69	43	3.61	53	5.25
24	2.16	34	2.76	44	3.74	54	5.47
25	2.21	35	2.84	45	3.87	55	5.71
26	2.26	36	2.92	46	4.01	56	5.96
27	2.32	37	3.00	47	4.16	57	6.23
28	2.37	38	3.09	48	4.31	58	6.51
29	2.43	39	3.18	49	4.48	59	6.81
30	2.49	40	3.28	50	4.66	60	7.13

M. Pierre, âgé de 40 ans, contracte une assurance de 10,000 francs à toucher à sa mort par ses héritiers. — Quelle prime annuelle devra-t-il fournir? En regard de 40 ans je lis 3 fr. 28 c. — 100 fr. étant contenu 100 fois dans 10,000 fr., la somme à payer annuellement sera 3 fr. 28×100 = 328 fr.

CHAPITRE IV

SOLUTION DE QUELQUES QUESTIONS DE DROIT COMMERCIAL.

Nécessité d'une législation particulière au commerce.

La nécessité d'une législation particulière au commerce résulte de l'organisation même des tribunaux de commerce. De tout temps, en effet, les juges consulaires ont été électifs et temporaires; ils n'ont jamais été assujettis à des études spéciales. Il fallait donc nécessairement édicter des lois dont la lettre et l'esprit pussent être facilement saisis par les connaissances qu'une longue pratique des affaires donne au juge commerçant.

Nous ne nous occuperons pas de toute la législation commerciale, qui fait partie du cours de législation pour les élèves de la 4ᵉ année;

nous en détacherons néanmoins les paragraphes qui se rapportent plus directement à la *pratique* des affaires : nous voulons parler des *sociétés*, des *courtiers* et des *effets publics*.

Sociétés.

Une société est un contrat entre plusieurs personnes par lequel elles mettent *quelque chose* en commun, dans la vue de partager les bénéfices qui pourront en résulter. (Code Napoléon, art. 1832-33.)

Il y a plusieurs espèces de sociétés : 1° la société **ordinaire** ou **générale**. C'est celle dans laquelle *chaque* associé donne *ses soins* et *son argent*. Tous les actes de cette société se passent sous les yeux de *tous* les associés; leurs noms y sont exprimés soit *collectivement*, soit individuellement.

2° Société en nom collectif.—C'est une société qui a pour objet de faire le commerce sous une *raison sociale* et dans laquelle *tous* les associés sont *solidairement responsables*. Cette responsabilité est un puissant moyen de Crédit; mais aussi, les conséquences, en cas de revers, sont désastreuses pour les associés. La ruine et l'incarcération même de tous les associés peuvent être la conséquence de cette solidarité.

La raison sociale est la *manière* dont il a été décidé que seraient signés les actes de la Société. D'ordinaire, ces noms sont pris parmi les associés gérants; le plus souvent on ajoute : et *compagnie* (Cie).

3° Société en commandite. — C'est une société formée, sous une raison sociale, entre plusieurs personnes, dont les unes apportent leur argent et les autres leur industrie. L'associé qui apporte des fonds se nomme *commanditaire*.

Les associés commanditaires ne sont responsables des actes de la société que jusqu'à *concurrence de leur mise*. Un associé commanditaire *ne peut en rien s'immiscer dans la gérance de la Société;* l'art. 27 et 28 du code Napoléon prononce la *solidarité* contre tout associé commanditaire qui s'emploie pour les affaires de la Société. Il est facile de comprendre l'esprit de la Loi. L'associé commanditaire ayant sa responsabilité limitée à sa mise de fonds, pourrait, s'il était gérant, se lancer témérairement dans des entreprises qui pourraient ruiner les associés responsables, tandis qu'il n'exposerait qu'une somme déterminée.

Société anonyme.—Dans cette Société, il n'y a pas de *nom social*. Les associés n'y sont solidaires que jusqu'à concurrence de leurs mises. Les gérants peuvent être pris au dehors de la société. Ce sont des *mandataires salariés* ou *gratuits* qui, en raison de leur gestion, ne contractent aucune obligation *solidaire* ou *personnelle* : tel est l'esprit de l'art. 32 et de l'art. 40 du code Napoléon. Les statuts ou règlements de ces sociétés sont rédigés par un *notaire,* puis placés sous les yeux du ministre qui les soumet à l'examen du *Conseil d'État*, et, enfin, présentés à l'Empereur qui *autorise* la Société.

Les statuts doivent être imprimés et publiés au moins dans ce qui peut intéresser *le public,* c'est-à-dire les personnes qui auraient à traiter avec la Société.

Dans la Société en commandite, *la part de bénéfice* de celui qui n'apporte que son *industrie* est égale à celle de l'associé qui a *le moins apporté.* Dans les autres sociétés, la part de chaque associé dans les pertes et les bénéfices est *proportionnelle à sa mise.*

Des Sociétés en participation. — Les Sociétés en participation ont pour objet une ou plusieurs opérations de commerce.

Le code de commerce (art. 47 à 50) leur donne une existence légale, sans néanmoins les assujettir à la publicité et aux autres formalités exigées pour les autres Sociétés.

Leur existence est constatée par la *correspondance* et par la *preuve testimoniale.*

Société à responsabilité limitée.—Une loi du 4 mai 1862 admet les sociétés dans lesquelles *aucun* des associés n'est tenu au delà de sa mise. Ces sociétés ont reçu le nom de Société à responsabilité limitée.

Le *nombre* des associés ne peut être inférieur à *sept.* Le capital ne peut excéder 20,000,000.

Les *actions* ne peuvent être moindres de 100 fr., si le capital est inférieur à deux cent mille francs, et moindres de 500 s'il est au-dessus de ce chiffre.

Elles sont nominatives *jusqu'à leur entière libération.*

Elles ne sont *négociables* qu'après un versement des *deux cinquièmes.*

Ces sociétés ne peuvent être définitivement *constituées* qu'après souscription totale du capital, et un versement en *espèces* d'au moins un quart du capital social.

Dans tous les actes, factures, annonces, documents quelconques émanés des Sociétés à responsabilité limitée, la dénomination sociale doit être *toujours* précédée ou suivie immédiatement de ces mots, écrits lisiblement en toutes lettres : *Société à responsabilité limitée.*

Toute *contravention* à cet égard est punie d'une amende de 50 fr. à 1,000 francs.

Les sociétés **finissent** de *cinq* manières différentes : 1° par l'expiration du *temps* pour lequel elles étaient faites; 2° par *l'extinction* ou la *consommation* de l'affaire; 3° par la mort *naturelle ;* 4° par la mort *civile ;* 5° par la *volonté* d'un ou de plusieurs associés.

La loi veut que toute cessation ou toute continuation de société soit publiée sous peine de *nullité.* Si cette publication n'a pas lieu dans les trois mois, la Loi prononce la *nullité* à l'égard des intéressés, c'est-à-dire que la Société *n'existe pas*; les associés sont libres *vis-à-vis les uns des autres.* Toutefois, ils restent *solidaires* envers des *tiers,* c'est-à-dire qu'ils sont garants de tous les actes contractés par la Société. La solidarité ne cesse que pour les associés eux-mêmes.

Courtiers.

Les Courtiers sont des agents intermédiaires placés entre les négociants, soit pour l'*achat* des marchandises, soit pour les *assurances*, soit pour servir *d'interprète*, soit enfin pour le *transport* des marchandises. De là, les courtiers en marchandises, les courtiers d'assurance, les courtiers interprètes ou conducteurs de navire, les courtiers de transport. Nous nous occuperons seulement de ces derniers.

On désigne sous ce nom, toutes les personnes qui se chargent de *transporter* ou de faire *transporter* des marchandises d'un lieu à un autre. Les commissionnaires prennent l'engagement de remettre la marchandise *telle qu'ils l'ont reçue*, dans un délai déterminé, sauf, dans l'une et l'autre circonstance, le cas de *force majeure* qu'il n'a pas été en leur *pouvoir* d'empêcher.

Le cas FORTUIT DE FORCE MAJEURE est une circonstance qu'il était *impossible* de prévoir, un événement auquel *rien* ne peut résister : les accidents de la foudre, le débordement des rivières, les incendies, les naufrages s'il s'agit du transport par mer, sont des cas fortuits de force majeure. C'est *toujours* le commissionnaire qui *doit prouver* la force majeure.

L'article 105 stipule que l'ACTION CONTRE LE VOITURIER *ne s'éteint* que par la *réception* des objets transportés, et par le *payement* de la lettre *de voiture*. Ces deux conditions sont *indispensables*.

Dans le cas de **contestation**, on fait vérifier la marchandise par des experts, à ce commis par le Président du Tribunal de Commerce, ou, à son défaut, par le Juge de Paix. Dans le cas de *perte* ou *d'avaries* de la marchandise, le destinataire *intente* son action contre le *voiturier*. La Loi lui accorde un délai de *six mois* pour la France et *un an* pour l'Étranger, qui se compte à partir du jour où la marchandise aurait dû arriver, en cas de perte, ou est arrivée, en *cas d'avaries*.

Les **achats** et les **ventes** se prouvent : 1° par *actes* publics ou privés; 2° par des *bordereaux* signés des parties; 3° par l'*acceptation* des factures; 4° par la *correspondance*; 5° enfin par la preuve *testimoniale*. Néanmoins, la preuve testimoniale ne *constitue* pas un droit; les juges *peuvent* l'admettre ou la rejeter : dans tous les cas, elle ne peut être invoquée que pour des sommes qui ne dépassent pas *cent cinquante francs*.

Effets publics.

De la lettre de change. — La lettre de change ou, plus exactement, le contrat de change, est un engagement pris par une personne de payer ou de faire payer à une autre personne, et dans un autre lieu, une somme dont elle a reçu le montant. Nous ne reviendrons pas sur ce que nous avons déjà dit du tireur et du tiré (voir, page 15), nous compléterons seulement ce que nous avons à dire sur cet effet de commerce.

Valeur.—Dans presque tous les États de l'Europe, cette énonciation suffit; il n'en est pas ainsi en France. La Loi exige que la lettre porte *en quoi* la valeur a été reçue ou fournie: en marchandises, en espèces, en compte, etc., etc.

Les mots : **à l'ordre**, signifient que la lettre de change est payable au *porteur d'ordre*. L'omission de ce mot fait que la lettre n'est plus *transmissible* par endossement.

Provision. — C'est la somme nécessaire pour le payement d'une lettre de change : elle est toujours faite par le *tireur*.

Acceptation. — C'est l'obligation écrite de payer une lettre de change. Elle est *directe*, si elle est faite par le *tiré;* elle est par *intervention*, si elle est faite par un *tiers*. Dans ce cas, l'accepteur qui intervient *doit notifier* son intervention à celui pour qui il est intervenu. L'acceptation est exprimée par le mot : *accepté*, suivi de la signature de l'accepteur, et de la date, si la lettre de change est à plusieurs jours de vue.

L'acceptation *donnant* un débiteur de plus, il est *prudent* de faire accepter toutes les lettres de change. Néanmoins, on n'est pas obligé de faire accepter celles qui sont payables à *jour fixe;* car, le principal objet de l'acceptation est de *déterminer* l'*époque* du payement, époque qui, pour les lettres à plusieurs jours ou mois de vue, se compte à *partir* de la *date* de l'*acceptation*. En cas d'*omission* de la date dans l'acceptation, l'échéance part de la *date* de la lettre de change.

L'acceptation doit être donnée pure et simple dans les 24 *heures* de la présentation. Elle ne peut être *conditionnelle*. Néanmoins, elle peut être *restreinte* quant à la somme.

Le porteur d'une lettre protestée *peut* en demander le remboursement à son endosseur *immédiat*, ainsi qu'aux autres endosseurs et au tiré lui-même, car ils sont *tous* solidaires; il peut aussi *exiger* un cautionnement qui lui garantisse le payement à l'échéance.

De l'endossement et du payement.—L'endossement est la *cession écrite* d'une lettre. Cette cession est faite au *dos* de la lettre; de là l'expression *endossement*.

L'*endossement* est régulier, quand il énonce : 1° la *date;* 2° la *valeur* fournie; 3° le nom du *cessionnaire;* enfin, la signature du *cédant* ou de l'*endosseur*. Tout endossement qui ne contient ces quatre conditions est un endossement *irrégulier* qui, le plus souvent, ne vaut que comme *procuration*.

Tous les endosseurs sont solidaires à l'égard des endosseurs qui les suivent. En établissant cette solidarité, la Loi a voulu *augmenter* les garanties du créancier. Il résulte de là, que plus un effet a de signatures, et plus il présente de *garanties* au porteur.

Aval. — L'aval est le cautionnement d'une lettre de change. C'est un engagement pris par un tiers de *payer* un billet dans le cas où le tiré *refuserait* de payer. Il est exprimé par ces mots écrits sur l'effet :

pour aval, suivis de la signature. Le donneur d'aval n'est qu'un *deuxième tiré.*

Le porteur d'une lettre de CHANGE PERDUE doit : 1° *établir* qu'il est le *propriétaire* de la lettre égarée, et *obtenir*, par ordonnance du juge, le payement de la lettre en donnant caution ; 2° ou bien se *procurer* un nouvel exemplaire pour *remplacer* celui qui est perdu, également en donnant caution, si la lettre égarée *était acceptée.*

Pour conserver sa garantie contre les endosseurs et contre le tireur, le porteur d'une lettre de change *doit* en exiger le *payement* ou l'*acceptation* dans les *six mois* de sa date.

Du payement. — Le payement doit être fait le *jour* de l'échéance ou la *veille*, si l'échéance tombe un jour *férié légal.* En cas de refus, le protêt doit être fait le *lendemain*, si ce n'est pas un jour férié, ou le *surlendemain* dans le cas contraire.

Le porteur d'un effet protesté peut EXERCER SON RECOURS EN GARANTIE contre *tous les endosseurs*, soit *individuellement*, soit *collectivement.* S'il s'adresse à son endosseur immédiat, il doit, après notification du protêt, le faire *assigner* dans le délai de *quinze jours*, sauf augmentation suivant les distances. La notification consiste dans l'*envoi* du protêt. C'est du moins ainsi que le commerce procède.

L'endosseur qui a reçu notification d'un protêt le *notifie* à son tour à *son* endosseur direct et ainsi de suite, en remontant jusqu'au tiré. L'endosseur qui n'a pas fait ses diligences pour le payement, dans les délais prescrits, est *déchu* de *tous ses droits* en *garantie* contre tous les *endosseurs* et contre *le tireur.*

Le tireur *seul* doit **prouver la provision ;** et en effet, quand le tireur n'est pas créancier ou qu'il n'a pas envoyé les fonds nécessaires au tiré, il est dans la position d'un homme qui *cède* une créance qu'il n'*a point.*

Le tireur ne donne *rien*, si ce n'est sa signature en échange de laquelle il *reçoit* des fonds qui doivent servir à la provision ; l'endosseur, au contraire, *donne* de l'argent quand il prend le titre, et en *reçoit*, quand il le cède ; mais, s'il était obligé de faire la provision, il se trouverait en *avance* puisqu'il aurait donné *deux* fois et reçu seulement *une* la valeur de l'effet. Il ne peut donc y avoir assimilation pour la provision entre le tiré et les endosseurs.

Protêt. — Le protêt est un acte qui *constate* le refus de payement ou d'acceptation fait par le tiré. Cet acte est *solennel*, c'est-à-dire que *rien* ne peut le remplacer. Sans le protêt le porteur d'un billet *perd tous ses droits* en garantie contre les endosseurs et contre le tireur. Il doit être fait *au tiré* et à *son domicile* ; HORS DE SON DOMICILE, le débiteur ne peut être l'objet *d'aucune* sommation soit de payer, soit d'accepter.

D'ordinaire les FRAIS sont à la charge du tiré. Néanmoins, si le tiré n'avait pas été *avisé* à temps, ou s'il n'avait pas autorisé le tireur à fournir sur lui, ce dernier pourrait être condamné à supporter les frais de protêt.

Retraite, rechange, compte de retour. — Un exemple fera

mieux comprendre ces trois mots qu'une définition : Je suppose que Pierre de Nantes donne à Paul, de Toulouse, une traite de 1,000 fr. sur Jules de Toulouse.

Jules refusant de payer, **Paul fait** protester l'effet. Pour rentrer dans ses fonds, il s'adresse à Léon, banquier de Toulouse ; il reçoit de lui une somme de mille francs, en échange de laquelle il lui remettra une traite sur *Pierre*. Cette traite fournie par Paul sur Pierre se nomme une **retraite**. Or, M. Léon s'est fait payer une certaine somme pour le service qu'il a rendu à Paul ; supposons qu'il ait pris 3 fr. ; ces trois francs constitueront le **rechange**. Quant **au compte de retour**, c'est la note détaillée des frais occasionnés par le refus de payement. Un décret autorise l'inscription des frais sur le dos de la lettre et *dispense* par conséquent du compte de retour.

Le tireur supporte le rechange du lieu où la *lettre de change a été protestée* sur le lieu d'où elle a été tirée. Dans l'exemple qui précède, Pierre, de Nantes, aura à supporter le rechange de Toulouse sur Nantes.

Un décret fixe le rechange comme il suit : 1° il est *nul* dans le même département ; 2° de 1/4 0/0 dans les chefs-lieux de département ; 3° de 1/2 0/0 pour les chefs-lieux d'arrondissement ; 4° de 3/4 0/0 pour toutes les autres places. Le rechange sur les colonies est réglé par les usages du commerce. Il est de 25 0/0 pour la Réunion.

COMPTE DE RETOUR	Toulouse, le 10 décembre 1866. B. P. F. 1,012 65
A un effet tiré de Paris par Julien sur Philippe de Foix, protesté faute de paiement.	A vue veuillez payer à M/ ordre la somme
Capital. . . . . .F. 1,000 »	**de mille douze francs soixante-cinq**
Frais judiciaires 4 85	**centimes** valeur en un effet impayé
Lettres réclamées. . . . 1 20	A Monsieur
Mon port de lettre . . . » 60	E. Coste
Timbre. . . . . 1 »	
Rechange à 1/4 0/0. . . 2 50	PAUL.
Intérêts de 15 jours. . 2 50	
F. 1,012 65	Carcassonne

(Cet effet avait été cédé par Coste à Paul, de Toulouse.)

Toutes les actions relatives aux lettres de change et aux billets à ordre se prescrivent par *cinq ans*, quand ils sont souscrits par des *commerçants* ou pour *faits de* commerce. Dans le cas contraire, elles ne se prescrivent qu'après *trente ans*. — Les cinq ans courent à partir de l'échéance.

APPENDICE

FONDS PUBLICS ÉTRANGERS.

Fonds Anglais (Consolidés).

La rente anglaise est divisée en coupures de 100 livres sterling de Capital donnant 3 livres sterling de Rente.

Elles sont nominatives et inscrites sur les registres de la Banque d'Angleterre. Le chiffre total des rentes à servir est de 22,000,000 de livres sterling.

Une coupure représente un capital de . . . . . . 2,520 fr. »
Et un intérêt de. . . . . 75 fr. 60 c.
La différence des cours est exprimée en huitièmes.

PROBLÈME

Une personne veut acheter 15 livres sterling de rente. Quelle somme aura t-elle à verser indépendamment des frais de courtage, les consolidés étant cotés $89\frac{3}{8}$?

Solution.

Au pair :

$$3 \text{ livres sterling coûtent. . } 2,520 \text{ fr.}$$
$$1 \quad . . . . \quad \frac{2,520}{3}$$
$$15 \quad . . . . \quad \frac{2,520 \times 15}{3}$$

Au cours $89\frac{3}{8}$ elles coûteront :

$$\frac{2,520 \times 15}{3} \times \frac{89\frac{3}{8}}{100} = \frac{2,520 \times 15}{3} \times \frac{715}{800} = 11,261 \text{ fr. } 25 \text{ c.}$$

Plus les frais de courtage, qui sont de (1) $\quad \frac{112,61}{4} = 28 \text{ fr. } 15 \text{ c.}$

Fonds Espagnols — 3 0/0.

Les fonds espagnols se divisent en :
Dette consolidée ;

(1) 1/4 0/0 comme fonds étrangers.

Dette extérieure ;
Dette différée ;
Dette passive.

Dette consolidée intérieure, 3 0/0.

Elle comprend des coupures de 50 — 250 — 500 — 2,500 et 5,000 piastres.

L'intérêt se paye à Paris en mandats à 30 jours de vue sur le Trésor espagnol et au change de 5 fr. 40 c. la piastre.

Dette extérieure, 3 0/0.

Ainsi que le nom l'indique, la dette extérieure provient d'un emprunt souscrit par les *nations étrangères.*

Elle comprend des coupons de rente de
200 fr. — 400 fr. — 800 fr. — 1,200 fr. — 2,400 fr. — et 4,800 fr.

Dette différée.

Les coupons de cette dette sont de
200 — 600 — 1,200 ; — et 2,400 piastres.

L'intérêt est progressif sans pouvoir néanmoins dépasser 3 0/0.

Voici cet intérêt :

De	1851	à	1855	1 0/0
	1855		1857	1 1/4
	1857		1859	1 1/2
	1859		1861	1 3/4
	1861		1863	2
	1863		1865	2 1/4
	1865		1867	2 1/2
	1867		1869	2 3/4
	1869			3 0/0

L'intérêt est payable à Paris par semestre et au change de 5 fr. 40 c. par piastre.

Dette passive (1). — Les coupons de cette rente sont de :
200 — 400 — 800 — 1,200 — 2,400 et 4,800 piastres.

(1) La Dette passive a son origine dans les emprunts qui furent faits par le gouvernement constitutionnel dans les années 1820 et 1823, et sous le roi Joseph Bonaparte. Ces emprunts faits à Paris et à Londres, dans des conditions désavantageuses, furent déclarés de nulle valeur par un décret royal. Néanmoins, en 1831, l'Espagne ayant à faire un nouvel emprunt, entra en composition avec les porteurs de titres de la Dette passive, auxquels elle offrit en échange de ces titres, savoir :
1/5 en Dette active ou Consolidés
et 4/5 en Dette différée,
Ajoutant expressément que tous les ans 1/40 de cette dernière dette serait transformé en dette active.
Tous les porteurs n'acceptèrent point cette combinaison. Un grand nombre protestèrent contre la loi de 1831.
Une nouvelle loi (1834) admit le remboursement des titres de la dette passive. Ce remboursement s'est effectué pendant quelques années ; mais il a cessé depuis longtemps.
La mauvaise foi du gouvernement espagnol vis-à-vis de ses créanciers influe considérablement sur le cours des fonds espagnols.

Ces coupons ne portent aucun intérêt; mais ils sont rachetables par des adjudications qui doivent avoir lieu tous les mois. Néanmoins, ces adjudications ont cessé depuis longtemps.

PROBLÈMES

COTE DES FONDS ESPAGNOLS.

Dette intérieure consolidée . . . . 39 1/2 ou $\dfrac{79}{2}$

Dette extérieure . . . . 40 1/4　$\dfrac{161}{4}$

Dette différée. . . . . 36 3/4　$\dfrac{147}{4}$

1ᵉʳ PROBLÈME

Combien coûteraient 250 fr. de rente espagnole (dette intérieure)?

Solution.

3 piastres de rente représentent au pair 100 piastres ou 540 fr.

1 . . . . $\dfrac{540}{3}$

250 . . . . $\dfrac{540 \times 250}{3}$

Au cours $39\frac{1}{2}$ ou $\dfrac{79}{2}$ elles représentent un capital de :

$$\frac{540 \times 250}{3} \times \frac{79}{2 \times 100} = \frac{90 \times 250 \times 79}{100} = 17{,}775 \text{ fr.}$$

Plus 44 fr. 43 c. de courtage.

2ᵉ PROBLÈME.

Combien coûteraient 500 fr. de rente en *dette* extérieure ?

Solution.

Au pair :

3 fr. de rente coûtent. . . . . 100 fr.

500 fr. $\dfrac{100 \times 500}{3}$

Au cours 40 1/4 ou $\dfrac{161}{4}$ elles coûteront :

$$\frac{100 \times 500 \times 161}{3 \times 4 \times 100} = \frac{500 \times 161}{3 \times 4} = 6{,}708 \text{ fr. } 33. \text{ Plus } 16 \text{ fr. } 77 \text{ de courtage.}$$

3ᵉ PROBLÈME.

Combien vaut un coupon de 600 piastres (dette différée) ?

Solution.

Au pair :
3 piastres de rente valent 100 piastres ou 540 fr.

$$1 \dots \dots \dots \dots \dots \dots \dots \dots \frac{540}{3}$$

$$600 \dots \dots \dots \dots \dots \dots \dots \dots \frac{540\times600}{3}$$

Au cours de $\frac{147}{4}$ elles vaudront :

$$\frac{540\times600\times147}{3\times4\times100} = \frac{540\times6\times147}{3\times4} = 270\times147 = 39,690$$

Plus 99 fr. 20 c. de courtage.

Fonds Autrichiens.

Les fonds autrichiens se rattachent à divers emprunts qui ont chacun leur cote particulière. Nous ne parlerons que de ceux qui se vendent à la Bourse de Paris.

1° *Obligations métalliques*, 5 0/0.

Elles sont de 1,000 florins de 2 fr. 60 ou de 2,600 fr.

Elles donnent un intérêt de 125 fr. payable le 1er janvier et le 1er juillet.

Règle. — *Pour trouver le prix d'une obligation métallique, il faut multiplier 2,600 par le cours du jour et diviser le produit par 100.*

Exemple. — Les métalliques sont cotés 58,60. Quelle est la valeur d'une obligation ?

Solution.

Au pair, une obligation vaut   2,600

A 58,60 0/0 elle vaudra $\dfrac{2,600\times58,60}{100} = 1,523$ fr. 60 c.

Or $\dfrac{2,600\times58,60}{100} = 26\times58,60$ d'où l'on tire la simplification suivante.

Règle. — *Pour connaître la valeur d'une obligation métallique, il suffit de multiplier le cours par 26.*

Valeur au 3 janvier 1867 : 58,60

2° *Emprunt-loterie de* 1860.

Cet emprunt est représenté par 400,000 obligations de 500 florins chacune (1,250 fr. : le florin d'Autriche vaut 2 fr. 50). Elles sont remboursables dans 57 ans avec prime et par tirages qui ont lieu tous les six mois. Elles donnent un intérêt de 5 0/0 payable le 30 avril et le 31 octobre.

Valeur au 23 janvier 1867 : 825 fr.

Ces obligations comprennent des coupures de 5mes.

3° *Obligations de* 1865 : 500 fr. ou 200 florins.

Elles sont également remboursables avec prime et donnent droit à 5 0/0 d'intérêt payable le 31 mai et le 30 novembre.

Valeur au 23 janvier 1867 : 310 fr.

Emprunt anglo-autrichien (1852) : 5 0/0. — Obligations au porteur de 500 et 1,000 florins ou 1,275 et 2,550 fr., et remboursables par tirages tous les six mois.

Valeur au 23 janvier : 64 1/4.

Emprunt 1859 (suite du précédent), mêmes coupures et même mode de remboursement.

Valeur au 23 janvier : 64 1/2.

Les obligations dites métalliques, souscrites en France par la maison Rothschild, sont seules cotées à la Bourse, où elles sont désignées par le seul mot de *métalliques*.

Ces obligations sont de 1,000 florins de 2 fr. 60 c. ou   2,600 fr.
elles donnent un intérêt de . . . .   125 fr.

PROBLÈME

Combien valent 5 obligations métalliques au cours 46 ?

Solution.

Au pair :
1 obligation vaut . . . . . 2,600 fr.
5 . . . . 2,600 × 5
Au cours 46 elles vaudront . $\dfrac{2{,}600 \times 5 \times 46}{100} = 26 \times 5 \times 46 = 5{,}910$

Plus 14 fr. 77 c. de courtage.

Nous ne parlerons point des fonds italiens ni des fonds belges, qui ont la même *base* que les fonds français, c'est-à-dire la même unité monétaire.

Problèmes sur les arbitrages.

La cote des consolidés anglais est de 88 $\frac{5}{8}$

Celle des obligations du Midi, 305 fr. 50.

1er PROBLÈME

On veut échanger 200 obligations contre des rentes anglaises. Quel sera le résultat de cet arbitrage ?

Solution.

1 obligation vaut. . . . . 305 fr. 50
200 . . . . 305 50 × 200 = 61,100 fr.
Une livre sterling vaut. . . 25 20
100 livres sterling . . . 25 20 × 100 = 2,520

Au pair :

2,520 fr. déterminent un coupon de rente.

$$1 \qquad \frac{1}{2,520}$$

$$61,100 \qquad \frac{61,100}{2,520}$$

Le pair ou $\dfrac{100}{100}$ donnent . . . . $\dfrac{61,100}{2,520}$

$$\frac{709}{800} \qquad \qquad \qquad x$$

$$1 \qquad . . . . . \frac{61,100}{2,500}$$

$$\frac{709}{800} \quad \frac{61,100}{2,500} : \frac{709}{800} = \frac{61,100 \times 800}{2,500 \times 709} = \frac{488,800}{17,725} \quad 27 \text{ coupons}$$

de rente anglaise.

Chaque coupure donnant 3 liv. st. d'intérêt ou 25,20 × 3 = 75 fr. 60
27 donneront 75 fr. 60 × 27 = 2,041 fr. 20

mais un coupon au cours $\dfrac{709}{800}$ vaut en capital 2,520 × $\dfrac{709}{800}$

27 coupons vaudront $\dfrac{2,520 \times 709 \times 27}{800}$ = 60,300 fr. 45 c.

Ce sera sur cette somme que l'agent de change prélèvera son droit de 1/4 0/0 de courtage ; de sorte que notre problème se résumera ainsi :

Vente des obligations 61,100 fr., ci   61,100 fr. 00 c.
Achat de 27 coupons 3 0/0 consolidés, 60,300 fr. 45 } 60,451   20
Courtage 1/4 0/0 sur cette somme   150   75 }
Reliquat. 648   80

La réponse sera donc : 2,041 fr. 20 c. de rente 3 0/0 anglaise, plus un reliquat de 648 fr. 80 c.

La dette extérieure espagnole est cotée 49 $\dfrac{3}{8}$

Le 5 0/0 italien est coté 50 fr.

2ᵉ PROBLÈME.

Une personne veut échanger un coupon de rente espagnole,—dette extérieure,—contre du 5 0/0 italien. Quel sera le résultat de cet arbitrage ?

Solution.

$$3 \text{ 0/0 espagnol donne } \frac{395}{8}$$

$$2{,}400 \ldots\ldots\ldots\ldots \quad x \qquad x = \frac{395 \times 2{,}400}{24} = 39{,}500 \text{ fr.}$$

$$50 \text{ fr. donnent en italien } 5 \text{ fr.}$$

$$39{,}500 \ldots\ldots\ldots\ldots \quad x \qquad x = \frac{5 \times 39{,}500}{50} = 3{,}950 \text{ fr. de rente}$$

italienne 5 0/0. Seulement, il faut ajouter 1/4 0/0 pour courtage, soit

$$\text{sur } 39{,}500 \text{ fr.} \quad \frac{39{,}500}{400} = 98{,}75.$$ On aurait donc 3,950 fr. de rente

italienne, mais à la condition d'ajouter 98 fr. 75 c.

3ᵉ PROBLÈME.

La dette intérieure espagnole 3 0/0 est cotée, le 30 janvier, 34 1/2

$$\text{ou } \frac{69}{200}$$

Les obligations de l'Est sont cotées 307 fr. 50 c.

On veut changer 1,000 obligations contre de la dette intérieure. De combien augmentera-t-on son revenu?

Solution.

1,000 obligations valent . . . .   307,500 fr.

un coupon de rente vaut au pair.   2,160

$$\text{au cours } \frac{69}{200} \text{ il vaudra } 2{,}160 \times \frac{69}{200} = \ldots\ldots\ldots \quad 745$$

autant de fois 745 seront contenus dans 307,500, autant de fois nous

$$\text{aurons un coupon :} \quad \frac{307{,}500}{745} = 412 \text{ coupons (1) :}$$

Ces 412 coupons coûtent   306,940 fr. 00 c.
il faut ajouter 1/4 0/0 de courtage   747   35

| | Ensemble | 307,687 | 35 |

La somme à employer était de. . . . 307,500 » ⎫ 307,687   35
il reste donc à ajouter. . . . .   187 35 ⎭

En ajoutant 187 fr. 35 c., on aura
donc pour la rente espagnole un revenu
de   26,697   60

Les obligations donnent d'un autre
côté 15 × 1,000 = 15,000.   15,000   »
d'où il faut déduire pour l'impôt 40 c.
par obligation ou.   400   »

Soit net. . . . .   14,600 » ⎫
Différence de revenu en faveur de la   ⎬ 26,697   60
rente . . . .   12,097 60 ⎭

Donc, au moyen d'un versement de 187 fr. 35 c., on aura augmenté son revenu de 12,097 fr. 60 c.

(1) Intérêt d'une coupure 64,80 × 412 = 26,697 fr. 60 d'intérêt.

BOURSE DE PARIS

du 30 Janvier 1867.

FONDS D'ÉTAT		CHEMINS DE FER	
3 0/0 français.	69 »	Charentes.	375 »
4 1/2 —	98 70	Est.	541 25
3 0/0 anglais (consolidés).	90 3/8	Paris à Loyn et Méditerranée.	906 25
— Espagne extérieure.	37 »	Midi.	566 25
— — intérieure.	34 1/4	Nord.	1,180 »
— — différée.	31 1/2	Orléans.	900 »
— — passive.	19 1/2	Ouest.	580 »
5 0/0 italien.	54 70		
Métalliques (Autriche).	58 50	OBLIGATIONS	
Empr. 1860, obl. de 500 fl. (Autrich)	825 »		
— 1865, — 200 —	310 »	Charentes.	277 »
— 1852, —anglo-autrichien.	64 1/4	Est.	309 »
— 1859, —suite du précéd.	64 1/2	Lyon.	316 25
		Méditerranée.	313 75
VALEURS DIVERSES		Midi.	306 25
Banque de France.	3,595 »	Nord.	313 25
Crédit foncier de France.	1,425 »	Orléans.	307 25
Crédit mobilier.	500 »	Ouest.	306 25
Comptoir d'escompte.	810 »	Sarragosse.	164 »
Crédit agricole.	770 »	Séville-Xérès-Cadix.	97 50

NOTA. — Toutes ces obligations sont remboursables à 500 fr. et donnent 15 fr. d'intérêt. Les problèmes suivants seront faits d'après cette cote.

Problèmes à résoudre.

1° = Une personne achète 100 Midi, qu'elle revend le mois suivant, au cours 585,75; elle achète le même jour 100 Est cotés 513,15. Quel bénéfice a-t-elle fait ?

2° = On échange 1,000 obligations Nord contre des obligations métalliques. Quelle augmentation de revenu a-t-on ?

3° = Une personne a 100 coupons de rente espagnole extérieure; elle veut les remplacer par des obligations du Nord. De combien diminuera-t-elle son revenu ?

4° = A quel taux place-t-on son argent quand on achète : 1° des consolidés anglais; 2° de l'Espagne (extérieure); 3° de l'Italien ?

5° = Une personne achète 100 Charentes et 50 Midi; elle revend un mois après les Charentes à 317 fr. 50 et les Midi à 589 fr. 50. A-t-elle gagné ou perdu dans cette spéculation ? (On tiendra compte de l'intérêt pendant un mois du capital engagé à raison de 4 0/0.)

6° = On vend trois coupons de consolidés, et l'on fait remploi de cette somme en obligations autrichiennes, emprunt de 1860. De combien augmente-t-on son revenu ?

7° = Une personne fait la spéculation suivante. Elle achète 100 obligations du Midi, qu'elle revend après 15 jours à 310 fr. 75; elle emploie cette somme en achat de 5 0/0 Italien, coté 52 fr. 20; elle revend 15 jours après l'Italien au cours de 56 fr. 80; elle emploie de nouveau cette somme en achetant du Crédit mobilier à 482 fr. 75. Enfin, elle revend ce Mobilier un mois après à 610 fr. 20. On demande combien elle aura gagné dans cette spéculation. (On tiendra compte de l'intérêt à 5 0/0 pendant les deux mois et demi qu'a duré la spécula-tion.)

8° = Pendant la dernière guerre d'Italie, le 5 0/0 Italien était des-cendu à 36 fr. 25 ; les obligations de Saragosse étaient cotées à la même époque 160 fr. Bientôt le 5 0/0 atteignait le cours de 52 fr. 75. Quel eût été le bénéfice d'un porteur de 1,000 Saragosse qu'il eût échangées contre du 5 0/0 Italien ? — Donner la réponse en augmentation de revenu, en augmen-tation du capital.

Dans tous ces problèmes, on tiendra compte du courtage. On se sou-vient qu'il est de 1/8 sur les valeurs françaises et de 1/4 sur les valeurs étrangères.

FIN.

TABLE DES MATIÈRES

	Pages.
INTRODUCTION	
CHAPITRE Ier. — § 1er. NOTIONS SUR LES EXPRESSIONS LES PLUS USITÉES DANS LE COMMERCE.	1
§ 2e. DU COMMERCE ET DES PRINCIPALES OPÉRATIONS QUI ACCOMPAGNENT LES ACTES DE COMMERCE. .	7
FACTURE	8
LETTRE DE VOITURE . . .	10
CONNAISSEMENT	11
EFFETS DE COMMERCE : Du billet en général et du Billet simple.	12
Billet à ordre.	13
Observations.	13
Billet à domicile	14
Lettre de Change.	15
Échéances	16
Modèles de Lettres de change . .	17
Lettre de Change avec acceptation.	17
— *à vue*	17
— *à tant de jours, de mois ou d'usances de vue.*	18
— *à l'ordre du tireur.*	18
— *au domicile d'un tiers avec aval.*	18
— *tirée par ordre et pour le compte d'un tiers.* . .	18
— *à plusieurs originaux et avec besoin.*	18
Sans frais... Allonge...Virement...	19
Mandat.	19
Escompte.	19
Échéance moyenne.	20
Bordereau d'Escompte.	21
Lettre de crédit.	22
CORRESPONDANCE COMMERCIALE : Modèle d'une circulaire. . . .	22
Offre de Marchandises.	23
Demande de Marchandises. . . .	23
Lettre d'avis.	24
LIVRES OBLIGATOIRES: Journal, Copie des Lettres, Livre d'Inventaires.	24

	Pages.
LIVRES AUXILIAIRES : Livre de Caisse et Brouillard ou Main-courante, Grand - Livre, Livre Magasin ou Magasinier, Carnet d'échéances, etc.	25
CHAPITRE II. — NOTIONS GÉNÉRALES SUR LA TENUE DES LIVRES.	29
PARTIE SIMPLE	29
PARTIE DOUBLE	31
Calcul du nombre de jours entre deux dates.	42
Comptes courants et d'intérêts : *Méthode ancienne ou directe; Méthode nouvelle ou rétrograde; Méthode hambourgeoise ou par échelles; Compte courant et d'intérêts avec commission...*	44
PRATIQUE : Main - courante ou Brouillard	62
Modèle de Journal.	65
Modèle de Grand-Livre.	75
Exercices et Solutions.	83
Magasinier	90
Carnet des Echéances.	91
DES COMPTES EN PARTICIPATION	91
Brouillard, Journal, Grand Livre.	93
Exercices et Solutions.	99
UN MOT SUR LA COMPTABILITÉ INDUSTRIELLE ET MANUFACTURIÈRE, ET SUR LA MANIÈRE DE L'ÉTABLIR.	103
CHAPITRE III.—**CHEMINS DE FER.**	114
BANQUES ET SOCIÉTÉS DE CRÉDIT : *Banque de France.*	117
Crédit Industriel et Commercial.	120
Crédit Foncier de France.	120
Crédit Mobilier.	124
Docks.	126
Warrants.	127
Drawback.	131
Chèque.	131

	Pages.
BUDGET	133
RENTES	134
OPÉRATIONS DE BOURSE	138
Différentes espèces de Marchés	139
DES MATIÈRES D'OR ET D'ARGENT	145
Production de l'Or	145
Monnaies	146
CHANGE	147
Tableau des valeurs des Monnaies qui entrent dans les problèmes sur les Changes	148
Problèmes	149

	Pages.
CAISSE DE RETRAITE POUR LA VIEILLESSE	154
ASSURANCES SUR LA VIE	157
CHAPITRE IV. — Solution de quelques questions de droit commercial :	
Nécessité d'une législation particulière au Commerce	159
Sociétés	160
Courtiers	162
Effets publics	162
Fonds publics étrangers	166
Problèmes sur les arbitrages	170

SAINT-CLOUD. — IMPRIMERIE DE Mme Ve BELIN.

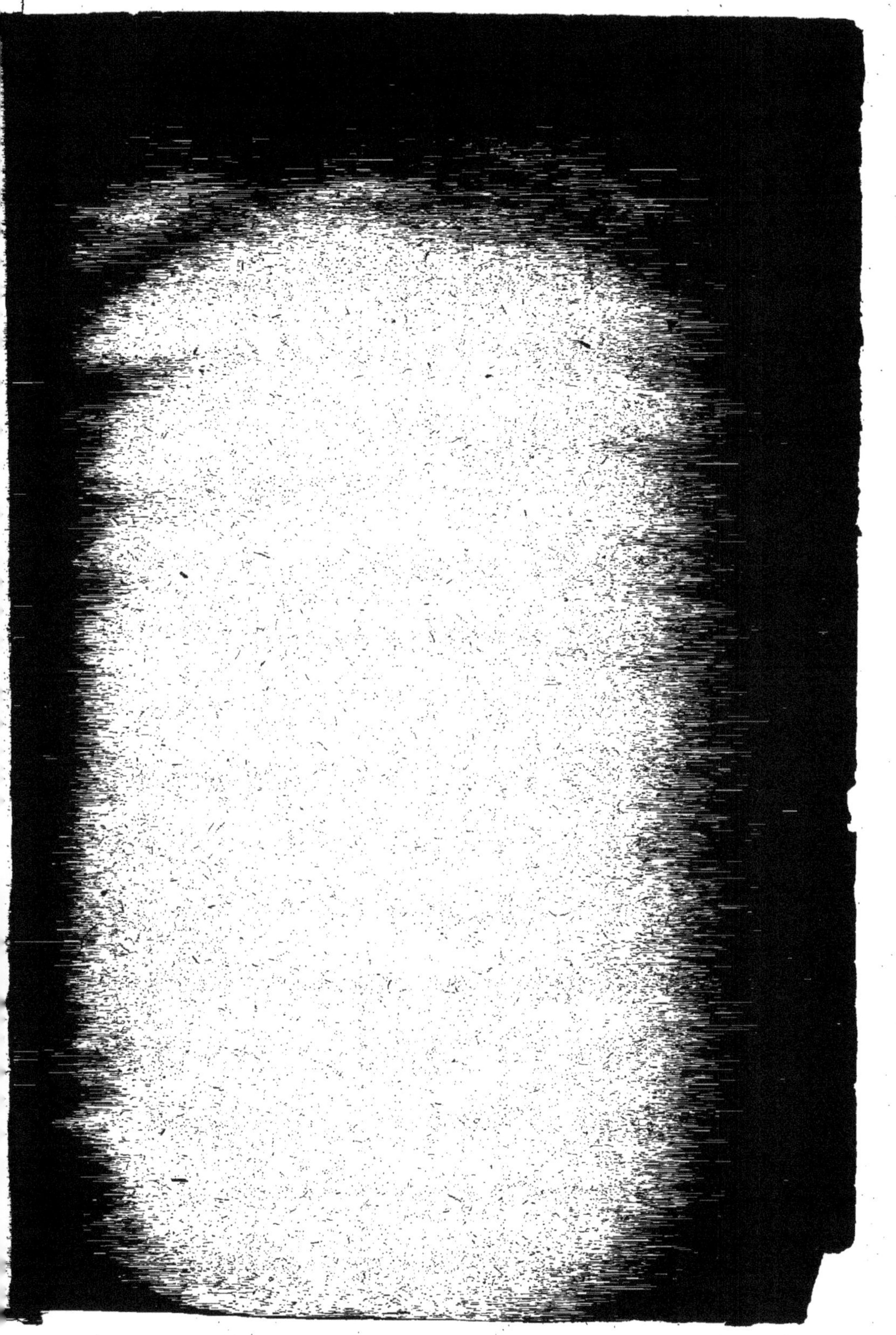